安徽省高校精品教材建设项目

物流学

LOGISTICS

主 编 李亦亮
编 者 李亦亮 张 敏 徐俊杰 梁培培 黄先军

北京师范大学出版集团
BEIJING NORMAL UNIVERSITY PUBLISHING GROUP
安徽大学出版社

图书在版编目(CIP)数据

物流学 / 李亦亮主编. --合肥：安徽大学出版社，2025.6. -- ISBN 978-7-5664-3029-8

Ⅰ. F252

中国国家版本馆 CIP 数据核字第 202584CV52 号

物 流 学
WULIUXUE

李亦亮 主编

出版发行	北京师范大学出版集团 安 徽 大 学 出 版 社 (安徽省合肥市肥西路 3 号 邮编 230039) www.bnupg.com www.ahupress.com.cn
印　　刷	安徽利民印务有限公司
经　　销	全国新华书店
开　　本	787 mm×1092 mm　1/16
印　　张	20.25
字　　数	443 千字
版　　次	2025 年 6 月第 1 版
印　　次	2025 年 6 月第 1 次印刷
定　　价	56.00 元

ISBN 978-7-5664-3029-8

策划编辑:姚　宁　邱　昱　蒋　松		装帧设计:李　军
责任编辑:姚　宁		美术编辑:李　军
责任校对:方　青		责任印制:陈　如　孟献辉

版权所有　侵权必究

反盗版、侵权举报电话:0551-65106311
外埠邮购电话:0551-65107716
本书如有印装质量问题,请与印制与运营中心联系调换。
印制与运营中心电话:0551-65106311

自 序

现代物流是现代经济社会运行和发展的重要基础。2013年11月,习近平总书记在山东临沂考察时指出:"物流业一头连着生产、一头连着消费,在市场经济中的地位越来越凸显。"现代物流不仅是延伸产业链、提升价值链、打造供应链的重要支撑,还在构建现代流通体系、促进形成强大国内市场、推动高质量发展、建设现代化经济体系中发挥着先导性、基础性、战略性作用。

发展现代物流离不开高质量的人才培养。教材作为教育教学的基本依据和育人育才的重要载体,对人才培养具有广泛且深远的影响。为了培养服务现代物流发展的高素质人才,我们需要建设一批既体现马克思主义中国化要求,又彰显中国和中华民族风格,同时反映党和国家对教育的基本要求、国家和民族基本价值观以及人类文化知识积累和创新成果的精品物流教材。

为此,我们申报并编写了这部《物流学》教材。该教材于2022年被中共安徽省委教育工委、安徽省教育厅立项为"2022年安徽省'三全育人'试点省建设暨高校思想政治工作能力提升计划项目"中的"安徽省高校精品教材建设项目"(项目编号:sztsjh—2022—10—11)。

为提高本教材的育人育才效果,在教材编写过程中,我们特别注重做到以下几点:

一是深入推进习近平新时代中国特色社会主义思想进教材。自党的十八大以来,在习近平新时代中国特色社会主义思想的指导下,我国物流业对国民经济发展的支撑保障作用显著增强,取得了举世瞩目的发展成绩,目前正由物流大国向物流强国迈进。在新的发展阶段,推动我国物流高质量发展,必须深入学习贯彻习近平总书记提出的"创新、协调、绿色、开放、共享"的新发展理念,以及关于现代物流与供应链一系列讲话和重要指示批示精神。

二是严格遵循《普通高等学校教材管理办法》提出的教材编写要求。为贯彻党中央、国务院关于加强和改进新形势下大中小学教材建设的意见,建立健全大中小学教材管理制度,切实提高教材建设水平,教育部于2019年印发了《普通高等学校教材管理办法》(教材〔2019〕3号)。该《办法》对普通高等学校教材编写从育人目标等方面提出了明确要求,这些要求成为我们编写教材的基本指南。

三是努力将现代物流研究和发展的最新理论和实践成果纳入教材。教材知识体系严格执行2018年教育部发布的《普通高等学校本科专业类教学质量国家标准》中《物流管理与工程类专业教学质量国家标准》;教材中物流术语严格对标2021年国家市场监督管理总局、国家标准化管理委员会发布的《中华人民共和国国家标准:物流术语(GB/T 18354—2021)》;教材内容力求做到理论性、实践性和时代性相结合,积极吸收影响现代物流发展的新知识、新理论、新技术、新方法和新成果。

本教材由安庆师范大学李亦亮教授担任主编,参编人员以参与安庆师范大学国家一流物流管理专业建设点建设的中青年骨干教师为主。在教材编写和修改过程中,我们积极采纳了物流领域知名专家学者和物流行业管理专家对物流学教材建设的意见和建议。教材编写和出版工作得到安徽大学出版社编辑的大力支持。同时,我们也参考了大量国内外文献资料,借鉴和吸收了国内外众多学者的研究成果。由于编者水平有限,书中难免有不足之处,欢迎广大专家和读者提出宝贵意见,以日臻完善。

李亦亮

2025年4月

目　录

第一章　物流导论 …… 1

第一节　物流的内涵 …… 2
第二节　物流的效用 …… 6
第三节　物流的作用 …… 8
第四节　物流的基础理论 …… 11
第五节　贯彻新发展理念 …… 16
第六节　中国物流的发展 …… 19

第二章　物流的分类 …… 28

第一节　物流的类型 …… 29
第二节　企业物流 …… 32
第三节　第三方物流 …… 38
第四节　产业物流 …… 42
第五节　地域物流 …… 46

第三章　物流系统 …… 54

第一节　物流系统的性质 …… 55
第二节　物流系统的要素 …… 59
第三节　物流系统的结构 …… 65
第四节　物流系统分析 …… 69

第四章　运输 ……76

第一节　运输概述 ……77
第二节　运输的方式 ……79
第三节　运输的结构 ……83
第四节　运输合理化 ……86

第五章　仓储 ……96

第一节　仓储概述 ……97
第二节　仓储的类型 ……100
第三节　仓库作业管理 ……104
第四节　库存控制 ……109
第五节　储存合理化 ……114

第六章　配送 ……121

第一节　配送概述 ……122
第二节　配送的类型 ……126
第三节　配送中心 ……130
第四节　配送合理化 ……136

第七章　包装 ……143

第一节　包装概述 ……144
第二节　物流包装技术 ……148
第三节　集装 ……151
第四节　包装合理化 ……155

第八章　装卸搬运 ……160

第一节　装卸搬运概述 ……161
第二节　装卸搬运的类型 ……163
第三节　装卸搬运合理化 ……167

第九章　流通加工 …… 174

第一节　流通加工概述 …… 175
第二节　典型流通加工形式 …… 177
第三节　流通加工合理化 …… 181

第十章　信息处理 …… 186

第一节　信息与物流信息 …… 187
第二节　物流信息技术 …… 192
第三节　物流信息平台 …… 199
第四节　物流信息系统 …… 202
第五节　信息处理合理化 …… 206

第十一章　物流企业 …… 210

第一节　物流企业形态 …… 211
第二节　物流战略 …… 217
第三节　物流服务 …… 225
第四节　物流成本 …… 233
第五节　物流安全 …… 238

第十二章　特殊物流 …… 245

第一节　危险品物流 …… 245
第二节　应急物流 …… 249
第三节　冷链物流 …… 253
第四节　快递服务 …… 258

第十三章　物流的新发展 …… 265

第一节　供应链物流 …… 266
第二节　精益物流 …… 271
第三节　智慧物流 …… 276
第四节　共享物流 …… 280

第五节　绿色物流 …………………………………………………… 283

第六节　物流金融 …………………………………………………… 288

主要参考文献 ………………………………………………………… 294

附录：物流术语 GB/T18354－2021(20211201) …………………… 296

第一章 物流导论

学习目标

通过本章学习,要求掌握物流的定义、功能和发展的相关理论,理解物流的性质、效用及其在经济社会发展中的作用,理解物流发展如何贯彻新发展理念问题,了解中国物流发展的历史脉络、现实状况和未来趋势。

开篇导问

必须把建设现代流通体系作为一项重要战略任务来抓

流通体系在国民经济中发挥着基础性作用,构建新发展格局,必须把建设现代流通体系作为一项重要战略任务来抓。要贯彻新发展理念,推动高质量发展,深化供给侧结构性改革,充分发挥市场在资源配置中的决定性作用,更好发挥政府作用,统筹推进现代流通体系硬件和软件建设,发展流通新技术新业态新模式,完善流通领域制度规范和标准,培育壮大具有国际竞争力的现代物流企业,为构建以国内大循环为主体、国内国际双循环相互促进的新发展格局提供有力支撑。

——习近平总书记2020年9月9日在中央财经委员会第八次会议上的讲话

问题思考

为什么必须把建设现代流通体系作为一项重要战略任务来抓?

物流是畅通国民经济循环的重要环节。习近平总书记指出:"物流业一头连着生产、一头连着消费,在市场经济中的地位越来越凸显。"自改革开放以来,我国物流发展取得了重大成就。为了打通实体经济的物流"筋络",推进物流发展实现质量、效率和动力的变革,有效降低全社会的物流成本,我们需要深刻认识和科学把握现代物流的内涵、性质和价值,同时也要清晰认识现代物流的发展脉络、规律和要求。

第一节　物流的内涵

一、物流的缘起

物流,即物的流动,是一种古老而又平常的现象。人类社会开始商品生产之后,生产和消费逐渐分离,这就产生了连接生产和消费的中间环节——流通。随着工业文明的崛起,社会生产和消费水平及规模的大幅提升,大生产和专业化分工方式的采用,使现代生产和消费在空间、时间和人这三个要素上都表现为分离的形式。将生产和消费在空间上连接需要进行物资输送;将生产和消费在时间上连接需要进行物资储存;将生产和消费的人进行连接需要进行商品买卖和交换。商品的运输、储存以及与此相联系的包装、装卸等物资实物流动即形成物流。物流产生的根源就在于生产与消费在时间、空间和人上的分离。

二、物流的定义

"物流"是现代经济领域一个新的发展中的概念。对物流概念的一种直观的理解就是"物的流动"。当然这种流动不是物的自然流动,而是一种赋予目的、给予动力的流动。例如,大气运动不是物流,废弃物自然遗弃不是物流,但管道煤气输送是一种物流,废弃物收集处理是一种物流。这种直观理解下的物流,仅限于描述物的特殊运动,并未涵盖对物的运动进行管理的深层含义。

具有现代物流科学含义的"物流",不但是一种有目的、有动力的物的运动,而且是一种有管理的物的运动。国家标准《物流术语》(GB/T18354－2021)将物流(Logistics)定义为:根据实际需要,将运输、储存、装卸、搬运、包装、流通加工、配送、信息处理等基本功能实施有机结合,使物品从供应地向接收地进行实体流动的过程。物流这一定义,既包含物流的具体活动,也包含对物流进行管理的问题。

理解物流的定义需要把握以下几点:

(1)物流中的"物"是指一切可以进行物理位置移动的实体物质资料。既包括有形物,也包括无形物;既包括有用物,也包括无用物。

(2)物流中的"流"泛指一切运动形态,具有移动、运动、流动的含义,物流环节中的静止(如储存)可以看成物流中"流"的一种特殊形态。

(3)物流的基本功能,包括运输、储存、装卸、搬运、包装、流通加工、配送、信息处理等,这些功能需要紧密协作,共同构成物流这一系统性工程。

(4)物流是一种有目的、有管理的活动,物流活动是围绕满足生产与生活的实际需要来进行的。

关于物流的一些有影响的定义

现代物流是一个至关重要的新兴领域,而理论界对于物流有着不同的理解,物流的定义仍在不断进化和完善中。

1985年,美国物流管理协会对物流的定义:物流是对货物、服务及相关信息从起源地到消费地的有效率、有效益的流动和储存进行计划、执行和控制,以满足顾客要求的过程。该过程包括进向、去向、内部和外部的移动,以及以环境保护为目的的物料回收。

1994年,欧洲物流协会对物流的定义:物流是在一个系统内对人员及/或商品的运输、安排及与此相关的支持活动的计划、执行和控制,以达到特定的目的。

1998年,美国供应链管理专业协会对物流的定义:物流是供应链管理的一部分,它以满足顾客需求为目标,对货物、服务及相关信息在原产地和消费地之间有效率、有效益的正向和逆向流动和储存进行计划、实施和控制。

2002年,日本工业标准对物流的定义:物流是物质资料从供给者到需要者进行时间的、空间的移动过程的活动。一般认为是将包装、输送、保管、装卸搬运、流通加工以及与此相关的情报等各项功能进行综合管理的活动。物流在不同的对象领域有特定的不同称呼:供应物流、生产物流、销售物流、回收物流等。

2018年,北京物资学院王之泰教授对物流的定义:物流是按用户的要求,将物的实体从供应地向需要地转移的过程。这个过程涵盖了运输、储存、保管、搬运、装卸、货物处置、货物检验、包装、流通加工以及信息处理等一系列相关活动。

三、物流的功能

物流包括运输、储存、装卸、搬运、包装、流通加工、配送、信息处理等基本功能(见图1-1)。这些功能在社会再生产过程中扮演着中介角色,对生产的促进作用随着生产社会化程度的提升而日益显著。

(一)运输

运输在物流活动中处于中心地位,是物流的一项主要功能和核心业务。市场经济条件下,商品的生产和使用在空间上往往是分离的,甚至是很大空间上的分离。运输的作用就在于完成商品空间的实体位移,克服商品生产者(或供给者)与使用者(或需求者)

之间的空间距离,创造商品的空间效用。

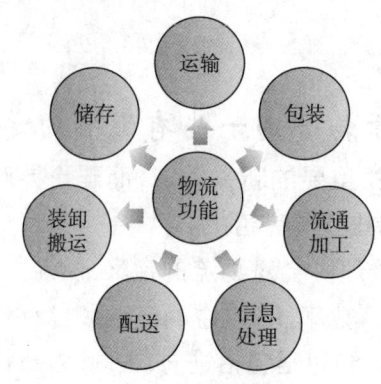

图1-1 物流的基本功能

(二)储存

储存是社会再生产过程中客观存在的现象,它是保障社会再生产连续进行的基本条件。商品是用来交换的劳动产品。商品的生产完成时间与其使用时间总有一段间隔,季节性生产和季节性消费的商品尤为显著。此外,为了保证再生产过程的顺利进行,也需要在供、产、销各个环节中保持一定的物品储备。储存旨在将商品的使用价值和价值保存起来,克服商品生产与使用在时间上的异步问题,创造商品的时间效用。

(三)装卸搬运

装卸搬运包括装卸和搬运两种不同活动。长距离的搬运实际上是一种运输形态,短距离的搬运与装卸紧密相随,物流科学把它们当作一项活动,统称为"装卸搬运"。装卸搬运在物流活动中频繁发生,是对运输、储存、包装、流通加工等物流活动进行衔接的中间环节和必要操作。装卸搬运过程中,要尽可能减少商品损失和物流速度损失。

(四)包装

为保证物流过程中商品完好地送到用户手中,并满足用户和服务对象的要求,需要对大多数商品进行不同方式、不同程度的包装。包装具备保护商品、便于储存运输和促进商品销售三大基本功能。在物流体系当中,包装处于整个流程的起始端,会影响后续物流的各个过程和物流总的过程,从这个意义上来讲,包装对于物流的重要性远胜过其对于生产的重要性。

(五)流通加工

流通加工是指在商品从生产者流向使用者的过程中,为了促进销售、满足用户需要、保障商品质量和实现物流效率化,对商品进行的辅助性加工。这种辅助性加工是生产加工在物流领域的延续,它可以更好地衔接生产和需求环节,是物流活动中的一项重要增值服务,也体现了现代物流发展的一个重要趋势。

(六)配送

配送是物流进入最后阶段,以配货、包装、送货形式最终完成社会物流并实现资源配置和对用户服务的活动。配送几乎包括了物流的所有职能,是物流的一个缩影或在某一范围内物流全部活动的体现,是整个物流系统服务能力的最终集中体现。配送也是现代物流的一个重要的创新。

(七)信息处理

信息处理是获取信息并对其进行加工处理,使之成为有用信息并发布出去的过程。信息处理的过程主要包括信息的获取、储存、加工、传递。信息处理是物流活动的前提,也是物流合理化的关键。

四、物流的性质

物流的性质,既包括物流活动的性质,也包括物流产业的性质。

(一)物流活动的性质

物流活动是一种服务性活动。物流活动是生产活动的支撑性活动,能把企业生产的上下游连接起来,能把社会生产的上下游连接起来,使得整个生产活动能够顺利平滑进行,因而物流活动是生产活动的基础和前提。物流活动服务于企业生产和社会生产,本质上属于非生产性活动。马克思认为,只有"生产劳动"才能创造价值,而物流活动虽不直接创造使用价值,但却是社会创造更多使用价值的前提,也是推动价值创造的必要条件。

(二)物流产业的性质

物流产业是一种服务性产业,不等同于物流活动或物流业务。物流产业是专业化与社会化的物流活动或物流业务,而不是企业内部的物流活动或物流业务。物流产业是为社会生产和生活提供物流服务的产业,属于第三产业的服务业。现代物流产业是支撑国民经济发展的先导性、基础性、战略性产业。物流业高质量发展是经济高质量发展的重要组成部分,也是推动经济高质量发展不可或缺的重要力量。

(三)物流性质的启示

物流的本质是服务。无论是物流活动,还是物流产业,其本质都是服务,服务于社会生产和生活。因此,推动物流发展需双管齐下:一方面,要确保为社会生产和生活提供高效、优质的物流服务,避免物流成为社会生产和生活的掣肘;另一方面,要在充分保障社会生产和生活的前提下,力求以最小的成本取得最好的物流服务效果,确保物流发展与社会生产和生活的实际需要紧密相连。

第二节 物流的效用

商品的价值和使用价值必须通过物流才能得到实现,需求者拥有或使用商品的欲望必须通过物流才能得到满足。物流的这种特殊媒介作用,一般称为"物流的效用"(Utility)。

一、时间效用

时间效用(Time utility)是指在客户需要的时间提供商品。"物"从供给者到需求者之间有一段时间差,改变这一时间差所创造的效用,称作"时间效用"。时间效用的创造有以下几种方式:

(一)缩短时间差创造效用

缩短物流时间,能减少商品损失,加速商品周转,及时满足需求,更好地发挥资本作用。马克思指出:"流通时间越等于零或近于零,资本的职能就越大,资本的生产效率就越高,它的自行增殖就越大。"这里马克思所讲的"流通时间"可以理解为物流时间,因为物流周期的结束是资本周转的前提条件。这个时间越短,资本周转就越快,资本增值速度越高。

(二)弥补时间差创造效用

由于需求和供给的不对称性和不均衡性的存在,经济中普遍地存在需求和供给的时间差。例如,粮食生产的季节性和周期性显著,即使人类改造自然的能力在不断提高,可以人工创造条件使粮食种植不受季节影响,但粮食生产的周期性仍然改变不了。这就决定了粮食的产出具有集中性,但是人们对粮食是天天有需求,因而这种集中产出所形成的供给和持续性需求之间必然出现时间差。同样,生产水泥的企业一旦启动,生产就必须连续进行,每时、每天都在生产水泥,但是水泥的消耗却具有一定的时间间隔的集中性。而建筑施工却有很强的季节性,存在着适合施工季节的水泥集中需求,这也就出现了时间差。

如果没有合适的办法弥补这种时间差,则供给和需求之间就会形成尖锐的矛盾。例如:如果没有有效的方法,集中生产出来的粮食除满足当时少量的消耗需求外,其余部分就会损坏、腐烂,而在粮食非产出时间,人们却会面临粮食短缺的困境;如果没有有效的方法,则在施工比较集中的季节,水泥往往会供不应求,导致工地停工待料,而在施工较少的季节,生产出来的水泥便要长期存放,这既增加了库存成本,又会使水泥水化变质甚至彻底失效。

通过储存,人们能够弥补乃至调整时间差,从而保持并充分实现商品的效用。

(三)延长时间差创造效用

一般来说,物流时间需要尽可能缩短,但在某些情况下也可以或需要通过人为地、能动地延长物流时间差来创造效用。例如:商品的待机销售,在储存中寻找进入市场的最理想时间;备战、备荒所形成的战略性储备等。在这些情况下,物流通过有意识地延长物流时间和增加时间差,来创造时间效用。

二、空间效用

空间效用(Place utility)是指在客户需要的地方提供商品。供给者和需求者往往处于不同的场所,也就是说,供给者和需求者所处的空间位置不同,"物"从供给者到需求者有一个空间差。空间差产生的内在原因是不同地区在资源禀赋、产业结构、社会分工等方面存在差别。空间差的存在表明产品在不同空间位置会有不同的效用,将产品由低效用地方转移到高效用地方,便可创造空间效用。空间效用的创造有以下几种方式。

(一)从集中生产地流入分散需求地创造效用

现代化大生产的特点之一,往往是通过集中的、大规模的生产来提高生产效率和降低生产成本。在一个小范围集中生产的产品可以覆盖大面积的需求地区,有时甚至可覆盖一个国家、若干个国家乃至全世界。通过物流将产品从集中生产的低价位区转移到分散于各处的高价位区,这一过程往往可以获得很高的收益。例如,在现代生产中,钢铁、水泥、煤炭等原材料的生产往往以上千万吨甚至上亿吨的规模集中在一个地区,这些产品需要通过发达的物流流入空间广阔的分散需求地区。截至2023年年底,海螺水泥熟料产能为2.72亿吨,水泥产能为3.95亿吨,骨料产能为1.49亿吨,商品混凝土产能为3980万立方米。海螺水泥这样庞大的产能无疑需要广阔的市场空间,要有发达的物流。

(二)从分散生产地流入集中需求地创造效用

与上述情况相反的现象在现代社会中也不少见。例如:粮食是在一亩亩土地分散生产出来的,而一个大城市的粮食需求却相对成规模集中;一个大型汽车生产企业,其成千上万个零部件往往是由成千上万个空间分散的中小企业生产的,而最后的组装出厂需要集中在一个地方进行。这种分散生产和集中需求,需要物流作为支撑和保障。

(三)从甲地生产者流入乙地需求者创造空间效用

空间差也有不少是由自然地理和社会发展因素决定的。例如:农村生产粮食、蔬菜而异地于城市消费;南方生产荔枝而异地于各地消费;北方生产高粱而异地于各地消费等。人们日常消费的商品,几乎都源自相距甚远的地方。这种复杂交错的供给与需求之间的空间差都是靠物流来弥合的,而物流也从中获得了收益。

三、形式效用

形式效用(Form utility)是指商品能被客户使用并对客户有价值。现代物流的一个重要特点是根据自己的优势和现代市场需求变化的一些新特点,从事一定的辅助性加工,这种加工不创造产品主要实体、形成产品主要功能,而是带有完善、补充、增加产品功能性质的活动。这种加工实质是企业生产活动的部分环节转移到流通当中,是生产的一种延续,自然会赋予劳动对象部分形式效用。这种形式效用实际上就是一种价值创造。

虽然物流在创造形式效用上并不是主导力量,其创造的效用也无法与时间效用和空间效用相提并论,但这却是现代物流区别于传统物流的关键所在。现代社会产品生产中越来越多的末端生产环节在物流领域以物流加工的方式完成。

第三节 物流的作用

一、物流的宏观经济运行作用

物流业是支撑国民经济发展的先导性、基础性、战略性产业,是国民经济发展的动脉、助推器和效益源。

(一)物流是国民经济发展的动脉

物流通过不断输送各种物质产品,使生产者不断获得原材料、燃料、零部件,以保证生产过程的正常进行;又不断将产品运送给不同的需求者,使这些需求者生产、生活得以正常进行。这些互相依赖的存在是靠物流这条动脉来维系的,没有物流,国民经济就难以成为一个有内在联系的整体,物流是畅通国民经济内外循环的动脉。

之所以将物流比作动脉而不是器官,这是因为,假如人体某个器官受损,也许还能维持生命,而动脉一旦停止输送血液,生命便戛然而止。

(二)物流是国民经济发展的助推器

物流不仅是国民经济发展的动脉,还是推动其不断前行的重要力量。

1. 物流的发展是社会规模经济实现的基础

一个现代大型生产企业,既需要庞大的原材料供应市场,又需要广阔的产品销售市场,这在物流发展水平低下的情况下是很难做到的。例如,最初在英国的波特兰地区已经建立了水泥工业,但由于无法大量地远运,水泥产业发展不起来,直到铁道出现后,创造了物流条件,能够把水泥从波特兰地区运到英国各地,水泥工业这种专业化、大批量的生产方式才得以形成。

2. 物流的发展是社会生产分工深化的基础

社会分工越发达,越能实现专业化生产,越能促进生产力发展。社会分工受交易费用限制,交易费用越低,社会分工越发达。交易费用不仅包括商流费用,也包括物流费用。物流的发展能够带来物流费用的下降,从而带来社会分工的深化。现代国际贸易的发展基础是现代物流的发展。

3. 物流的发展是社会资源优化配置的基础

社会资源的优化配置能够提高全社会生产力。资源配置是经济体制的核心问题,资源配置不仅要解决生产关系问题,还必须解决资源的空间布局问题。有时候,问题并不是某种体制不成功,而是物流发展滞后不能保证资源优化配置的最终实现。

(三)物流是国民经济发展的效益源

1. 物流业已成为国民经济重要产业

2023年,我国全国社会物流总额为352.4万亿元,物流业总收入为13.2万亿元,物流业在国民经济、在服务业中已经占有重要地位。目前,荷兰、新加坡、巴拿马、日本、中国香港等国家和地区,物流在国民经济中已经起到了支柱作用。

2. 物流费用的下降还有很大的空间

物流费用一般具有非生产性质,降低物流费用能够降低社会资源纯消耗,提高GDP质量,并带来经济效益和社会效益的双重增长。2023年,中国社会物流总费用与GDP的比率为14.4%,与美国等发达国家相比,社会物流总费用与GDP的比率仍高出5～6个百分点,物流降本增效还有很大的空间。中央财经委员会第四次会议提出,要有效降低全社会物流成本。

延伸阅读

中国物流业景气指数

中国物流业景气指数(LPI)是由业务总量、新订单、从业人员、库存周转次数、设备利用率5项指数加权合成的合成指数。该景气指数由中国物流与采购联合会每月5日公布,是中国物流行业的数据风向标,基本反映了我国物流业发展运行的总体情况。其中,以50%作为经济强弱的分界点:指数高于50%,反映物流业经济扩张;指数低于50%,则反映物流业经济收缩。

二、物流的微观企业发展作用

(一)物流是企业的生存环境

一个企业的正常运转,需要这样的外部条件:一方面,要保证按企业生产计划和生产节奏提供和运达原材料、燃料、零部件;另一方面,要将产品和制成品不断运离企业。显然,物流在这个条件中的作用不容忽视,可以说,一旦缺少了物流,企业就如同置身于孤岛之上,难以维系正常的运营。

(二)物流是企业生产运行的保证

企业生产过程的连续性和衔接性,要靠生产工艺中不间断的物流活动,有时候生产过程本身便和物流活动结合在一起,物流的支持保证作用是不可缺少的。生产流水线上的物流作业必须服务于生产工艺流程的需要,展现出很强的配合性、动态性、均衡性。一旦某个工艺环节的物流作业出现问题,整个流水线很可能就会瘫痪。

(三)物流是企业发展的重要支撑力量

物流成本在企业产品成本中占比较高,物流成本的节约是企业的"第三利润源"。物流是企业向客户提供的一种售后服务,在买方市场条件下,这种售后服务成了客户购买企业产品的重要考量因素,甚至对企业发展具有战略意义。另外,对物流系统的改善有利于提高企业管理水平。例如,库存的改善可以使企业管理中一些隐性矛盾显性化,从而帮助人们及时发现管理问题并予以改进。

三、物流的社会进步作用

畅通的物流促进了经济发展,也推动了社会进步。

(一)通畅的物流会促进技术创新与进步

通畅的物流会使不同地方、不同国家经济分工和合作更加密切,带来大量的人员交往和信息传递,推动科学、技术、文化的交流互鉴,促进技术创新与进步。18世纪以蒸汽机为标志的技术革命和19世纪以电力为标志的技术革命都以交通运输作为起始环节之一,反过来又促进了物流行业的发展。技术革命的新技术往往首先在物流发达地区出现。通畅的物流促进科学技术的交流,提高科技水平,进而促进社会进步。

(二)畅通的物流会促进生活质量的提高

物流一头连着生产,一头连着消费。现代物流的蓬勃发展,一方面拓宽了消费者在产品空间、品种和价格上的选择范围,减轻了消费者的物流费用负担,直接增加了消费者的福利；另一方面为消费模式的变革创造了条件，更好地满足了消费者的准时、便利、个性化、多样化的物流需求。例如，现代物流支撑的网购、冷链物流等，已经成为消费者不可缺少的消费模式和生活保障。

（三）畅通的物流会促进落后地区的开发

落后地区之所以落后，在某种意义上与"两头"不畅关系密切：一方面，缺乏先进生产资料和生产要素的"进口"；另一方面，缺乏地方产品和地方资源的"出口"。很多落后地区都有孤岛经济特征。习近平总书记指出："贫困地区要脱贫致富，改善交通等基础设施条件很重要。""要想富，先修路"，推动落后地区开发首先必须加强物流基础设施建设。

在现代社会，虽然计算机、远程通信及大量高速物流手段都已广泛应用，使物流的地区因素的作用相对降低，但是，那些比较发达、发展较快的地区依然是物流条件优越、物流网络畅通的地区，如沿海、沿江、沿铁道线、城市地区的经济发展，这就是物流促进社会进步的有力证明。

第四节 物流的基础理论

一、商物分离理论

商流和物流是商品流通的两大支柱，确保商品流通的最终完成，实现商品从生产到消费的"惊险跳跃"，二者缺一不可。但这不是说，商品流通过程中物流和商流要同时进行，走同一条通道，而是说要想顺利完成商品流通，既要有商流过程，也要有物流活动。

商流和物流各自具有不同的活动内容和规律，两者可以分离。商流是商品的所有权转移，是一种权力流，受交易环节的限制。商品每发生一次交易，就会发生一次商流。物流是商品的空间转移，是一种实体流，一般不受交易环节的限制。理论上，物流可以让商品从产地直接到最终使用地，不需要每发生一次交易，就发生一次物流。

在现实经济生活中，进行商品交易活动的地点，往往不是商品实物流动的最佳路线必经之处。如果商品的交易过程和实物的运输路线完全一致，则会出现实物物流路线的迂回、倒流、重复等不合理现象，进而造成资源和运力的浪费。由此可见，商物分离不但有可能性，而且有必要性。实行商物分离有利于扩大商品流通，提高物流效率，降低物流成本。图1-2是商物分离的示意图。

当然，商物分离也是需要一定条件的：

（1）社会分工的发展。没有发达的社会分工，就很难有发达的商物分离。社会分工的深化不仅使商流和物流在渠道上实现了分离，也使商流和物流的承担主体发生了分离。

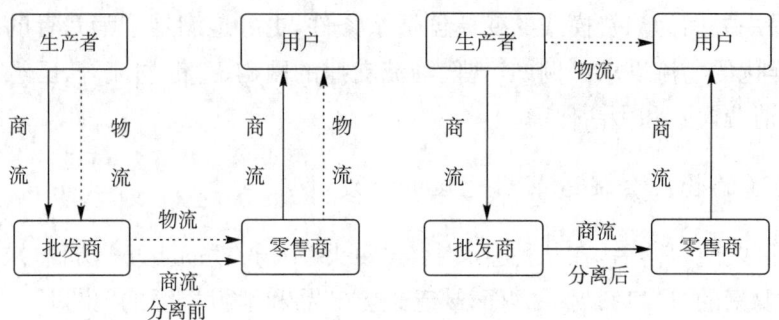

图 1-2　商物分离示意图

(2) 社会信用的发展。没有发达的社会信用，商物分离就会给货物所有者带来很大的经济风险，因为物流毕竟是一种服务性活动。

(3) 信息技术的发展。商流主体在选择物流主体以及物流主体在选择物流通道时，都需要一系列信息支持，还要有很好的信息技术作为支撑。在信息系统不完善、信息技术落后的情况下，商物分离程度是非常有限的。

二、物流反作用理论

生产和流通是社会再生产两个重要方面，生产对流通有决定性作用，流通对生产具有反作用。在市场经济出现以前，马克思就已经看到流通对生产的制约作用，并认为终有一天生产要建立在流通的基础上。生产和交换"在每一瞬间都互相制约，并且互相影响，以致它们可以叫作经济曲线的横坐标和纵坐标"。当社会经济的综合水平发展到一定程度之后，"生产过程已经完全建立在流通的基础上"，只要产品生产变成商品生产，即为卖而生产，那么"生产出来的一切财富都要经过流通"，生产就"以流通，以发达的流通为前提"。

商品流通是双重运动，即商品在作为价值运动的同时，也要作为使用价值运动。商品作为使用价值运动需要物流支撑。马克思指出："要使商品实际进行流通，就要有运输工具，而这是货币无能为力的"；"没有商品储备，就没有商品流通""商品的实际流通，在空间和时间上，都不是由货币来实现的"。马克思把物流看成"流通的经济过程的外部存在条件"，或者"由商品状态转变为货币的外部条件"。物流虽然不直接决定商流，却是商流的必要条件，尤其在商流的扩大受到物流能力的限制时，物流会对商流产生决定性影响。

伴随着信息技术和商业模式的革命，生产与需求的符合度、商流的交易便捷性都有了前所未有的提升，商流的能力也得到了前所未有的拓展，而物流是物质实体的实实在在流动，并且涉及很多环节的互联互通问题，相比于商流能力的拓展，物流的实现更为艰难。

物流在社会再生产中的地位变得越来越重要。国务院印发的《"十四五"现代物流发展规划》明确指出，现代物流在构建现代流通体系、促进形成强大国内市场、推动高质量发展、建设现代化经济体系方面发挥着先导性、基础性、战略性作用。可见,实践中物流的反作用是不容忽视的。

三、物流费用冰山理论

物流费用冰山理论的含义是指,人们对于物流费用的总体内容缺乏了解,谈到的物流费用往往只是露出水面的冰山一角,仅占物流费用的一小部分,而没有看见隐藏在海水里的整个冰山,那才是物流费用的主体部分。日本早稻田大学教授西泽修用一个简单又明确的图像形象地表示了这个理论的观念(见图1-3)。物流费用这一冰山的存在是导致人们忽视物流的重要原因。

图1-3 物流费用冰山图

一般情况下,在企业财务统计数据中,只把支付给外部运输、仓库等物流服务企业的费用列入物流费用,实际这些费用在整个企业物流费用中犹如冰山一角。原因在于,物流基础设施折旧费,以及企业自行承担的车辆运输、库存保管、包装、装卸等内部物流费用,都被计入原材料、生产成本、管理费用和销售费用等科目中,并未列入物流费用。企业向外部支付的物流费用是实际物流费用很小一部分,真正的大头是企业内部发生的各种物流费用。美国、日本的实践表明,企业实际物流费用往往要超过企业对外支付的物流费用5倍以上。

物流冰山说之所以成立,除了会计核算制度没有考虑到物流费用,还有三个方面原因:

(1)物流费用的计算范围太大。它包括:原材料物流、工厂内物流、从工厂到仓库及配送中心的物流、从配送中心到商店的物流等。如此大的范围,涵盖的单位众多,涉及的面特别广,很容易漏掉其中的某一部分。漏掉哪部分,计算哪部分,物流费用的大小相距甚远。

(2)运输、储存、包装、装卸搬运、流通加工以及信息处理等各物流环节中,以哪几个环节作为物流费用计算对象的问题。只计算运输和储存费用而不计算其他费用,与计算运输、储存、装卸搬运、包装、流通加工以及信息处理等全部费用相比,其结果差别相当大。

(3)把哪几种费用列入物流费用的问题。比如,向外部支付的运输费、保管费、装卸费等费用一般都容易列入物流费用;可是,对于本企业内部产生的物流费用,如与物流相关的人工费、物流设施建设费、设备购置费,以及折旧费、维修费、电费、燃料费等,是否应列入物流费用?此类问题与物流费用大小直接相关。因而可以说物流费用确实犹如一座海里的冰山,露出水面的仅是冰山的一角。

物流冰山理论要求实践中,一方面要重视降低可见的物流费用;另一方面不能忽视降低不可见的物流费用。要积极采取现代技术和方法,使原来不可见的物流费用尽可能看得见、算得准、管得住。

四、物流第三利润源理论

"第三利润源"说法出自日本,是对物流的潜力及效益的描述。从历史发展来看,人类曾经有过两个大量提供利润的领域:第一个是自然资源;第二个是人力资源。自然资源领域起初是廉价原材料、燃料,其后则是依靠科技进步、节约消耗、综合利用、回收利用乃至大量人工合成资源而获取利润,称为"第一利润源"。人力资源领域最初是廉价劳动,其后则是依靠科技进步提高劳动生产率,降低人力消耗或采用机械化、自动化来降低劳动耗用,从而降低成本,增加利润,称为"第二利润源"。在前两个利润源潜力越来越小、利润开拓越来越困难的情况下,物流领域的潜力开始被人们重视,按时间序列称为"第三利润源"。

这三个利润源挖掘的是生产力的不同要素:第一利润源挖掘的是生产力中的劳动对象;第二利润源挖掘的是生产力中的劳动者;第三利润源不仅挖掘生产力中劳动工具的潜力,还挖掘劳动对象和劳动者的潜力,因而更具有全面性。

人们对"第三利润源"最初认识基于两个前提条件:第一,物流完全可以从流通中分化出来,能够独立运作,具有自身目标和管理,人们能对其进行独立的认知和判断;第二,物流和其他独立的经营活动一样,不但是总体成本的构成因素,而且是单独盈利因素,物流可以成为"利润中心"型的独立系统。

第三利润源理论,一方面说明基于物流的后进性,企业在流通环节中物流领域获取利润相对于生产领域可能要困难;另一方面说明流通环节的物流领域是企业新的利润生长点,是获取利润的富矿。另外,政府要重视和推动整个社会物流发展,要为物流发展创造良好的基础性条件。

延伸阅读

物流的后进性

物流技术的发展落后于生产技术,物流科学的产生落后于生产科学,这种现象被称为"物流后进性"。物流后进性主要成因有以下两点:

其一,物流科学是在生产力发展到一定阶段,适应社会经济的需要产生的,这是物流后进性的根本原因。人类历史上,物流活动长期从属于生产活动,并且彼此孤立存在,各种物流活动之间没有发生联系。只有在生产力发展到一定阶段、流通成本凸显的情况下,物流科学的重要性才被人们认识,从而促进物流科学的研究和产生。

其二,物流科学是在融合了许多相邻学科的成果以后才逐步产生的。例如,运筹学、计算机科学、系统工程、信息科学,都是物流科学产生的重要基础。现代物流科学对实践的指导作用,对社会经济和生产发展的价值体现,也必须依赖于现代信息技术才得以实现。因此,物流科学只有在这些科学与技术出现之后才得以诞生和发展。

五、物流效益背反理论

"效益背反"是物流领域中经常发生的现象,是物流领域中内部矛盾的反映和表现。物流领域的效益背反包括物流功能要素间的效益背反和物流费用与物流服务水平间的效益背反两种情况。

物流功能要素间的效益背反,是指物流的若干功能要素之间存在着损益的矛盾,即在某一功能要素的优化和利益发生的同时,往往会发生另一个或几个功能要素的利益损失。例如:为了降低库存费用,就会尽量减少库存量,但这样就会使库存补充变得频繁,必然增加运输次数,从而无形中增加了运输费用;为了节约包装费用,就会想办法简化包装,降低包装强度,但这样势必降低仓库保管效率,同时也会使得在装卸搬运过程容易出现破损现象,造成搬运效率低下,从而增加仓储与搬运费用;为了降低装卸搬运的费用,可能会选择费用相对较低的人工方式,但是也就会造成装卸搬运效率的降低,从而影响物流系统的其他要素。物流功能要素间的效益背反现象的存在,要求我们从系统的角度来认识各要素,以追求物流系统的总体效果(见图1-4)。

物流费用与服务水平间的效益背反,是指物流服务水平与物流费用之间的一种交替损益关系。一般来说,提高物流服务水平,物流费用也会上升,反之则反之(见图1-5)。例如:客户为了降低物流费用,可以降低对物流速度、物流安全性等服务水平要求;客户如果希望物流速度快,物流服务好,就需要支付更多的物流费用。鉴于物流费用与物流服务水平间的效益背反现象,客户在选择物流服务时一般选择自己可以接受的物流服务水平,而不是一味追求高水平的物流服务。

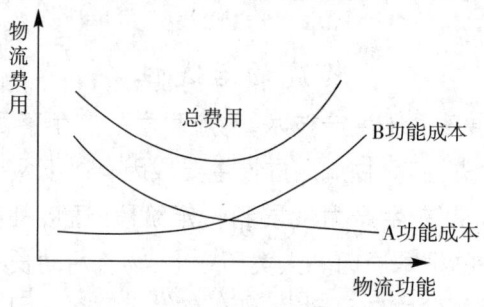

图 1-4　效益背反与总体效果

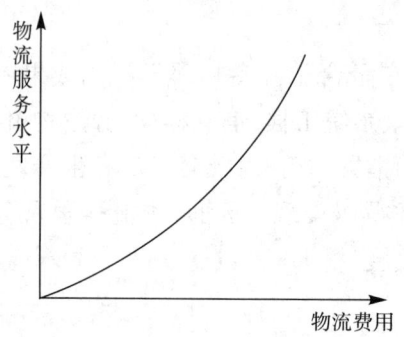

图 1-5　服务水平与物流费用关系

第五节　贯彻新发展理念

理念是行动的先导,一定的发展实践都是由一定的发展理念来引领的。党的十八届五中全会提出"五大发展"新理念:创新发展、协调发展、绿色发展、开放发展、共享发展。贯彻新发展理念是关系我国发展全局的一场深刻变革。推动我国物流业高质量发展必须贯彻新发展理念。

一、创新发展

创新是新时代推动我国物流业发展质量变革、效率变革、动力变革的基本动力。党的十一届三中全会以来,我国物流发展取得了世人瞩目的成就,已跻身世界物流大国之列,这无疑是改革开放和创新发展的成果。在一个充满变化和竞争的时代,创新是生存的需要,更是发展的需要。推动我国从物流大国向物流强国迈进,推动物流提质降本增效,建设中国式现代物流体系,发展物流新质生产力,必须贯彻创新发展理念。

贯彻物流创新发展理念:

一是要实施战略创新。从物流大国向物流强国转变是一个庞大的系统工程,走出现代物流高质量发展之路,要有前瞻性思考、全局性谋划、战略性布局和整体性推进。

二是要实施制度创新。要充分发挥市场在资源配置中的决定性作用,更好发挥政府调控作用,坚决破除制约物流发展的条条框框,充分激发物流市场活力,进一步解放物流发展生产力。

三是要实施技术创新。要推动物流智慧化数字化发展,推动物流绿色低碳发展,推动物流更好响应社会需求,推动释放人力的物流发展,推动物流新质生产力发展。

四是要实施模式创新。推动多式联运、共同配送、即时物流、网络货运、中欧班列、数字仓库、无人码头、海外仓、物流金融、物流集群、第四方物流等新型物流模式的应用。

二、协调发展

协调是新时代推动我国物流业发展的基本手段和重要目标。协调与整体关系密切,协调的范围是整体,协调的方式是发挥整体效果,协调的目的是增强发展的整体性。物流发展涉及方方面面、很多环节,是一个整体性工作,协调发展是物流发展的内在要求。一旦协调缺失,物流发展将会出现短板、失衡、弱项,进而阻碍国民经济的循环,物流服务社会发展作用就难以发挥。

贯彻物流协调发展理念:

一是不同空间物流要协调发展。例如,城市物流与农村物流、东部物流与西部物流、国内物流与国际物流,都要协调发展。

二是不同类型物流要协调发展。例如,企业物流与社会物流要协调发展,生产物流与生活物流要协调发展,实体物流与虚拟物流要协调发展,正向物流与逆向物流要协调发展,一般物流与特殊物流要协调发展。

三是不同环节物流要协调发展。例如,包装、运输、仓储、配送、装卸搬运、流通加工、信息处理等物流功能的协调,供应链上下游各企业之间物流的协调,多式联运涉及的不同主体之间物流的协调,物流服务供给与物流服务需求之间的协调。

四是物流硬件和软件要协调发展。即不仅要重视物流体系中的基础设施建设,还要重视物流运作能力和管理水平的提高,重视物流发展的政策制定和制度建设。

延伸阅读

要注意加强衔接协调

我们国家物流费用成本偏高,这其中就有运输效率不高问题,究其原因,主要是各种运输方式各自为政发展,各种交通运输方式衔接协调不畅、彼此结构不平衡不合理导致的。沿长江通道集合了各种类型的交通运输方式,要注意加强衔接协调,提高整体效率。比如,一直以来严重制约长江航运的三峡船闸"肠梗阻"问题，能不能从综合交通运输体系全局出发找出解决问题的有效办法？

——习近平总书记 2018 年 4 月 26 日在深入推动长江经济带发展座谈会上的讲话

三、绿色发展

绿色是永续发展的必要条件和人民对美好生活向往的重要体现，也是新时代我国物流业发展的基本要求。物流本质上是一种服务性、非生产性活动，致力于服务社会生产和生活，追求低物耗、低能耗是物流服务的应有之义。物流又是一项能源消耗多、污染排放大、环境影响广的活动，走绿色发展道路是物流发展的必然要求。我们要树立并践行"绿水青山就是金山银山"的理念，站在人与自然和谐共生的高度谋划物流发展。

贯彻物流绿色发展理念：

一是要做到物流手段绿色。物流手段绿色包括物流基础设施绿色、物流设备装备绿色和物流工具器具绿色。仓库太阳能光伏发电、使用清洁能源技术物流车辆与装备、使用集装箱和托盘运输等都是物流手段绿色化的表现。

二是要做到物流技术绿色。也就是通过使用新的技术、方法，使物流更绿色。例如，快递绿色包装应用、"公转铁和公转水"、使用无纸办公、推广使用云仓储、推进可再生资源物流等都有利于实现物流绿色化。

三是要做到物流模式绿色。例如，物流共同化、智慧物流、多式联运、物流集群化、管道运输、托盘一贯化运输、驮背运输等都是有利于实现物流绿色化的物流模式。

四、开放发展

开放是国家繁荣发展的必由之路，也是新时代我国物流业发展的基本途径。现代物流是发达市场经济的必然结果，是经济全球化的重要体现，是社会分工不断深化的直接产物。没有开放发展，就没有种类繁多、规模庞大的商品和生产要素的大范围的自由流动，就没有货畅其流，也就没有物流的充分发展。推动我国物流高质量发展，必须贯彻开放发展理念。

贯彻物流开放发展理念：

一是企业发展要做到开放。工商企业要积极从更大空间获得要素来源和市场资源，并勇于将非核心竞争力的物流服务社会化。

二是区域发展要做到开放。要形成更高水平开放型经济新体制，反对各种形式的地方保护主义和行业垄断行为，要让货物在各个地区之间实现无制度政策障碍流动。

三是物流发展要"走出去"。提高物流国际化水平，推动物流企业"走出去"，弥补国际物流短板，实现物流全球化运作，深度融入全球价值链体系，用好国内和国际两个市场两种资源。

五、共享发展

共享理念是坚持以人民为中心的发展思想,共享是新时代我国物流业发展的基本目标。共享发展理念强调发展为了人民,发展依靠人民,发展成果由人民共享,使全体人民在共享发展中有更多获得感。共享发展注重的是解决社会公平正义问题。以人民为中心是习近平新时代中国特色社会主义思想的核心内容,也是中国式现代物流体系的使命要求。

贯彻物流共享发展理念:

一是要重视物流发展不平衡问题。着力解决农村、落后地区、中西部地区物流发展短板,推动区域物流均衡发展。

二是要坚持"共同富裕"初心使命。让广大物流从业者享受物流发展"红利",不断增强从业者的获得感、幸福感和安全感。

三是要重视机器代人设备的推广应用。积极推进无人配送、无人货机、无人码头、自动货运驾驶和仓储机器人等智能化设备的应用,以降低物流工作劳动强度。

四是要推动物流资源共享共赢发展。在物流发展中共享资本、共享货车、共享仓库、共享人才、共享市场,发展物流平台经济,发展供应链金融,发展共同配送等,充分发挥资源使用效益。

五要推进物流共同体建设。要胸怀天下,创建全球物流命运共同体,促进国际物流合作,使更多国家共享发展机遇和成果。

第六节　中国物流的发展

作为历史悠久的东方文明古国,在数千年的发展进程中,中国不仅积淀了厚重的物流思想,也创造了卓越的物流实践。中国的物流发展既有兴盛繁荣的辉煌时期,也遭遇过停滞落寞的低谷阶段。自改革开放以来,特别是步入新时代后,中国物流行业蓬勃发展,取得了一系列丰硕成果,为中国式现代化建设提供了有力保障。

一、1949年以前中国物流的发展

中华民族五千年的文明史处处闪烁着"物流思想"的灵光。我国古代先贤对物流发展问题有一系列重要思考。例如,春秋战国时期,管子提出"仓廪实而知礼节"的重储思想,荀子提出"货畅其流"的货物流通思想,这些物流思想内涵深刻,影响深远。

我国古代"物流实践"源远流长,创造了一项项绝无仅有、伟大的"物流工程"。例如:世界上工程量最大、修建时间最长的工程——万里长城;世界上最早、最长的物流和军

事通道——京杭大运河;经济全球化最早的物流通道——丝绸之路;中国西部最早的国家级"高速公路"——古栈道;水利工程史上的璀璨明珠——都江堰;展示先进物流工程技术最早的人工隧道——石门隧道;现代快递的鼻祖——驿运与八百里快递;中国综合运输的主体,最早的水上物流网——漕运制度。这些重要创举充分彰显了我们先辈的智慧,为全球物流理论和物流技术的发展奠定了深厚的基础,提供了有益的借鉴。

我国古代物流能够取得重要成就,主要与四个方面的因素有关:一是商品经济的发展,公元前1世纪至12世纪,中国封建社会经济的繁荣催生了与其他国家进行商品交换与文化交流的需求;二是商人的出现;三是货币开始充当交易的媒介;四是交通工具的不断进化,特别是造船业的发展,当时的晋商、徽商、闽商、广商、宁波商、洞庭商等商帮已经树立了"货通天下"的理念。

然而,进入近代,中国物流开始落伍了。西方国家先后揭开了人类工业化、现代化的大幕,而中国则长期停留在农业社会的生产力水平。

二、1949年至改革开放前中国物流的发展

自中华人民共和国成立至1978年改革开放前夕,我国实行计划经济体制,该体制在推动社会经济发展方面发挥了重要作用。我国物流业特别是交通运输业得以恢复,并开始大规模建设,初步建立了以铁路和水运为骨干,由铁路、公路、海运、内河航运和管道构成的运输体系,并对铁路运输的主要物资进行合理化运作,开展以城市为中心的物资储存与调拨,取得了明显成效,保障了经济恢复与社会主义建设对物流的需求。

计划经济体制下我国物流发展呈现以下特点:

(1)高度集权。当时,国家指令性计划内的物资实行统一计划、统一生产、统一分配以及统一安排物流。物流各环节所涉及的运输、仓储、装卸、包装、货代等企业均为公有制企业。

(2)分割管理。货物运输由交通、铁路、邮电、民航等部门分别管理。所有物资均按国家指令和地方指令进行分配。分割管理是计划经济体制的一个基本特点。

(3)政府定价。在社会消费品零售总额、生产资料销售总额和农产品收购总额中,政府定价的比重分别为97%、100%和94.4%。运输和仓储价格也均由政府确定。价格由政府决定,导致价格与价值在一定程度上出现了分离。

(4)大而全、小而全的商业运作模式。当时我国是从小农经济社会走过来的,又借鉴了苏联的计划经济模式,无论是工业还是服务业,普遍采用大而全、小而全的模式,社会化程度较低。企业往往自己设立仓库、组建车队,只要自己能干的就不会选择外购或外包。

这一时期,由于经济比较落后,物流效率低下的矛盾并不凸显,但我国物流发展已远远落后于发达国家。

三、1978 年至加入世界贸易组织前中国物流的发展

党的十一届三中全会揭开了改革开放的序幕,这一时期是我国现代物流学习探索和发展成长期。1979 年,国家有关部门赴日本考察学习后,将"物流"概念引入国内,我国逐步认识到物流的重要性。1984 年,中国历史上第一个全国性物流组织——中国物流研究会成立。《中共中央关于制定国民经济和社会发展"九五"计划和 2010 年远景目标的建议》和《中共中央关于制定国民经济和社会发展第十个五年计划的建议》明确提出,要积极发展配送中心,着重发展商贸流通、交通运输等行业,推行连锁经营、物流配送、多式联运、网上销售等组织形式和服务方式。2001 年,原国家经济贸易委员会联合六部委发布《关于加快我国现代物流发展的若干意见》,成为我国政府发出的第一个物流文件;我国物流领域第一个跨部门、跨行业、跨地区、跨所有制的行业组织——中国物流与采购联合会成立。

20 世纪末,上海、天津、深圳等城市开始把物流业列为支柱产业或新兴产业。青岛海尔、深圳华为、天津天汽、中远、中外运、中储等一批企业开启物流业务并取得实效。丹麦马士基、美国总统轮船公司等国际物流企业开始试探性地进入中国物流市场。

2001 年,我国进出口货物贸易额从 1978 年 355 亿元上升到 4.2 万亿元,增长了 117 倍;货运总量从 31.9 万吨上升到 140.2 万吨,增长了 3.4 倍;货物周转量增长了 3.8 倍。物流基础设施建设也增加了投入。2001 年,铁路营业里程为 7.01 万千米,公路里程 169.8 万千米,内河航道为 12.15 万千米,定期航班航线为 155.36 万千米,输油(气)管道为 2.76 万千米。

这一时期,我国物流开始和世界经济接轨,但总体看还十分落后。2000 年,我国全社会支出流通费用占 GDP 的比重约为 20%,而发达国家仅为 10%。物流还是我国经济发展中一块尚未得到有效开发的领域。

2001 年底,我国正式加入世界贸易组织,这成为物流加快发展的助推器。

四、2002 年至党的十八大召开前中国物流的发展

2002 年至 2012 年,我国经济快速发展。2010 年,我国 GDP 达到 6.1 万亿美元,超过日本的 5.7 万亿美元,成为世界第二大经济体。2012 年,我国制造业产值超过美、德、日,成为全球制造业中心。我国进出口贸易额从 2002 年的 5.1 万亿元增加到 2012 年的 24.4 万亿元。经济的快速发展,既拉动又有力推动了物流业的发展。

这一时期,国家大力推动现代物流发展。2003 年,党的十六届三中全会通过的《关于完善社会主义市场经济体制若干问题的决定》,把物流发展纳入全国统一市场建设。2004 年,国家发展和改革委员会等九部委发布《关于促进我国现代物流业发展的意见》。2006 年制定的《中华人民共和国国民经济和社会发展第十一个五年规划纲要》中专门设立了"大力发展现代物流业"一节,物流业第一次被列入五年规划,其作为国民经济一个

产业的地位得以确立,这是一个历史性突破。2009年3月,国务院发布了《关于印发物流业调整和振兴规划》,这是我国出台的第一个物流业专项规划。纵观全球,很多国家,特别是日本、新加坡、德国等,都对物流业发展采用了政府推动的办法,但中国可以说是世界上政府推动力度最大的国家。

这一时期,我国现代物流快速发展。物流企业由少到多,由小到大,由分散到集中,物流市场由无序逐步走向有序,物流服务水平日益提高;物流园区、交通枢纽、港口、机场、冷链基地、公共配送中心、信息平台等建设取得新的突破;物流技术与装备发生巨大变化,如运输工具中的集装箱、箱式挂车、特种运输,现代仓库尤其是配送中心的系统集成、单元化物流、自动识别系统,透明化管理与信息追溯,智能机器人,特别是互联网、物联网技术等开始大量应用;物流服务社会化和第三方物流长足发展,快运、冷链、电商、应急、配送、金融、货代等功能物流市场迅猛发展。我国社会物流总额、社会物流总费用、物流业增加值的增长速度均在20%左右,远远超过了GDP的增长速度。表1-1反映的是这一时期我国物流发展的一些主要指标增长情况。

这一时期,在政策、资本和技术"三轮驱动"下,我国实现了从物流弱国到物流大国,从传统物流到现代物流的跨越式转变。

表1-1 中国物流发展一些主要指标增长情况

年份	主要指标								
	社会物流总额/万亿元	社会物流总费用/万亿元	物流业增加值/万亿元	物流业固定资产投资/万亿元	货物运输总量/亿吨	货运周转量/万亿吨千米	社会消费品零售总额/万亿元	货物进出口/万亿元	生产资料销售总额/万亿元
2002	23.30	2.20	0.70	0.48	148.30	5.00	4.80	5.13	6.68
2012	177.30	9.40	3.50	4.00	412.10	17.30	21.40	24.40	51.10
增长倍数	6.61	3.27	4.00	7.33	1.78	2.46	3.46	3.76	6.50

五、新时代以来中国物流的发展

2012年11月,党的十八大召开,中国特色社会主义进入新时代。我国物流业发展的主要矛盾演变为经济高质量、高效率发展对物流的需求与物流发展不充分、不协调、不平衡、不可持久的矛盾,物流业开始进入转型发展时期。2014年,国务院发布《物流业发展中长期规划(2014—2020年)》,标志着我国物流业迈入了一个转型升级的新阶段。2017年,国务院办公厅发布《关于积极推进供应链创新与应用的指导意见》,供应链被提升至国家战略高度,成为推动我国物流业发展的新动力。党的十九大报告首次将物流与公路、铁路等国家重大基础设施并列,确立了物流的基础性地位和准公益性质。2022年,国务院办公厅印发《"十四五"现代物流发展规划》,这是我国现代物流领域第一份国家级五年规划,对构建供需适配、内外联通、安全高效、智慧绿色的中国式现代物流体系

第一章 物流导论

作出了系统部署。

 延伸阅读

中国物流集团

2021年12月6日,经国务院批准,中国物流集团有限公司(以下简称"中国物流集团")在北京正式组建成立。中国物流集团是国务院国资委直接监管的股权多元化国有全资中央企业,集团注册资本为300亿元。其经营网点遍布国内30个省(区、市)及海外五大洲,国际班列纵横亚欧大陆。拥有中国铁物、中储股份、华贸物流、国统股份4家境内上市公司。

中国物流集团主要业务包括铁路物资综合服务、制造业物流、工程物流、逆向物流、快消品物流、国际物流、冷链物流、期现货交割物流、危险品物流和战略物资储备等,具备涵盖仓储、运输、配送、包装、多式联运、国际货代、物流设计、供应链金融、加工制造、科技研发、电子商务等综合物流服务能力,以及与之相关的质量监造、研发制造、运营维护、招标代理、国际贸易、信息咨询、融资租赁等业务形态。

新时代以来,我国物流实现了跨越式发展。物流业总收入从2013年的3.9万亿元增加到2023年的13.2万亿元;全社会物流总额从2013年的197.8万亿元增加到2023年的352.4万亿元;电子商务交易市场从2013年的9.9万亿元增加到2023年的50.57万亿元;快递业务量已从2013年的61.1亿件增加到2023年1320.7亿件;冷链物流市场规模从2013年的1108亿元增加到2023年的5170亿元。我国已经成为全球最大的物流市场。

新时代以来,我国物流高质量发展成绩显著。物流服务能力大幅增强,铁路、公路、水运、民航货运量、港口货物吞吐量、邮政快递业务量等主要指标连续多年位居世界前列;构建以国家物流枢纽为核心支点,以示范物流园区、骨干冷链基地、多式联运基地为重要节点,通过综合交通运输体系,连接物流中心、港口码头、机场货站、铁路货场、公路场站等节点设施,初步形成"通道+枢纽+网络"的物流运行体系;现代物流企业群体不断涌现,传统物流企业加速从物流提供商向物流整合商和供应链服务商转变,物流企业竞争力显著增强;物流新技术、新模式、新业态不断涌现,物流全流程加速融入互联网,万物互联的物流互联网正逐步形成,新技术对物流产业升级的推动作用持续增强;"一带一路"深化互联互通,国际物流加快拓展延伸,海外物流网络服务能力显著提升。我国物流费用占GDP的比重已从2013年的18%下降到2023年的14.4%,物流对国民经济发展的支撑保障作用也显著增强。

未来一段时期,为推动我国物流高质量发展,我们需要完整、准确、全面地贯彻新发展理念,坚持创新驱动发展,以供给侧结构性改革为主线,提升产业链供应链韧性和安全水平,建立完善现代物流体系,推进现代物流提质增效降本,从而为构建新发展格局、壮大国内市场、推动高水平对外开放和畅通实体经济循环提供有力支撑。

本章小结

物流是根据实际需要,将运输、储存、装卸、搬运、包装、流通加工、配送、信息处理等基本功能实施有机结合,使物品从供应地向接收地进行实体流动的过程。物流的本质是服务。物流可以创造时间效用、空间效用和部分形式效用,效用创造是物流的内生价值。物流是国民经济发展的动脉、助推器、效益源,是微观企业生存的前提、运行的保证、发展的支撑,对社会进步也发挥着重要的积极作用。有关物流发展的主要理论有"商物分离理论""反作用理论""费用冰山理论""第三利润源理论"和"效益背反理论"。推动我国物流高质量发展,必须贯彻创新、协调、绿色、开放、共享的新发展理念。改革开放以来,特别是新时代以来,我国物流发展取得了一系列丰硕成果,为中国式现代化建设提供了重要动力和有力保障。

复习与讨论题

1. 理解物流定义要注意哪些问题?
2. 怎样理解物流的本质是服务?
3. 怎样理解物流的效用来源?
4. 你认为物流重要吗?为什么?
5. 怎样理解有关物流发展的几个主要理论?
6. 讨论为什么推动中国物流高质量发展必须贯彻新发展理念。
7. 讨论物流与流通的关系。

案例分析 ⇨1-1

中国物流成本高在哪里,怎么降?

根据国家统计局数据,2022年,我国社会物流总费用占GDP的比重为14.7%,与2015年的16.0%相比,下降了1.3个百分点。但与国际标准相比,该指标不仅高于美国(约7%)、欧盟(约6%),与东盟10国的约10%相比,也高出近5个百分点。

"5个百分点就是6万亿。"十二届全国人大财经委副主任委员、重庆市原市长黄奇帆说,"我们工商企业利润约占GDP逾10%,大体上是十几万亿。如果把物流费用省出的6万亿转为企业利润,那企业发展就会大大加快。"

物流降本增效已箭在弦上,如何分解任务、尽快抚平与周边国家的差距?黄奇帆分析,2022年,我国社会物流总费用达17.6万亿元,包括物流运输费用9.6万亿元、物流仓储费用5万余亿元,以及各种企业、部门管理成本支出费用共2万余亿元。具体操作思路,也可以从能耗、运输、仓储这三个方面入手。

1. 能耗

物流运输不经济,首先源于运输的货物不经济。黄奇帆指出,我国现阶段工业产业结构存在物流运输量太大、能源消耗太多、废品回收循环经济不到位的问题。其中最直接的问题是,作为工业产业源头的各类原材料使用占比较高。2022年,全球从地下开发的资源量大概为250亿吨,我国使用了130亿吨,占比大概在50%多一点,但是,我国工业产值仅为全球总值的30%。由于我国生产力还没有到世界工业强国水平,作为工业大国消耗过多资源,这就会体现在过高的物流运输上。

除单位物资消耗较高之外,还有两个类似的问题:一方面,我国单位GDP能耗同样偏高,大约是世界平均水平的1.5倍;另一方面,废品回收能力不足,特别是各种工业产品、装备、终端设备的回收。黄奇帆指出,我国工业品回收率大概在10%左右,而经济发达国家通常是40%到50%,这是一座"巨大的矿山"。

在黄奇帆看来,这三方面与产业结构和生产力发展目标有关,和物流系统也有关。如果能有效实现三方面优化,不仅会推动"双碳"目标圆满实现,也会大大削减社会物流总费用占比。据他测算,削减的幅度将在2至3个百分点。

2. 运输

在运输方式上也存在优化空间。一般来说,在公、铁、水三种运输方式中,汽车运输能耗最高、每吨公里运费也最高。据黄奇帆指出,汽车运输价格大约是轮船运输的5倍、是铁路运输的3倍。因此,想要降低成本,应推行公转水、公转铁的策略。但事实上,我国的铁路运输和水运占比均较低。2022年,我国全年货物运输总量为506.1亿吨,其中铁路为49.3亿吨、水路为85.5亿吨,在总货运量中的占比分别为9.7%和16.9%。

如何进一步发挥低能耗、低成本的水路、铁路功能?一方面,对于铁路货运,黄奇帆指出,全国大量工业开发区应在"七通一平"基础上增加"铁路通",实现"八通一平",特别是千亿产值以上的工业开发区,应实现铁路直达,装卸时直接上火车。由于缺少"最后一公里"的无缝对接,工厂出货要靠汽车运到火车站,两次装货卸货十分不便。即装货上汽车后,一些企业选择不去火车站,而是直接用公路运输,铁路运输功能没能得到很好的发挥。参照美国铁路运输占总货运20%以上的比重,"中国如果能增加10个百分点,将节省1万亿元的物流成本"。

另一方面,内河航运能力不足,主要体现在长江的航运受限。据黄奇帆分析,长江航运存在工程性障碍,三峡大坝虽然设计货运能力为14亿吨,但在运行之初就已经不能满足上游运量,而且到2030年、2035年,上游运量将有望达到30亿吨。面对"过坝瓶颈",超出的运量甚至要通过汽车运输实现"翻坝"。

事实上,长江潜在运能不容小觑。黄奇帆提到,美国密西西比河运能相当于12条铁路,长江虽然比密西西比河还要宽,但实际上运能只相当于6条铁路。要释放被抑制的运能有两种思路,一是在长江三峡建第二闸口,让货运能力提升一倍至28亿;二是打造翻坝,使长江再增加6条铁路的运能。

此外,即便是高速公路本身,也存在物流成本降低的空间。黄奇帆说,根据全球通行的规则,经营性公路在运营25~30年之后通常不再收费。如果我国大部分公路到了这个年限能够做到不收费,每年还能减掉1万亿至2万亿元的费用。据他测算,通过公转铁、公转水,以及高速公路收费体制机制的变化,社会物流总费用占比将有可能再降低2个百分点。

3. 仓储

仓储费用和管理费用的下降,则有赖于新技术、新模式的运用。黄奇帆指出,物流运输一直以来都与数字经济、数学有关,是一个关乎运筹学的系统工程。比如,物流运输有一个系统工程"七步法",就涉及对最短路径、最低成本的运筹;仓储方面同样存在类似的"五步法"。基于此,黄奇帆认为,需要天然地将数学模型、数字经济和物流"混合"在一起,达到不用人计算,用数学模型就能运筹好一个地区、一个省甚至一个国家的物流最优化运作。对此,尚存在认识不到位以及实际操作不到位、人工调控不合理等问题,需要进一步完善。

不仅如此,他还指出,通过大数据、云计算、人工智能、区块链、移动互联网"五位一体"的智慧系统与物流相结合,可以将物流系统变成一个平台,通过智慧物流实现数字化。据黄奇帆估算,物流系统获得赋能后,产值将能提升1%~10%。

而对于仓储费用问题,则需要构建一套"钱生钱"的模式,以降低费用、提高效率。黄奇帆提到新加坡知名物流企业普洛斯的做法。2021年,作为国内首批公募基础设施RETIs之一,中金普洛斯REIT在上海证券交易所上市。根据其今年一季报披露,自上市以来,中金普洛斯REIT共计完成四次分红,累计分红金额约4.17亿元。

"大量物流基础设施表现为仓储,若这种固定资产'烂在手里'就是债务、风险,就可能成为低回报资产,一旦变现,继续发挥物流作用,信用又使你获得巨大现金,回哺其他业务。"黄奇帆指出,"这件事情物流公司一旦做成,就有望变成地方政府的座上宾。"

资料来源:杨弃非.中国物流成本高在哪里,怎么降?[N].每日经济新闻,2023-05-28.
(文中有修改)

问题讨论

1. 物流降本增效对推动我国经济高质量发展有哪些意义？
2. 有人说目前我国物流业"大而不强"，你认同这一观点吗？为什么？
3. 实现物流降本增效，我们应该从哪些方面去积极工作？

第二章　物流的分类

 学习目标

通过本章学习,要求了解物流的基本类型,理解供应物流、生产物流、销售物流等企业物流的内涵与优化方向,理解回收物流与废弃物流的内涵、价值与功能,理解第三方物流的内涵、产生动因和提供的服务,理解农业物流、制造业物流、商贸物流等产业物流的内涵与特点,理解城市物流、区域物流和国际物流等地域物流的内涵与特点。

 开篇导问

入厂物流如何优化?

C公司主要经营吸油烟机、电热水器产品,采取由供应商送货上门的方式。各供应商按照厂商的订货计划,安排自己的车队或委托的物流公司将生产完成的零部件运至C公司的仓库或F公司的外租仓(C公司厂内物流承包给F公司负责),在仓库完成零部件交接。因各供应商只顾管理自身物流业务,缺乏相互之间的协作,使得入厂物流被分割成多块不相干的物流。由于C公司不能对运力进行统一调度,入厂物流车辆装载率普遍不高,运输过程中的装卸货频次也大大增加,整个入厂物流业务显得分散、杂乱,并且采购费用如何削减成为其无法解决的难题。

问题思考

C公司入厂物流应该怎样去优化?

在社会经济领域,物流活动是普遍存在的。不同领域的物流,虽然基本功能大致相同,但由于物流对象、物流目的、物流手段、物流方法、物流模式、物流范畴等方面存在差异,整个社会存在多种不同性质的物流。分类是把复杂事物弄清楚的重要方法,因此,要想全面深刻地认识和把握物流,需要在分类基础上对不同类型物流的性质进行深入探讨。

第一节 物流的类型

一、依据考察物流在经济运行中所处层次划分

依据考察物流在经济运行中所处层次不同,我们可以把物流分为宏观物流和微观物流。

(一)宏观物流

宏观物流,是指社会再生产总体的物流活动,是从社会再生产总体的角度来认识和研究物流活动。其主要特点是综观性和全局性。对宏观物流还可以理解为在很大的空间范围内进行的物流活动。宏观物流指的是物流的全体或总体,而不是物流的某个构成环节。典型的宏观物流包括社会物流、国际物流、产业物流等。

(二)微观物流

微观物流是相对于宏观物流而言的,它是指各类企业和经济组织实施的具体物流活动,以及整个物流活动中局部的、某一环节的物流活动,还包括地区性的物流活动和针对某一种产品所进行的具体物流活动,具有具体性、局部性以及贴近企业的特点。微观物流包括企业物流、生产物流、供应物流、销售物流、回收物流、废弃物物流、生活物流等。

二、依据物流系统性质划分

依据物流系统性质不同,我们可以把物流分为企业物流、行业物流和社会物流。

(一)企业物流

企业物流属于微观物流范畴,是指企业这一特定社会经济主体在生产经营中发生的物流活动。这种物流服务于企业的生产经营活动。依据在社会再生产中所处环节不同,企业可以分为生产企业与流通企业。生产企业的主要目标是生产出符合人们需要的产品,通过销售获得利润;流通企业的主要目标是开展商品流通活动,通过商品买卖获得相应利润。从某种意义上来说,可以将流通企业看成生产企业商品销售社会化的结果。相较于流通企业,生产企业的物流一般更为复杂。

(二)行业物流

在一个行业内部发生的物流活动被称为"行业物流"。同一行业内的不同企业,虽然

在市场上是竞争对手,但是在物流领域内却可以相互协作,共同促进行业物流的合理化。行业物流的合理化可以使所有参与企业都获得相应利益,实现真正意义上的"共赢"。

例如,在日本的建筑机械业,物流合理化的具体措施包括:充分利用各种运输工具;建设共同的零部件仓库,实行共同集配送;设立新旧车辆、设备及零部件的共同流通中心和技术中心;共同培训设备操作和维修人员;统一机械设计标准和规格等。又如,在大量消费品领域,采用统一的发票、商品规格、法规政策、托盘规格以及陈列柜与包装模式等。

行业物流的发展涉及一个行业内多个不同经济主体的合作与协调,这种合作协调往往因为行业内一些企业的自利行为而可能遭遇困难。

(三)社会物流

社会物流是全社会物流的整体,是一种宏观物流。社会物流伴随商业活动的开展而发生,与商品所有权的更迭密切相关。

社会物流的流通网络是国民经济发展的命脉。社会物流的网络的合理分布与渠道的畅通无阻,对国民经济的发展至关重要。一个国家或地区需要对社会物流进行科学的管理和有效的控制,利用先进的物流技术和手段,构建发达的社会物流网络,以保证社会物流的高效能和低成本运行。对社会物流的优化,不仅可以带来良好的经济效益,更重要的是可以产生很大的社会效益。

三、依据物流服务提供主体划分

依据向企业提供物流服务的主体不同,我们可以把物流分为传统自营物流、专业子公司物流、社会物流企业物流和企业物流联盟物流。

(一)传统自营物流

传统自营物流是指企业自备车队、仓库、场地、人员,以自给自足的方式满足自身物流服务需求的物流运作方式。这种物流的优点就是企业对物流的控制能力比较强。在物流活动发展早期,绝大多数物流服务都是由需求者自行完成的,即使在今天,传统自营物流方式在社会分工较低、生产力比较落后的地区,依然较为盛行。

随着小批量、多品种、快速性和准时供货等市场需求的出现,一些企业明显察觉到灵活多变的物流运送需求和居高不下的物流成本正成为企业生存和发展的阻碍。随着社会物流的发展,一些物流量较小的企业不再自营物流,而是把物流服务外包给专业的社会化物流公司,集中资源于自身具有核心竞争力的领域;而一些物流量较大的企业则设立专门的物流管理部门或成立专门的物流服务公司,以提供自身所需要的物流服务,有些甚至还为社会上其他企业提供物流服务,如京东物流、海尔物流等。

（二）专业子公司物流

企业（母公司）将传统自营物流功能从自身生产经营活动中剥离出来，成立独立运作的专业化提供物流服务的子公司，为自己提供物流服务，这种由子公司承担的物流就是专业子公司物流。专业提供物流服务的子公司与母公司之间形成了服务与被服务的关系，子公司利用专业化的工具、人员、管理流程和服务手段，为母公司提供专业化的物流服务。

与传统自营物流相比，专业化子公司更加注重对物流过程一体化管理和对物流资源的合理化配置，能较大幅度提升母公司物流效率、降低母公司物流成本。一些规模较大的专业化子公司还可凭借自身的专业化优势和剩余服务能力，为同行业的其他企业提供物流服务。

（三）社会物流企业物流

社会物流企业是指社会上专门提供物流服务的企业，它们利用自身的物流资源或者整合利用社会物流资源，向社会上需要物流服务的企业提供专业化物流服务，其专长就是物流服务。专长于生产经营的企业，可以将自身需要的物流服务外包给社会物流企业，由这些社会物流企业来为自己提供物流服务。相较于传统自营物流和设立专门子公司提供物流服务，社会物流企业提供物流服务优势明显，一方面可让企业将有限的资源、精力集聚于自己专长领域，另一方面可让企业享受更为优质、更为廉价的物流服务。

（四）企业物流联盟物流

企业物流联盟是介于独立的企业与市场交易关系之间的一种组织形态，是物流企业间因自身某些方面发展的需要而形成的相对稳定、长期的契约关系。物流企业组建联盟可以共享资源、共担风险、优势互补，能够向市场提供大规模、宽领域、广空间、综合性物流服务，提升物流服务的市场竞争力。

传统自营物流、专业子公司物流、社会物流企业物流、企业物流联盟物流这几种物流服务方式目前都有市场，它们各自提供的物流服务在整个社会物流服务份额中所占的比重，不仅可以反映一个国家物流服务的社会化水平，也可以反映一个国家整体物流服务的发展状况。

四、依据物流内容划分

依据物流内容不同，我们可以把物流分为一般物流和特殊物流。

（一）一般物流

一般物流是指物流活动的共同点和一般性。物流活动的一个重要特点是全社会的广泛性,因此,物流系统的建立及物流活动的开展必须具有普遍适用性。一般物流研究聚焦于物流的一般规律,致力于建立普遍适用的物流标准化系统,研究物流的共同功能要素,探究物流与其他系统的结合、衔接,研究物流信息系统及管理体制等。

(二)特殊物流

特殊物流是指在遵循一般物流规律基础上,带有制约因素的特殊应用领域、特殊管理方式、特殊劳动对象、特殊机械装备特点的物流。特殊物流活动的产生是社会分工深化、物流活动合理化和精细化的结果,在保持通用、一般的物流活动的前提下,具有特点并能形成规模、产生规模经济效益的物流,便会形成本身独特的物流活动和物流方式。

特殊物流可进一步细分:按物流对象产品性质划分,可分为水泥物流、汽车物流、农产品物流、原油物流、危险品物流、军事物流等;按物流对象数量和形体划分,可分为多品种小批量物流、少品种大批量物流、长件物品物流和重(大)件物品物流等;按物流服务方式划分,可分为配送物流、快递物流、退货物流、回收物流、应急物流、加工物流等;按物流装备和技术划分,可分为集装箱物流、托盘物流、智慧物流、低碳物流、航空物流等。

第二节 企业物流

企业物流是工商企业围绕其生产经营活动所发生的物流活动,一般由供应物流、生产物流、销售物流、回收物流和废弃物流等构成。其中,供应物流和销售物流可以实现外部化。

一、供应物流

(一)供应物流的内涵

供应物流是指为企业提供原材料、零部件或其他物料时发生的物流活动。供应物流是企业物流活动的起始阶段,主要发生在企业外部、上下游企业之间。供应物流是一种保障性物流,既要保证企业生产经营活动的正常进行,又要做到费用低、损耗少、可靠性高。

(二)供应物流的优化

1. 精准预测市场需求

企业生产计划是根据市场对产品的需求状况来制定的,供应要围绕生产转,因而供应计划要根据生产计划确定的产品品种、结构、数量要求以及各种材料的消耗定额和生产工艺时序来制定。供应计划要保证各种原材料正常供应,以利于企业降低成本、加速资金周转、提高经济效益。精准预测市场需求是企业科学制定生产和供应计划的关键所在。

2. 加强库存控制

库存控制是供应物流的核心部分。供应物流中断会使生产陷入停滞，必须保有一定数量的库存，这样才能保证生产的正常进行。这种库存包括两个方面：一是正常库存，因为采购是批量进行的，而生产却是连续进行的，这种节奏的不一致使得要保证生产，就必须有正常的库存；二是安全库存，为了防止发生意外事故和不可知因素导致供应中断，需要有安全库存，以保证生产的正常进行。如何把库存控制到最佳数量，以最少的人力、物力、财力投入管理好库存，获取最可靠的供给保障，是供应物流追求的目标。

3. 科学制定采购决策

采购是供应物流与社会物流衔接点。采购成本通常占企业收入的60%～80%，这说明采购成本对企业利润影响显著。企业采购决策有三个基本目标：一是适时适量；二是保证供应；三是费用节省。实践中，企业制定采购决策时，不仅要考虑内部生产经营系统的优化问题，还要考虑外部复杂多变的市场环境；不仅要建立市场资源价格、供应商以及交通运输等信息档案，也要确立科学的采购决策模型。此外，由于采购决策涉及大量信息，企业还应善于利用和开发计算机辅助采购决策系统来帮助决策。

4. 切实保证物资供应

供应保证包括供应商管理、运输管理、仓储管理、服务保障等内容。企业应重视供应商管理，积极与供应商进行沟通和协作，建立一种良好互动的合作关系；应采用合适的运输方案，做到运输线路短、环节少、时间快、费用省、运输工具选择合理；应采取先进合理的仓储管理方法，比如，利用计算机进行物资的购进、库存、消耗的动态管理，利用机械化、自动化的仓储作业设备等；应选用适当的供应模式和供应手段，做到方便生产和节约成本。

二、生产物流

（一）生产物流的内涵

生产物流是指在企业内部进行的涉及原材料、在制品、半成品、产成品等的物流活动。生产物流是生产活动与物流活动的有机结合，是企业物流的主体，伴随着企业整个生产工艺过程，实际上已成为生产工艺过程的一部分。生产物流的这一特点决定了生产物流流程的优化设计必须考虑企业生产因素，也增加了将物流成本从生产成本中剥离的难度。生产物流应做到生产过程运转顺畅，装卸搬运费用低，物料损毁少，生产过程安全性高。

(二)生产物流的优化

1. 综合考虑工厂布置

工厂布置是指工厂范围内,确定各生产手段的位置,明确各生产手段之间的衔接以及以何种方式实现这些生产手段。确定工厂布置时,不仅要考虑生产工艺,还要考虑整个物流过程。要综合考虑物料在车间之间和车间内部的运动,各种储存、搬运装卸设施的选择和位置的确定以及搬运路线、储存方式等方面的问题。

延伸阅读

工厂布置的目标与要求

工厂布置的主要任务:把整个企业作为一个系统,根据厂区地形和生产工艺流程要求,统筹兼顾,全面规划企业内各建筑物和生产装备的位置。工厂布置主要目标:实现单一的流向、最短的距离、最大的利用空间,满足生产、运输、动力、环保、安全以及建筑工程在经济、美观和适用等多方面的要求。

工厂布置需要满足:生产过程的要求,将辅助车间、材料库尽可能布置在接近其所服务的主要车间;按照生产性质、工艺流程、动力需要、货运方向和人行线路等要求,把一些同类车间和设施布置在一个地段内;运输的要求,使货物运转线路尽可能为直线,运输距离最短,并减少运输线路和工程管道的交叉点;动力供应和上下水连接的要求;地形、地质、气候等自然条件的要求;建筑经济的要求,尽可能避免建筑大量小型厂房;防火、通风、采光、绿化、卫生和环境保护等要求;企业远景发展的要求。

2. 科学制定生产物流计划

生产物流计划是以生产作业计划为核心编制的,即根据计划期内规定的生产产品的品种、数量、期限以及发展的客观实际,具体安排产品及其部件在各工艺阶段的生产进度。科学的生产物流计划既是确保生产计划顺利完成的前提条件,也是实现生产物流经济、安全、精准、顺畅的基础。

3. 努力实现均衡生产

均衡生产是指企业及企业内的车间、工段、工作地等各种生产环节,在相同的时间段内,完成等量或均增数量的产品。实现均衡生产不仅有利于生产能力的均衡发挥,还可以较好地避免生产过程中在产品的储存,及时暴露生产物流中存在的瓶颈问题。

4. 加强工厂工序管理

一方面,要实现各个独立工序的无缝衔接,消除生产物流中完全不创造价值的停顿之处;另一方面,要尽量减少工序数量。工序越多,工序间物流就越多,物流成本就越大,可以说每减少一道工序,生产物流的合理化程度就会提高一步。

三、销售物流

(一)销售物流的内涵

销售物流是指企业在销售商品过程中所发生的物流活动,是企业物流系统的最后一个环节。通过销售物流,企业得以回收资金,商品的"惊险跳跃"才能最终完成,企业再生产才能顺利进行。相比供应物流、生产物流,销售物流的空间范围更宽广,流向更离散、社会性更强,与客户距离最近,因而对销售物流管理的难度更大,意义更突出。

(二)销售物流的优化

1. 选择适当的产品包装

包装既是企业生产物流系统的终点,也是销售物流系统的起点。产品包装具有保护、便利和促销功能,尤其是产成品的运输包装在销售物流过程中能起到便于保护、仓储、运输、装卸搬运的作用。因此,在选择包装材料、包装形式时,一定要考虑运输、仓储环节的需要,也要考虑材料和工艺的成本费用。此外,企业应积极使用绿色包装。

2. 维持合理的库存水平

维持合理的库存水平,及时满足客户需求,是产成品仓储管理的应有之义。客户对企业产成品的可得性非常敏感,缺货不仅无法满足客户需求,还会增加企业进行销售服务的物流成本。产成品的可得性是衡量企业销售物流系统服务水平的一个重要参数。当然,如果产成品库存过多,又会增加销售物流成本,甚至导致产成品价值损失。企业在库存管理上应积极利用现代信息技术,提升库存产品的调配效率。

3. 选择合理的运输方式

运输方式的确定需要参考产成品的批量、运送距离、地理等条件。运输方面的服务要求包括:运输速度快,及时满足客户需要;运输手段先进,减少运输途中的商品损坏;运输途径组织合理,尽可能缩短商品运输里程;运输环节选择合理,减少重复装卸和中间环节;运输工具使用适当,根据商品的特性选择最佳运输工具;运输时间合理,保证按时将商品送到指定地点或客户手中;运输安全系数高,避免丢失、损坏等情况发生。

4. 尽可能减少装卸搬运频次

产成品在装卸搬运中容易损坏和丢失,并且装卸搬运比较耗时间,费用高。销售物流可能经过很多物流环节,应尽可能减少装卸搬运频次。例如,可以采用托盘一贯化运输、集装箱装货等方式。

四、回收物流与废弃物流

(一)回收物流与废弃物流的内涵

回收物流是指退货、返修物品和周转使用的包装容器等从需方返回供方所引发的物流活动。回收物流是一种逆向物流,具体包括:供应物流过程和销售物流过程产生的可再利用的包装物、衬垫物等的回收;生产过程产生的可再利用的边角余料的回收;各种报废的生产工具、设备以及失去部分使用价值的辅助材料和低值易耗品的收集、分类、加工,使之转化为新的生产要素。

废弃物流是指将经济活动或人民生活中失去原有使用价值的物品,根据实际需要进行收集、分类、加工、包装、搬运、储存等,并输送到专门处理场所的物流活动。废弃物流的作用是无视对象物的价值或对象物已没有再利用价值,仅从环境保护出发,将其焚化、化学处理或运到特定地点堆放、掩埋。

(二)回收与废弃物流的价值

环境和资源问题是人们普遍关心的问题,回收物流和废弃物流既有利于社会资源的节约和充分利用,也有利于生态环境的保护和改善。回收物流是社会物资大循环的组成部分,可以将能重新发挥作用的物资重新输送到生产生活系统中去,产生循环经济效应。废弃物流对生产生活系统中完全丧失了使用价值、无法再利用的最终排泄物进行处理,是一种富有社会价值的环保行为。企业应该履行社会责任,做好回收物流与废弃物流工作。

(三)回收与废弃物流系统功能

尽管不同的回收与废弃物流系统涉及的具体活动可能不一样,但一般都包括收集、检测和分类、再处理、废弃处置、再分销等功能。图 2-1 是回收与废弃物流的流向图。

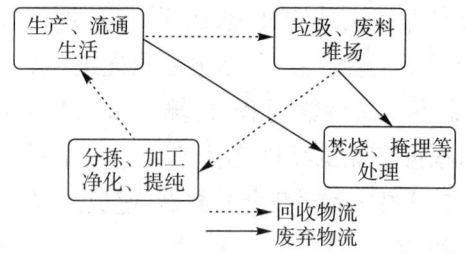

图 2-1 回收与废弃物流的流向

1. 收集

通过有偿或无偿的方式,将分散在各地的废旧物品收集起来,并运往处理地点。该步骤可能包括收购、运输和仓储等环节。从分散的消费者处收集废旧物品会涉及大量的小批量运输,从而导致收集费用很高,在回收与废弃物流的总成本中占据相当大的比重。此外,该过程的运输也是回收与废弃物流中引起环境污染的关键因素之一,因此,废旧物品收集应尽量采用合并运输方式，如利用正向物流中的回程运输。

2. 检测和分类

对回收物品的质量进行检测，以确定合适的处理方案，并据此进行分类。该步骤可能包括拆卸、破碎、检测、分类和仓储等环节。早期检测和分类可以尽早识别没有回收价值的废品，节省对无用废弃物的运输成本，但检测和分类需要昂贵的设备，只能在有限的地方设置，因而需要在两者之间进行权衡。

3. 再处理

对回收产品或其零部件进行处理，以重新获取价值。再处理方式主要有再使用、再制造和再循环。再使用针对只需清洗或少量维修工作即可直接再使用的包装、产品或零部件，如玻璃瓶、塑料瓶、罐、箱、托盘等包装容器；再制造是指保留废旧零部件的结构和功能特性，通过必要的拆卸、检修和替换，使其恢复至如同新的一样，如飞机和汽车的发动机、计算机、复印机和打印机部件等；再循环是指循环利用废旧物品中的原材料，如废旧金属、纸、玻璃、塑料等。

4. 废弃处置

对那些毫无价值的废弃物以及那些出于经济或技术上的原因无法再利用的废旧产品或零部件进行销毁处理。该步骤可能包括运输、填埋、焚毁、净化等环节。

5. 再分销

将处理后的再生产品运往市场进行销售。该步骤可能包括销售、运输和仓储等环节。该过程与正向分销物流类似，需要在运输的合并和快速反应之间进行权衡。

企业中存在的物流网络整体被称为"企业物流系统"。企业的供应物流、生产物流、销售物流、回收和废弃物流构成了企业物流系统的水平结构（见图2-2）。

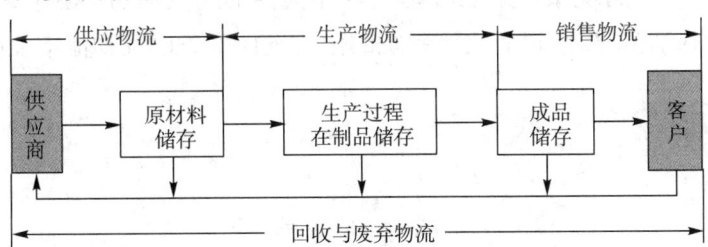

图2-2 生产企业物流系统的水平结构

五、企业物流外部化

企业物流的外部化，是把企业物流的运作外包给专业化的社会物流企业。企业物流中供应物流和销售物流都可以外包。

企业物流外包主要有两个动因：一是企业追求强化自己的核心竞争能力，将非核心业务外包，以实现"轻资产运行"，便于减轻企业负债和简化企业管理；二是社会上的专业物流企业凭借其更强的专业能力能进行专业化运作，更重要的是，它们可以通过规模化运作获取低成本效益,进而有助于企业降低自身物流成本。

对于中小企业而言,如果有专业化物流企业能提供性价比高的物流服务,供应物流和销售物流可以外包,这既有助于降低物流成本,也有助于将有限的资源聚焦于主营主业。

第三节 第三方物流

一、第三方物流的内涵

(一)第三方物流的概念

《国家标准物流术语》(GB/T18354-2021)将第三方物流(Third-Party logistics,3PL)定义为:由独立于物流服务供需双方之外且以物流服务为主营业务的组织提供物流服务的模式。与第三方物流相对应的物流服务模式还有第一方物流、第二方物流。供货方以自身的物流资源(运输工具、物流设施和设备等)来提供物流服务,如送货上门,这属于第一方物流;需求方以自身的物流资源来提供物流服务,如自己提货,这属于第二方物流。

第三方物流是由以物流服务为主营业务的组织来运作的,只有在货主企业将物流服务外包并且整个市场物流服务外包达到一定规模的情况下,这种专门提供物流服务的第三方物流企业才会产生。可以说,第三方物流服务模式的出现,主要是在市场经济发展到一定阶段以后的现象。第三方物流企业提供的物流服务,既有专业化的物流功能服务、综合性的物流服务,也有物流系统的优化设计服务以及物流增值服务。

 延伸阅读

福特的转变

美国福特汽车公司的创始人——亨利·福特,一直有一个梦想,就是成为一个完全自给自足的行业巨头。于是,除了规模庞大的汽车制造产业,他还在底特律建造了内陆港口和错综复杂的铁路、公路网络。为了确保原材料的稳定供给,福特投资了煤矿、铁矿、森林、玻璃厂,甚至买地种植用于制造油漆的大豆。他还在巴西购买了土地,建起了一座橡胶种植园,以满足他的汽车王国对橡胶的巨大需求。此外,他还想投资于内河运输和远洋运输,从而将整个原材料供应、制造、运输、销售等环节都纳入其控制范围。这是他要建立世界上第一个垂直一体化公司辛迪加计划的一部分。

然而,随着时间的推移,福特发现独立专业化公司的有些工作比福特公司自己的官僚机构干得更好。随着政治、经济环境的不断变化,福特公司将金融资源集中于开发和维持自己的核心能力,如汽车制造、销售、运输等,而将制造之外的工作都外包给独立的专业化公司。

(二)第三方物流的特点

1. 关系契约化

第三方物流是通过长期契约形式来规范物流经营者与客户之间的关系的。物流经营者根据契约规定的要求,提供多功能直至全方位一体化物流服务,并以契约来管理所有提供的物流服务活动及其过程。基于这一特点,第三方物流有时也称为"合同物流、契约物流"。

2. 服务定制化

不同的客户存在不同的物流服务需求,第三方物流可以根据客户在企业形象、业务流程、产品特征、顾客需求、竞争需要等方面的不同要求,提供针对性强的定制化物流服务。

3. 运作专业化

第三方物流是由以物流服务为主营业务的组织提供的物流服务,其专业性很强,在物流设计、物流操作过程、物流技术工具、物流设施以及物流管理等方面,都体现出较高的专门化和专业水平。

4. 信息网络化

第三方物流运作的基础是信息,只有掌握现代信息技术,第三方物流企业才会获取丰富、深入的客户信息资源,进而与客户建立比较持久的信任和互动关系,根据客户的客观需求精准地提供物流服务。现代信息技术还可以使第三方物流企业有能力及时掌握市场物流资源信息,从而整合利用社会物流资源为客户提供物流服务。

二、第三方物流提供的服务

(一)物流功能服务

提供运输、仓储、包装等物流功能服务是第三方物流提供的基本服务,也是货主企业对物流服务的核心需求。专业化的第三方物流企业在提供功能服务时,由于有专业化优势,为货主企业提供的是一种廉价且优质的服务。第三方物流企业具有整合利用社会资源提供物流服务的能力,提供的物流功能服务可以是专项性的,也可以是综合性的,也就是既可以提供专项的运输、仓储服务,也可以提供综合性的一揽子物流服务。

(二)物流增值服务

物流增值服务是第三方物流企业在完成物流基本功能的基础上,延伸业务活动为客户提供的服务。物流增值服务和物流基本功能服务具有一定的相伴性,往往建立在物流功能性服务基础之上,可以使物流功能服务更优质,充分挖掘其潜在价值。例如:仓储金融活动是一种增值服务,但这是建立在仓储活动基础上的,是对仓储资源的开发利用;第三方物流利用物流末端接触市场的优势,向客户提供商品市场需求信息,帮助他们做好市场调研工作;第三方物流可以为客户提供货物行程的追踪查询、物流技术咨询、设备安装调试、较高的安全系数保证等方面的服务。

(三)物流优化服务

物流优化服务也可以说是一种物流增值服务,但此处主要是指物流系统方面的优化服务,这种服务往往是单个客户企业无能为力的。第三方物流提供的优化服务包括:物流资源的优化使用,即第三方物流企业利用自身资源和组织社会资源为多家客户提供物流服务,在具体物流过程中可以开展联合运输、共同配送等资源共享活动,使物流资源得到更优使用;物流系统的优化服务,即第三方物流企业可以利用自己先进的物流管理思想和物流管理模式,深入客户企业内部,为客户提供量身定做的物流系统,以改进客户物流管理;供应链的优化整合服务,即第三方物流企业可以进行大范围的供应链整合,以降低整个供应链的库存水平,提高供应链的响应速度。

三、第三方物流发展的动因

(一)适应了当代企业发展的需要

随着科技革命和管理革命的不断推进,社会分工日益深化,当代社会生产力显著提升,企业间的市场竞争日益加剧。在这种情况下,降低成本、打造核心竞争力及高质量满足客户需求,已经成为每个企业必须系统思考和努力解决的问题。第三方物流的出现,可以为客户企业提供社会化、专业化、个性化、系统使客户化的物流服务,让客户把更多资源集中到自身具有核心竞争力的生产经营环节,获得更为优质和高效的物流增值服务,大幅降低物流资产投入和物流成本费用。

据美国物流咨询公司研究,一个企业如果只是简单地以第三方物流替代自营物流,借助第三方的规模效应和营运特点,可节约成本5%;如果利用第三方物流的网络优势进行资源整合,部分改进原有物流流程,可节约物流成本5%~10%;如果通过第三方物流根据需要对物流流程进行重组,使第三方物流延伸至整个供应链,可取得10%~20%的成本节约。

(二)符合经济高质量发展的需要

第三方物流是企业物流外部化的结果。没有企业物流的普遍外部化,就不会有第三方物流的大量出现。企业物流外部化是社会分工的一种深化,即将物流活动交给专业的第三方物流企业来运营,有利于提高社会生产力。同时,第三方物流企业,尤其是轻资产模式的第三方物流企业,主要利用社会存量物流资源,为客户企业提供物流服务。在社会存量资源有大量闲置或者使用效率不高的情况下,这种模式能让整个社会物流资源得到较为充分利用,进而充分挖掘其潜在生产力。因此,第三方物流的大量出现意味着社会经济发展方式出现某种程度的转型发展,呈现出更高质量的发展态势。

（三）符合企业追逐利润的经济逻辑

第三方物流企业作为一种物流企业形态,它的出现是有其经济逻辑基础的。第三方物流企业作为专业化地提供物流服务的企业,在提供物流服务时能做到成本比客户企业自营物流成本更低,这种专业化经营本身就是一种市场盈利点。当客户企业物流外部化达到一定规模时,第三方物流企业的出现成为必然。第三方物流企业通过组织社会资源为不同企业提供物流服务,可以大大降低物流成本,获得比第一方、第二方物流更多的利润。第三方物流企业作为专业的物流企业,还可以站在整个供应链的角度优化物流系统设计,这也是其获取利润的一个重要途径。

延伸阅读

第四方物流

第四方物流最早由美国一家咨询公司提出。此概念相较于物流概念,其内涵有所延伸,范畴更为广泛,涵盖了物流运作以及以物流为核心要素之一的供应链。第四方并非通过具体的物流运作来获取报酬的利益主体,而是凭借"出谋划策",提供一套完整的解决方案以获取报酬。与一般的"出主意"不同,它并非只提供点子而不处理具体事务的"口头空谈",而是需要具备一定的整合能力,将整个流通过程,包括商流和物流,整合为一个有机整体。在实现一体化之后,原有的各类称谓均无法全面概括这种经济形态,于是确定了一个新的称谓,即"供应链",其中包含了第四方物流。因此,第四方物流可被视为供应链的集成者,其地位高于第一方物流、第二方物流和第三方物流,是供需双方物流以及第三方物流的"领导力量"。凭借什么来领导呢？并非依靠行政和权力,而是依靠信息。信息的作用在于引导,因而更确切地说,它是"引导力量"。从这一角度而言,第四方物流是信息时代的特定产物。由于尚处于起步阶段,第四方物流发展尚不成熟,即便在发达的美国亦是如此,其未来的进一步发展值得我们持续关注。

第四节　产业物流

几乎所有产业的运行,都离不开物流。由于产业的生产方式不同、产品不同,相关的物流也有很大的不同,不少产业物流极具特殊性。在经济社会发展进程中,最常见且数量最多的产业物流,主要有农业物流、制造业物流和商贸物流,它们分别是第一产业、第二产业、第三产业中较为核心的产业物流种类。

一、农业物流

(一)农业物流的内涵

农业物流是指以农业生产为核心而发生的一系列物品从供应地向接受地的实体流动,以及与之有关的技术、组织、管理活动,是伴随农业产业链发生的物流活动。根据农业生产过程的主要阶段和物质转化,农业物流可分为农业产前物流、农业生产物流、农产品流通物流和农业废弃物物流。

农业是国民经济的基础产业,农业物流是农业生产发展的基础,也是整个社会发展的基础。

(二)农业物流的特征

1. 物流对象面广量大

农业物流包括农业生产资料和农业的产出物,涉及面广,品种多,基本涵盖了种植业、养殖业、畜牧业和林业以及种苗、饲料、肥料、地膜等农用物资、农机具和农产品,物流量极为庞大。在社会化生产条件下,粮食、棉花、油料、肉类、禽蛋、水产品、蔬菜、水果等主要农产品基本会进入社会流通渠道。农业生产中所需要的农药、化肥、种子、饲料等生产资料,以及农业生产过程中衍生物(如秸秆)的处理,都需要物流来支撑。

2. 物流离散性高

从物流产生的产品基础来看,农业生产往往分散在全国各地,农产品在广袤的土地上生长,农业物流天然具有离散性。从物流产生的需求主体来看,农业生产主体众多,目前大规模生产经营主体较少,小规模生产经营主体千千万万。可以说,有多少个农业生产经营者,或者说有多少个农户,就有多少个农产品供应者、农业生产资料需求者。

3. 物流波动性大

农产品的生产节奏是不均衡的,受节气影响大,季节波动性大。尽管现在工厂化农业有所发展,但这不是农业生产的主流,粮食、棉花这些大宗农作物物流基本随季节变动。农业作为弱质产业,其生产过程受气候和天气的影响较大,风调雨顺与天气异常时农产品的产量是不一样的。农户难以有效把握市场需求,生产经营中的从众行为比较普遍,可能导致市场农产品物流出现强烈波动。

4. 物流条件严苛

养殖业的产成品,如家禽家畜、鱼虾,畜牧业的产成品,如牛羊等,甚至一些特殊产品,如鲜花等,其价值体现在活体生命性上,若在物流过程中失去生命,则商品本身的价值将大打折扣,甚至毫无价值;蔬菜果鲜和很多农副产品的生化特性,决定了它们在物流过程中价值保护需要特定的储存、运输条件,还需要尽可能快地到达最终用户手中,否则价值随着时间的推延会大幅度下降;和工业品生产标准化不一样,动物性或植物性的产品在物流过程中还存在因非标准化问题带来的包装难、装卸难、运输难、仓储难等问题。农产品中有相当一部分需要冷链处理。

二、制造业物流

(一)制造业物流的内涵

制造业是内容更广泛的产业概念,包括许许多多的行业,工业中绝大部分行业是制造业。例如,机械工业、纺织工业、食品工业、电器工业等,都属于制造业。制造业物流是指伴随制造业产业链发生的物流活动。制造业产业链,通常包括产品制造、设计、原料采购、仓储运输、订单处理、批发经营、零售等生产经营环节。在这条产业链中,生产与物流并存,且物流不仅是生产的起点,也是生产的终点,同时生产过程本身就是一个物流过程。

制造业物流是最为典型且最为复杂的物流,是现代制造业发展的基础。

(二)制造业物流的特征

1. 物流发生频率高

频率高意味着相较于农业物流和商贸物流,制造业物流的活动频率更为频繁,几乎是时刻发生的。制造业有均衡生产的内在要求,满足这种均衡性,要求物流具备均衡性,原材料均衡地进入企业,半成品在企业内部不同供需之间能够均衡流动,产品能够均衡进入市场渠道。这种均衡既能有助于实现存货的最小化,也能使生产能力作用发挥均衡。这种均衡的极致就是精益物流,即没有存货且生产线上生产过程不停顿的物流。

2. 与生产活动相统一

与生产活动相统一,是指在制造业物流中生产过程与生产物流一般是统一的。生产过程即物流过程,是产品从原材料、半成品到成品的过程,是生产对象在生产线上的运动过程。物流过程或是为生产过程提供准备,或本身就是生产加工过程,或是生产的最终产品进入流通的过程,都与生产过程密切相关。产品是在生产过程中增加价值的,物流过程尽管是必备过程,但本身不创造价值,因此,生产物流中纯物流时间有无限缩短的内在要求。这也表明生产物流和生产过程具有统一性。随着现代社会生产管理的不断改进,纯物流过程时间缩短是客观趋势和必然要求。

3. 相关影响因素多

制造业企业内部对物流起作用、有影响的部门很广泛,企业中生产部门、采购部门、销售部门、设计部门、技术部门等,生产部门的各个车间班组、各个工艺阶段和工序等,都对制造业物流有着深刻的影响。例如,产品设计和研发环节能够决定产品的结构和材料,从而影响供应链运作负荷和物流中物料关系。另外,制造业物流成本形成因子来源广泛,涉及企业方方面面,有些物流成本具有独立性,但是更多的物流成本具有隐含性,与其他成本密不可分,难以独立计算。这种影响因素的多样性,不仅增加了制造业物流成本管理的难度,还可能使物流成本管理难以引起足够重视。

4. 利润挖掘空间大

物流不但是制造业发展的基础和前提,而且在制造业的生产周期、生产成本、生产利润中占据极其重要的地位。在制造业中普遍存在"90%定律":制造企业中,纯生产时间仅占全部生产流程总时间的10%,而各种物流时间占90%;一个工业产品,生产成本只占10%,而采购与物流成本占90%;一个工业产品,生产的利润只占总利润的10%,而物流与销售利润占利润的90%。尽管制造业发展的本身目的不是让物流成为主体,且物流从创造满足人们所需要产品的角度来讲是起支持辅助作用的,但物流的发展、物流管理水平实实在在影响到制造业的发展。

三、商贸物流

(一)商贸物流的内涵

商贸物流是指与批发、零售、住宿、餐饮、居民服务等商贸服务业及进出口贸易相关的物流服务活动。商贸物流是整个物流过程中对成本影响比较大的环节,直接关系到生产资料流通和生活资料流通的顺利运行,是商品流通的重要组成部分。

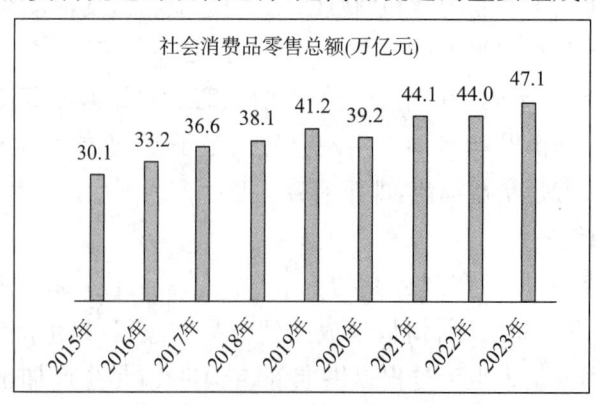

图2-3 我国社会消费品零售总额增长趋势

商贸物流与商贸服务业密切相关,随其发展而发展。社会消费品总额及其增长率是反映商贸服务业景气程度的重要指标。社会消费品总额很大程度上决定了商贸物流需求。目前,我国社会消费品零售总额庞大而且增长趋势明显(见图2-3),商贸物流在满足人们美好生活需要方面作用日益突出。

(二)商贸物流的特征

商贸业活动一般不涉及产品的研发生产环节,因此,在其运作流程中物流活动是最重要的部分之一。与其他产业物流相比,它的特点主要表现在以下几个方面。

1. 商流与物流分离

农业、工业生产不仅要有供应物流、销售物流,一般还有大量生产物流,而生产物流又往往与生产活动紧密结合在一起,所以农业、工业物流的商物分离,主要是指供应和销售物流,这种分离就是供应物流和销售物流的社会化。而商贸业与农业、工业不一样,商贸物流中有很大一部分是没有生产物流的,主要起社会商品流通中介作用,因而可以实现很彻底的物流社会化。商物分离不但是物流的社会化,而且物流路线和商流路线可以很大程度分离。其中,最彻底的分离是商品直接由生产者运送至最终消费者。

2. 调节供需矛盾

在批发商业物流体系中,物流的主体是商业批发企业,其上连生产企业,下接商业零售企业。对于生产企业而言,从生产成本和规模效益的角度考虑,总是希望某种商品的产量大,客户订购数量多,在物流实现上希望进行大批量、少批次的商品物流;而对于零售企业而言,基于消费者的需求,总是希望尽可能多地配备商品种类,且每种商品的数量不宜过多,在物流实现上希望进行小批量、多批次的商品物流。商业批发业可通过研究商流活动、研究商品购销规律、提高批发管理水平、进行科学的运输与储存等方式,开展商业批发物流,以调整和疏导供需间矛盾的。

3. 实施流通加工

零售企业将商品销售给最终消费者之前,需要对商品进行贴标签、分类、包装等一系列再加工工作。零售企业向批发商业企业的订货周期一般都比较短,因此,要求再加工的速度要快,而且准确无误,费用要低。从成本与效率的角度考虑,这种再加工活动基本在批发企业的物流中心完成。这是一种流通加工,会创造一定的产品价值。

4. 时间要求严格

商贸业直接服务于生产生活,商贸物流要及时响应生产生活需求。商贸物流的时间性特点表现在以下两个方面:其一,商业零售企业要适应消费者的需求,适时订购适销对路的商品,避免缺货所带来的销售损失和商品过期所带来的成本浪费;其二,供货商要及时、精准地将订购的商品送到零售商手中,否则就会导致零售商缺货,甚至丧失市场份额。

第五节 地域物流

地域物流是一个地域空间所有物流活动的总和。地域物流根据地域空间的不同性质,可以有不同的划分,最为典型的划分就是城市物流、区域物流和国际物流。

一、城市物流

(一)城市物流的内涵

城市物流是以城市为主体,围绕城市的需求所发生的物流活动,包括物品在城市内部的实体流动,城市与外部区域的货物集散以及城市废弃物处理的过程。现代国家建立在城市基础上,城市人口密集、工商业发达,每天都发生着大量生产和生活物流。现代城市是建立在发达物流基础上的,离开了通畅的物流保障,城市就会失去存在的基础。

(二)城市物流的特点

1. 可控性强

城市物流的主要特点是城市主体的一元化,一般所有的城市都有统一的政府行政组织,城市行政组织可以统筹和管理城市物流活动,因此,城市物流具有较强的可控性,城市政府可以对物流发展进行统一规划,用"有形的手"掌控城市物流活动。

2. 以短程为主

受城市空间的制约,城市物流的短程性非常突出。再大的城市,直径无非在百多公里左右,而城市中心物流密度最高的区域,直径还要远低于这个数字。城市内部物流活动发生在城市各物流网点之间、物流网点与用户之间以及用户与用户之间,主要采用公路运输和配送运输,部分涉及管道和内河运输方式,基本不涉及航空、铁路和远洋运输。小批量、多品种、高效率、近距离决定了城市运输工具具有小型化特征。城市物流因短距离、小规模的运输特点,易引发交通拥挤、污染和安全问题,还会产生大量能耗。此外,城市物流还存在"最后一公里"问题。

3. 高密度性

物流密度是指单位面积内所拥有的物流业务、物流设施(物流线路、物流网点等)、物流设备(运输车辆)、物流组织等的数量。高密度是指在相对较小的空间内拥有较大的物流量和较多的物流设施、物流设备、物流组织。国际物流、区域物流的始发点和最终目的地基本是城市,因此,在广泛地域运作的物流活动,最后都会归结到城市之中,这是造成城市物流高密度的重要原因。城市本身的产业高密度和人口高密度也带来了高密度的物流需求。

4. 制约因素多

城市既是生产、流通、消费中心,也是政治、经济、文化中心。在有限的城市空间内,高密度地分布着各种交通设施(铁路、公路、车站、港口、桥梁),以及商业旅游、文化体育、教育医疗设施,还有园林绿地、工厂、机关团体、居民住宅等建筑物及生产与生活区域,同时,还存在大量的人员流动,从某种意义上讲,这些要素都是城市物流的"障碍物"。例如,物流网点的布局、物流路线的选择、物流作业的开展,都会受到上述"障碍物"的影响。当然,城市流通网点布局与物流作业的开展,也会对上述要素产生各种正面或负面效应。

城市物流由于高密度性、人流和物流混流、大量的配送活动、很多小规模车辆穿梭以及很多其他限制因素,显得纷繁复杂,管理难度大,也使得目前城市物流成了很多城市发展的瓶颈。

二、区域物流

(一)区域物流的内涵

区域物流是指特定区域范围内的经济区、城市群、城市、农村等区域范围的物流活动以及它们相互之间的物流活动。任何生产都是在一定的区域内进行的。由于自然、技术、经济、社会等因素的制约,客观上形成了一定的生产和经济协作区域,这些区域又构成国民经济产业结构的地区和空间布局。区域物流主要由区域物流网络体系、区域物流信息支撑体系和区域物流组织运作体系组成。区域物流已经成为区域经济社会发展的重要支撑力量。

(二)区域物流的特点

1. 主体的多元性

区域物流涉及多个地区、多个城市,其重要特点是在多元化主体下开展的物流活动。每个主体都有自身的经济和物流利益。除了国际、国内统一的规则约束,缺乏一个独立的行政力量对区域物流活动进行统一管理和制衡,这也为区域物流的协调发展带来了困难。

2. 以中、远程物流为主

区域物流中、远程的属性,使其具有以下特点:

(1)可以构筑理想的物流平台。区域物流平台是一个采用多种实物物流网络构筑的综合性物流平台,而不是单一的物流平台。区域物流平台的结构特点是各种物流方式可以互补,能够为用户提供多种物流方式选择,以利于优化物流运作。

(2)可选择大规模的、低成本的、高速度的物流方式。例如,大量物流方式、集装箱物流方式、专线直达物流方式等,可以充分挖掘降低物流成本的潜力。

(3)物流的各个功能要素在区域物流中地位发生变化。特别是运输,无论是在物流时间上的比重还是在物流成本上的比重都有所上升,已成为主要功能要素。

(4)风险大。区域物流由于是中、远程物流,且具有有大量物流的特点,货值较高。因此,一旦出现计划不周、计划失误或遭遇事故、灾难等风险,就可能造成严重的损失。

3. 需要完善的信息系统支持

区域物流往往跨省、跨市,跨越若干不同的自然环境和人文环境,影响因素复杂多样,运行的不确定性高,容易导致物流出现不正常情况。要有效应对这种局面,需要强大的信息支持能力。因此,区域物流需要构建一个完善的信息平台,以保证物流信息在区域内的贯通,满足物流管理和经营所需要的信息需求。同时,需要具备多种信息技术手段,如远程通信、移动通信、无线上网、定位技术、搜救技术等。

三、国际物流

(一)国际物流的内涵

国际物流是相对于国内物流而言的,它是指组织货物(包括原材料、半成品、制成品)及物品(包括邮品、展会、捐赠物资)在不同国家和地区之间实现合理的流动和转移。国际物流是国内物流的延伸和进一步扩展,是跨国界、流通范围扩大了的物的流通,有时也称其为"国际大流通或大物流"。

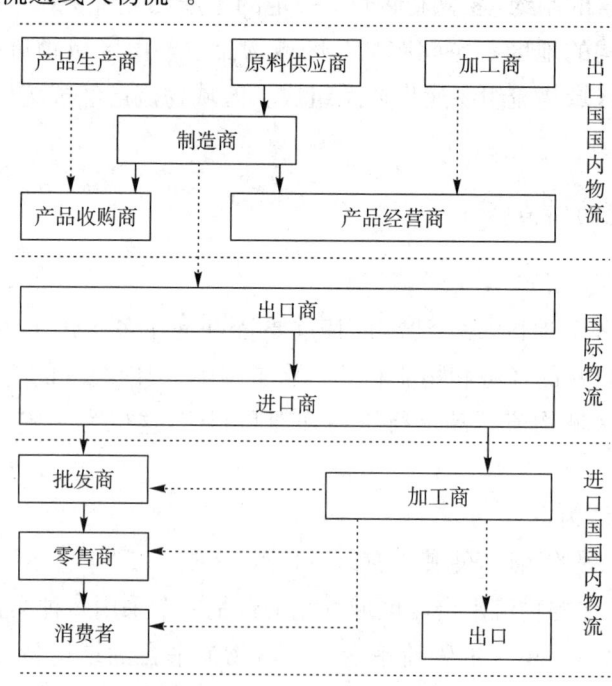

图 2-4 国际物流与国内物流关系

国际物流是国际贸易的一个必然组成部分,各国之间的相互贸易都通过国际物流来实现。由于国际分工的日益细化和专业化,任何国家都不能包揽一切专业分工,因而必须进行国际合作与交流。随之而来的国际商品与物资的流动便形成了国际物流。从广义上理解,国际物流包括了各种形态的物资在国际上的流动;而从狭义上理解,国际物流特指当生产和消费分别在两个或两个以上的国家(或地区)独立进行时,为了跨越生产和消费之间空间隔离和时间距离,对物资进行物理性移动的国际性商品贸易或交流活动,从而达到国际商品交易的最终目的,即实现卖方交付单证、货物和收取货款,买方收取货物的贸易对流活动(见图2-4)。

延伸阅读

构建"一带一路"立体互联互通网络

中方将加快推进中欧班列高质量发展,参与跨里海国际运输走廊建设,办好中欧班列国际合作论坛,会同各方搭建以铁路、公路直达运输为支撑的亚欧大陆物流新通道。积极推进"丝路海运"港航贸一体化发展,加快陆海新通道、空中丝绸之路建设。

——习近平总书记2023年10月18日在第三届"一带一路"国际合作高峰论坛开幕式上的主旨演讲

(二) 国际物流的特征

国际物流作为现代物流的一个分支,除了具有现代物流的一般特征,还具有一些自身特点:

1. 物流环境异质性大

国际物流的一个非常重要的特点是各国物流环境存在差异,尤其是在物流软环境方面差异较大。不同国家实施不同的物流法律法规,使国际物流的复杂性远高于国内物流,甚至可能阻断国际物流;各个国家经济和科技发展水平参差不齐,导致国际物流处于不同科技条件的支撑下,有些地区甚至无法应用某些现代技术,使得国际物流受到技术瓶颈的限制;不同国家采用不同的物流标准,这无疑增加了国际间物流"接轨"的难度,使国际物流系统难以有效建立和运行;不同国家的风俗人文也使国际物流受到很大局限。

2. 物流系统范围广

物流本身的功能要素、系统与外界的沟通就已是很复杂的,国际物流再在这复杂系统上增加不同国家的要素,这不仅是地域的广阔和空间的广阔,而且所涉及的内外因素更多,所需的时间更长,广阔范围带来的直接后果是难度和复杂性增加,风险增大。当然,也正是因为如此,国际物流一旦融入现代化系统技术,其效果将比以前更为显著。例如,开通某个"大陆桥"之后,国际物流速度会成倍提高,效益会显著增加,就说明了这一点。

3. 物流信息化要求高

国际化信息系统是国际物流尤其是国际多式联运的重要支持手段。建立技术先进的信息网络系统已成为发展现代国际物流的关键,国际上的物流中心城市本身就是一个发达的信息枢纽港。当前,不同国家的物流信息发展水平参差不齐,要求差别很大,加之国际化物流信息系统建立投入巨大、管理困难,因此,要建立一个发达的国际化物流信息系统非常不易。

4. 物流标准化要求高

要使国际间物流畅通起来,统一标准是非常重要的。可以说,如果没有统一的标准,那么国际物流水平是很难提高的。目前,美国、欧洲基本实现了物流工具、设施的统一标准,如托盘采用 1000×1200 毫米,集装箱的几种统一规格及条码技术等,这种统一性要求,大大减少了物流费用,降低了转运的难度。而不向这一标准靠拢的国家,必然在转运、换车底等许多方面要多耗费时间和费用,从而降低其国际竞争能力。中国需要与国际物流标准接轨,并积极争取在国际物流标准制定中的话语权,以促进中国国际物流和发达国家更顺畅地对接。

(三)国际物流方式及其选择

在国际物流中,运输功能要素更为重要,尽管运输成本远高于区域和城市物流。国际物流所采用的运输方式有远洋运输、铁路运输、航空运输、公路运输、"大陆桥"运输、邮包运输、国际多式联运和国际货代等。国际运输方式的选择不仅关系到国际物流交货周期的长短,还关系到国际物流的总成本大小。

国际物流对运输方式的选择,主要应从以下几个方面来考虑:

(1)运输成本。进出口商品价格中,物流费用有时占 30%~70%,对煤炭、矿石等低价值货物,这一比例更高。

(2)运行速度。国际物流运距长,所需时间较多,资金占用时间长,因此,加快速度有利于释放被占用的资金。

(3)货物的特点及性质。货物特点及性质有时对物流方式选择起决定性作用。例如,各种包装杂货可以选择多种国际物流方式,而诸如水泥、石油、沥青、危险品等对物流方式的选择范围则较窄。

(4)货物数量。例如,国际物流距离长,往往超出了汽车等运输工具的经济里程,因而选择这些类型的运输工具会受到限制。

(5)物流基础设施条件。例如,大型船舶和集装箱船,如果缺乏水域和港口条件无法作业,则不管费用如何低廉,也选择不了。

国际物流运输方式选择不当造成的不合理程度远甚于国内物流。例如:一旦选择海运,则不可避免受航线约束形成迂回,这比通常的陆地迂回大得多,而且一旦上船便无法改变;由于国际物流比国内多了一层通关手续,多了很多关税,假如物流方式选择不当,拉长了时间,错过了销售时机,会出现"货到地头死"的情况,造成巨大的经济损失。

海运是国际运输中最常见的方式,远洋运输是国际物流中最主要的运输方式。谁能提高远洋运输的效率、降低远洋运输的成本,谁就能在国际物流竞争中占据优势地位。海运的特点是运量大、速度慢、运输成本低。空运是近年来国际运输中发展最快的方式之一,其特点是迅速及时,但运费昂贵。

在国际物流活动中,由于门到门的服务方式越来越受到客户的欢迎,国际多式联运得到快速发展,逐渐成为国际物流系统中的主流运输模式。

延伸阅读

国际物流发展历史

国际物流是不同国家之间的物流,这种物流是国际间贸易的一个必然组成部分,各国之间的相互贸易最终通过国际物流来实现。国际物流是现代物流系统中重要的物流领域,近年来有很大发展,也是一种新的物流形态。总体来讲,国际物流发展主要经历了以下三个阶段。

第一阶段,20世纪50年代至80年代初。这一阶段物流设施和物流技术得到了极大的发展,建立了配送中心,广泛运用电子计算机进行管理,出现了立体无人仓库,一些国家建立了本国的物流标准化体系等。物流系统的改善促进了国际贸易的发展,物流活动已经超出了一国范围,但物流国际化的趋势还没有得到人们的重视。

第二阶段,20世纪80年代初至90年代初。随着经济技术的发展和国际经济往来的日益扩大,物流国际化趋势开始成为世界性的共同国际物流问题。美国密歇根州立大学教授波索克斯认为,进入20世纪80年代,美国经济已经失去了兴旺发展的势头,陷入长期倒退的危机之中。因此,必须改善国际物流管理,降低产品成本,同时改善服务,扩大销售,在激烈的国际竞争中占据优势地位。与此同时,日本正处于成熟的经济发展期,以贸易立国,要实现与其对外贸易相适应的物流国际化,并采取了建立物流信息网络,加强物流全面质量管理等一系列措施,提高物流国际化的效率。这一阶段,物流国际化的趋势局限在美国、日本和欧洲的一些发达国家。

第三阶段,20世纪90年代初至今。在此阶段,国际物流的概念和重要性已为各国政府和外贸部门普遍接受。贸易伙伴遍布全球,必然要求物流国际化,即物流设施国际化、物流技术国际化、物流服务国际化、货物运输国际化、包装国际化和流通加工国际化等。世界各国广泛开展国际物流方面的理论研究和实践探索。人们已经达成共识:只有广泛开展国际物流合作,才能促进世界经济繁荣,物流无国界。

本章小结

对物流进行分类有利于深入把握物流运动内在规律。企业物流是企业生产经营过程各个阶段物质资料的流转,可分为供应物流、生产物流、销售物流、回收物流和废弃物流等不同形式,这当中供应物流和销售物流可以实现外部化。第三方物流是由独立于物流服务供需双方之外且以物流服务为主营业务的组织提供物流服务的模式,主要特点包括关系契约化、服务定制化、运作专业化和信息网络化。产业物流根据产业性质不同,可分为农业物流、制造业物流和商贸物流。地域物流根据地域空间不同,可分为城市物流、区域物流和国际物流。不同类型的物流,有不同的性质和特点,也有不同的管理要求。

复习与讨论题

1. 为什么要对物流进行分类?
2. 简述供应物流概念及供应物流的改进措施。
3. 简述生产物流概念及生产物流的改进措施。
4. 简述销售物流概念及销售物流的改进措施。
5. 企业物流都能外包吗?为什么?
6. 试述农业物流含义及其特点。
7. 试述制造业物流含义及其特点。
8. 试述商贸物流含义及其特点。
9. 试述城市物流含义及其特点。
10. 讨论企业为什么要重视回收和废弃物流。
11. 讨论第三方物流能提供哪些增值服务。
12. 讨论国际物流在发展中可能会遇到哪些障碍。

案例分析 ⇨2-1

企业该不该拥有自营车队?

近几年,快递和快运企业加快了干线车队自营的步伐,车辆规模超1000辆以上的自营车队相继出现,部分企业的车辆总数已经超过万台。据运联研究院运力研究中心统计,车队规模在50辆以上的车队共有3507家,共保有车辆76万辆。其中,135家车队规模大于1000辆(超大型车队)。以通达系为例,截至2022年底,圆通自有车辆5306辆,申通自有车辆4826辆,同期中通拥有11000辆自有车辆,是圆通和申通数量的2倍以上。

为了应对价格战和运输成本攀升的压力,越来越多的快递企业选择在货量稳定的线路上使用自有车辆,以降低成本。在确保车辆利用率的前提下,自营车队可以通过小幅提升管理成本,来大幅降低运营成本,从而压缩运输成本。同时,企业自营车队能够根据自身需求灵活调整车队规模和运输计划,更好地控制运输过程,确保货物的质量和安全,为客户提供可靠的运输服务。

自营车队虽具备许多优势,但现实往往不尽人意,部分企业甚至陷入运营成本不降反升的困境之中。在经营方面,自营车队需要投入大量资金购买和维护车辆,同时承担运输过程中的风险和责任。受市场经济环境、国内外经济形势、市场供求因素等的影响,企业业务非常不稳定,自有车队经常面临无货可拉的情况,导致车辆大量闲置,而司机人工费、车辆折旧费、车辆保养费等固定成本仍在不断产生,自营车队没有降低成本,反而成为企业的负担。

在管理方面,自营车队需要建立完善的运营管理体系,包括车队管理、驾驶员培训、运输监管等,管理难度较大。司机招聘和管理是企业经常面临的问题,难以找到吃苦耐劳、灵活应对的司机。司机经常请假,导致企业时常出现"有车无人"的情况,企业自有车辆闲置,却要使用外协运力,支付高额运费。

在财税层面,自营车队的企业进项发票抵扣有限。其中人工支出部分,企业无法收取进项税发票,还需额外承担司机五险一金的费用。对于汽油、汽车维修及配件方面,企业需加价获得进项税发票。过路通行费也仅有3%的进项税可抵扣。在进项税额的严重不足的情况下,企业的税负加重,税收成本增加。

(资料来源:中国物流与采购网,有修改。)

问题讨论

1. 材料中企业拥有自己车队有哪些优势和劣势?
2. 材料中企业为什么加快干线车队自营的步伐?支线车队也可以自营吗?
3. 企业对物流是自营还是外包一般会做哪些方面思考?

第三章　物流系统

 **学习目标**

通过本章学习,要求掌握物流系统的内涵、特性和目标,理解物流系统的模式、要素和结构性问题,掌握物流系统分析的目的、要素、原则与步骤,了解物流系统分析的常用方法与应用领域。

 开篇导问

系统论的整体观念

"系统"一词,源于古希腊语,是由部分构成整体的意思。系统论创始人贝塔朗菲强调,任何系统都是一个有机整体,它不是各个部分的机械组合或简单相加。系统的整体功能是各要素在孤立状态下所没有的性质。他用亚里士多德的"整体大于部分之和"的名言来说明系统的整体性,反对那种认为要素性能好则整体性能一定好,以局部说明整体的机械论观点。同时,他认为系统中各要素不是孤立地存在着,每个要素在系统中都处于一定的位置,起着特定的作用。要素之间相互关联,构成了一个不可分割的整体。要素是整体中的要素,如果将要素从系统整体中割离出来,它将失去要素的作用。正像人手在人体中是劳动器官,一旦从人体砍下,它将不再是劳动器官。

问题思考

物流运作是一个系统性问题吗?为什么?

系统论是一种应用广泛的科学方法论,为解决复杂的社会经济问题和提高组织管理的效率,提供了一种科学的分析方法。物流运作是一个复杂的系统工程,坚持系统思维,用系统分析的方法研究物流运作,是现代物流管理的必然要求。

第一节 物流系统的性质

一、系统的概念与特性

（一）系统的概念

系统（System）是由两个或两个以上相互区别或相互作用的单元之间有机地结合起来,完成某一个功能的综合体。世间一切事物都可以看作一个系统,即大到太阳系、银河系乃至整个宇宙,小到企业、班组、个人乃至细胞,都可以看作一个整体、一个系统。

（二）系统的特性

1. 相关性

相关性是指组成系统的单元要素并非简单、杂乱无章地堆砌,而是在整体系统中相互联系、相互作用、相互依存、相互制约。系统内各单元要素间在相互紧密联系中形成一个有机整体。

2. 层次性

层次性体现于系统内部由于整体与部分的无限对立所形成的一系列等级以及排列次序。任何系统都是有层次的,一个主系统可以包括若干子系统,子系统下又有下一级子系统,而主系统本身又可能包含在更高一级的系统之中。

3. 整体性

整体性是系统最基本和最重要的特性。整体系统是由其内部各要素构成的。各要素融入整体系统后,在相互联系、相互依赖、相互作用和相互制约的机制下,形成一个综合性有机系统,产生统一的综合效应与功能。如果其中某个要素不协调或没有统一目标,就会出现要素间相互矛盾或制约的情况,从而削弱各要素的综合效应与功能,进而影响整体系统功能与效应。

4. 涌现性

系统的涌现性包括系统整体的涌现性和系统层次间的涌现性。系统各要素构成一个系统后,会产生整体具有而各个部分原来没有的某种性质或功能,这种属性即系统的涌现性。系统整体的功能不是各个要素功能的简单叠加,而是呈现出各要素所不具备的新功能,并且系统整体的功能大于各组成要素的功能总和。系统各组成要素只有协调、配合,才能形成一个系统并发挥系统的功能;否则,便无法构成完善的系统。

5. 目的性

一切人造的系统都具有某种特定的明确目标,系统的一切运动和行为都是为了实现这个目标。在一个多层次系统中,大系统有总的目标,各个子系统不仅要服从总目标,其自身还有各自的分目标。要达到系统的目标,必须使系统内的子系统和组成要素相互协调配合,朝着共同的目标努力。

6. 适应性

适应性是指系统要适应环境。环境是系统整体存在和发展的全部外界条件的总和。当环境发生变化时,系统的结构、性质、功能也要随之改变,以适应环境,继续存在和发展下去。人们在分析系统要素时,要注意系统整体同环境的相互联系和相互作用。

系统的这些基本性质不是孤立的,而是相互联系、相互配合的。在分析系统要素时,要同时兼顾系统的这些基本性质及其相互联系,以免破坏系统方法的有序完整性。

二、物流系统的概念与特性

(一)物流系统的概念

物流系统是由相互联系、相互作用的物流要素构成的提供物流服务的综合体,是整个社会经济大系统的子系统或组成部分。物流贯穿于社会物质的生产、分配、交换、流通一直到消费、废弃的全过程,涵盖运输、储存、包装、搬运装卸、流通加工、配送、信息处理等诸多环节,这些环节也称为"物流的各个子系统"。物流是由这些子系统构成的物流大系统。

(二)物流系统的特性

物流系统是一个复杂而庞大的系统,具有一般系统共有的性质,即相关性、层次性、整体性、涌现性、目的性和环境适应性,同时物流系统作为现代科技和现代观念的产物,还具有一些特殊性质。

1. 大跨度

在现代社会中,物流不但跨越不同地域,而且经常跨越国界。物流系统通常采用存贮的方式解决产需之间的时间矛盾,其时间跨度往往很大。物流系统的跨度越大,运行的不确定性就越高,管理难度也就越大。

2. 动态性

物流系统一般与多个生产经营企业和用户相联系,随着需求、供应、渠道、价格的变化,系统内的要素及系统的运行也经常发生变化。物流系统受社会生产和社会需求的广泛制约,所以必须是具有环境适应能力的动态系统。为适应经常变化的社会环境,物流系统要有灵活性和柔性。当社会环境发生较大的变化时,物流系统甚至需要进行重新设计。

3. 可分性

无论规模多大,物流系统都可以分解成若干个相互联系的子系统。这些子系统的多少和层次的阶数,会随着人们对物流系统的认识和研究的深入而不断扩充。系统与子系统之间,以及子系统与子系统之间,在时间和空间及资源利用上均存在联系,在总目标、总费用及总运行结果等方面也存在相互联系。

4. 复杂性

物流系统的运行对象——"物",可以是全部社会物资资源,资源的多样化导致物流系统的复杂化。物资资源种类繁多,从事物流活动的人员队伍庞大,物流系统内的物资占用大量的流动资金,物流网点遍及城乡各地。这些人力、物力、财力资源的有效组织和合理利用,是一个非常复杂的问题。

5. 背反性

物流系统各要素间存在显著的"背反"现象,即难以同时实现物流时间最短、服务质量最佳、物流成本最低这几个目标。物流系统恰恰要在这些矛盾中运行,并尽可能满足人们的要求。

三、物流系统的基本模式

物流系统和一般系统一样,具有输入、输出、转换处理、限制、反馈等功能,通过输入、输出使系统与社会环境进行交换,使系统与环境相适应,而转换则是这个系统带有特点的功能。图3-1为物流系统的基本模式。

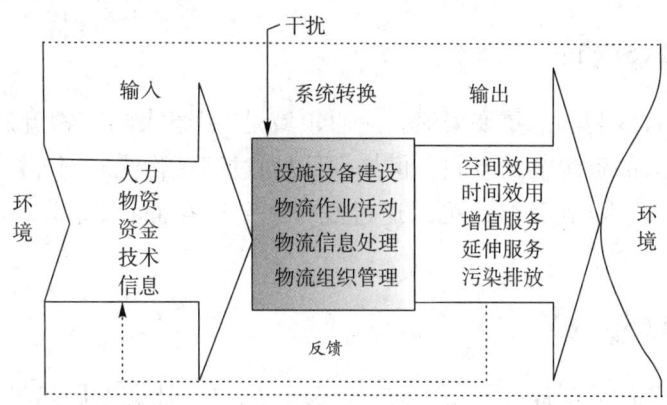

图3-1 物流系统的基本模式

(1)输入。通过提供物资资源、资金、技术、劳动力、信息等,对某一系统发生作用,这些统称为外部环境对物流系统的输入,是物流系统处理转换的对象与条件。

(2)转换处理。它是指物流本身的转化过程。从输入到输出之间所进行的生产、供应、销售、服务等活动中的物流业务活动,被称为物流系统的转换处理。具体内容有:物流设施设备的建设;物流业务活动,如运输、仓储、装卸搬运、包装、流通加工;信息处理及物流管理工作等。

(3)输出。物流系统通过其内在手段和功能,对环境的输入进行各种处理后所提供的物流服务,被称为系统的输出。具体内容有:产品位置与场所的转移;各种劳务,如合同的履行及其他服务等。需要注意的是,在提供物流服务的同时,可能伴随有污染排放。

(4)限制和干扰。外部环境对物流系统施加的约束,被称为外部环境对物流系统的限制和干扰。具体有:资源限制、能源限制、资金与生产能力的限制;价格和需求变化的影响;仓库容量;物流作业能力;政策的变化等。

(5)反馈。物流系统在把输入转化为输出的过程中,若受系统各种因素的限制而不能按原计划实现,需要把输出结果返回给输入端进行调整,即使按原计划实现,也要把信息返回,以对工作效果进行评价,这被称为信息反馈。信息反馈的活动包括:各种物流活动分析报告;各种统计报告数据;典型调查;国内外市场信息与有关动态等。

四、物流系统的目标

物流系统是一种人造系统,有自己的目标追求。物流系统的总目标就是要向客户提供所需要的物流服务。一般认为,物流系统有以下几个方面的具体目标。

(一)服务性(Service)

物流活动具有从属性,物流系统具有服务性。物流系统的利润本质有"让渡"特性,物流系统要以客户为中心,向客户提供优质服务。"准时供应""柔性供货"等物流方式是物流系统为了更好地满足客户需求而提供的物流创新服务。

(二)节约性(Saving)

开源节流是获取利润的重要渠道。流通领域是"黑暗大陆",物流是第三利润源,说明物流系统有很大的资源节约空间。例如:可以通过缩短物流时间、减少物品损耗、提高资本周转速度,来获得利润增量;可以通过充分利用库存面积、充分利用运输资源来降低物流成本。

(三)及时性(Speed)

及时性是服务性的延伸,既符合客户的要求,也顺应社会发展趋势。随着社会生产的大规模发展,对物流快速、及时性的要求更加强烈。在物流领域采用直达运输、联合一贯运输、时间表系统、物品快递、即时物流等管理和技术,就是这一目标的体现。

(四)规模适当化(Scale optimization)

尽管物流系统比生产系统的稳定性差,难以形成标准的规模化模式,但依然存在规模经济问题。在物流领域是以分散还是以集中的方式建立物流系统,物流集约化程度是高点还是低点,物流机械化、自动化程度如何合理确定,这些问题的决策背后实际上都要考虑规模优化问题。

(五)库存控制(Stock control)

必要的库存是为了保障需求、减少缺货风险,但库存过多则会占用过多的库存空间,消耗过多的企业资金,造成库存成本的增加。因此,在物流活动中,需要合理确定库存的方式、数量、结构及其分布。

(六)安全性(Safety)

安全重于泰山。应尽量保持货物运输、装卸搬运及保管过程中的安全,尽可能减少客户的订货断档问题。同时,要高度重视物流过程中的人员安全问题,防止发生人员伤亡事故。

(七)可持续性(Sustainability)

物流系统的运转一般建立在能源消耗和碳排放基础之上。可持续性要求物流系统在提供物流服务时,要履行社会责任,并尽可能减少资源消耗及降低环境污染,走绿色低碳发展道路,做到环境友好。

延伸阅读

物流系统的7R目标

美国密西根大学斯麦基教授认为,物流系统追求的目标可以概括为"7R":将适当数量(right quantity)的适当产品(right product),在适当的时间(right time)和适当的地点(right place),以适当的条件(right condition)、适当的质量(right quality)和适当的成本(right cost)交付给客户。

第二节 物流系统的要素

物流系统是由一系列要素组成的。认识物流系统,首先要了解物流系统的要素构成。物流系统是复杂的大系统,对其构成要素的认识,需要从不同方面去深入了解。

一、物流系统的一般要素

物流系统的一般要素涵盖人、财、物、信息几个方面。

(一)人的要素

人是所有系统中占主导地位、起决定性作用的要素,在物流系统中也不例外,它是保证物流活动得以顺利开展的关键因素。目前,物流企业的竞争,越来越多地表现为人才的竞争,尤其是高端物流人才的竞争,培养、招揽、留住和用好人才,是物流系统有效运行的关键所在。

(二)资金要素

流通本身实际上是以货币为媒介、实现交换的物流过程;企业生产过程中的物流活动,本质上也是资金运动过程;物流服务的提供需要以货币为媒介;物流系统建设更需要大量资金。资金要素是物流系统中不可或缺的一个要素,缺乏资金支持,物流系统就不可能存在。

(三)物的要素

物流系统中的物要素包括:劳动工具、劳动手段,如各种物流设施、设备、工具;劳动对象,即原材料、半成品、产成品等各种实物;各种消耗材料,如燃料、保护材料等。物的要素是物流系统存在和发展的物质基础。物的要素,尤其是劳动手段、劳动工具,体现了物流系统的技术特征。

(四)信息要素

信息要素是指物流过程中的数据、资料、指令等。信息是物流各环节无缝衔接和物流系统有序运转的基础和保证。信息在物流系统中的作用越来越重要。可以说,没有信息,就没有现代物流,也就没有现代物流系统。

二、物流系统的物质要素

物流系统的建立和运行,需要大量的技术装备手段,这些手段的有机联系对物流系统的运行具有决定性意义。物流系统的物质基础要素主要有:

(一)物流设施要素

物流设施是组织物流系统运行的基础物质条件,包括物流站、场,物流中心、仓库,物流线路,物流建筑、公路、铁路、港口等。

(二)物流装备要素

物流装备是保证物流系统运行的条件,包括仓库货架、进出库设备、加工设备、运输设备、装卸机械等。

(三)物流工具要素

物流工具也是物流系统运行的物质条件,包括包装工具、维护保养工具、办公设备等。

(四)信息技术及网络要素

信息技术及网络是收集、处理、加工和传递物流信息的手段,在现代物流系统中发挥着日益重要的作用。现代物流系统的一个重要特点就是信息化、数字化。

三、物流系统的支撑要素

物流系统的建立需要多种支撑手段,尤其是处于复杂的社会经济系统中,要确定物流系统的地位,协调与其他系统的关系,这些要素必不可少。

(一)体制、制度

物流系统的体制、制度决定物流系统的目的、结构、组织、领导和管理方式,国家对其的控制、指挥、管理方式以及这个系统的作用和地位,是物流系统的重要支撑。在中国,物流业是支撑国民经济发展的基础性、战略性、先导性产业。

(二)法律、规章

物流系统的运行不可避免地会涉及企业或个人的权益问题,法律与规章既限制和规范物流系统的运动,使之与更大的系统协调一致,又保障物流系统的有效运行。合同的执行、权益的划分、责任的确定等都靠法律、规章维系。

(三)行政、命令

物流系统和一般系统的不同之处在于其关乎国家军事、经济命脉及发展基础,因此,国家和政府的行政、命令等手段往往成为支撑物流系统正常运转的重要力量。

(四)标准化系统

标准本身是一种协调工具。标准化系统是保证物流环节协调运行,保证物流系统与其他系统在技术上实现平滑连接的重要支撑条件。

延伸阅读

物流标准化

物流标准化是指在运输、配送、包装、装卸、保管、流通加工、资源回收及信息管理等环节中,对重复性事物和概念,通过制定发布和实施各类标准,达到协调统一,以获得最佳秩序和社会效益。根据物流系统的构成要素及功能,物流标准大致可分为三大类:

1. 物流作为一个整体系统，其间的配合应有统一的标准。这些标准主要有：专业计量单位标准；物流基础模数尺寸标准；物流建筑基础模数尺寸；集装模数尺寸；物流专业名词标准；物流核算、统计标准等。

2. 大的物流系统又分为许多子系统，子系统中也要制定一定的技术标准。主要有：运输车船标准；作业车辆（指叉车、台车、手车等）标准；传输机具（如起重机、传送机、提升机等）标准；仓库技术标准；站场技术标准；包装、托盘、集装箱标准；货架、储罐标准等。

3. 工作标准及作业规范，即对各项工作制定的统一要求及规范化规定。其内容很多，如岗位责任及权限范围，岗位交接程序及作业流程，车船运行时刻表，物流设施、建筑等的检查验收规范等。

（五）组织与管理要素

组织与管理是物流系统的"软件"，发挥着连接、调运、运筹、协调、指挥其他各要素，以保障物流系统目的实现的作用。

四、物流系统的功能要素

物流系统的功能要素指的是物流系统所具有的基本能力，这些基本能力有效地组合、联结在一起，便形成了物流的总功能，能够合理、有效地实现物流系统的总目的。物流系统的功能要素可划分为以下几个层次：

（一）基本物流功能

最基本的物流功能是"动"和"静"，是运输和仓储。如门到门运输、仓储、配送等这些活动分别解决了供给者及需求者之间场所和时间的分离，其主要功能是创造空间效用和时间效用，在物流系统中处于主要功能要素地位。

（二）商务衍生功能

伴随物流产生了订货、结算、单证处理、财务服务等活动，如有一些物流中心或配送中心兼具一些商流功能，这些功能为企业带来了商务附加价值。

（三）劳动服务功能

诸如包装、装卸搬运、流通加工、分拨等，这些功能提升了商品价值。

（四）信息服务功能

即物流企业对内、对外的各种物流信息服务活动，这些信息虽然有成本，但也为企业带来了价值。

(五)物流控制系统

即对物流的动态进行管理和控制,为物流成本的降低和物流服务水平的提高创造条件。

五、物流系统的运动要素

物流活动发生时,必然涉及流体、载体、流向、流量、流程、流速六个方面问题。

(一)流体

物流的"流体"指的是物质的实体。流体具有自然属性和社会属性。自然属性指其物理、化学、生物属性等。物流过程中要保护好流体,要根据自然属性合理安排运输、保管、包装等物流作业,使其自然属性不受损坏。社会属性指其所体现的价值,以及生产者、采购者、物流作业者与销售者之间的各种关系,有些关系国计民生的重要商品作为物流的流体还肩负国家宏观调控的重要使命,因此,在物流过程中要保护流体的社会属性不受任何影响。

基于流体的自然属性和社会属性,我们可以计算流体的价值系数,它代表了单位体积(质量)商品的价值。该系数可以反映商品的贵贱,对人们制定物流作业方案有重要参考价值。根据物的价值系数的不同,可以选择不同的运输方式及运输工具,采取不同的养护、保管对策,选择不同的装卸搬运机械等,总之,可以根据价值系数的大小适当组织物流活动。

(二)载体

载体是指流体借以流动的设施与设备。物流载体分成两大类:一类是基础设施,如铁路、公路、水路、码头、车站、机场等;另一类是直接盛载并运送物品的设备和容器,如车辆、船舶、飞机、装卸搬运设备、集装箱、托盘等。物流载体的状况,尤其是物流基础设施的状况,直接决定着物流的质量、效率和效益。

(三)流向

流向是指流体从起点到终点的流动方向。物流的流向有三种:自然流向,指根据产用关系所决定的商品流向,这表明一种客观需要,即商品要从产地流向使用地;市场流向,指根据市场供求规律由市场确定的商品流向;实际流向,指在物流过程中实际发生的流向。对于某种商品而言,可能会同时存在以上几种流向,比如,根据市场供求关系确定的商品流向是市场流向,如果这种流向是从生产地到使用地,那么这种市场流向也是自然流向,实际发生物流时还需根据具体情况确定运输路线和调运方案,这才是最终确定的实际流向。从社会效益来看,理想的状况是商品的自然流向与商品的实际流向相一致。

(四)流量

流量是指通过载体的流体在一定流向上的数量表现。流量与流向不可分割,每种流向都有相对应的流量。根据流量本身的特点,可以将流量具体分为按照流体统计的流量、按照载体统计的流量、按照流向统计的流量、按照发运人统计的流量和按照承运人统计的流量。另外,流量统计的单位也可视具体统计目的确定,如吨、立方米、元等。

(五)流速

流速是指通过载体的流体在一定流程上的速度表现。流速与流向、流量、流程共同构成物流的四个向量指标,反映物流的数量特征,是衡量物流效益、效率的重要指标。一般来说,流速快意味着物流的效率高,可以节约时间成本。在相同的载体条件下,流速快意味着物流成本的减少和物流价值的提高。

(六)流程

流程是指通过载体的流体在一定流向上行驶路径的数量表现。流程与流向、流量一起构成物流向量的三个数量特征,流程与流量的乘积是物流的重要指标,如吨公里。流程可按照五种口径来统计:第一种是按照流体统计,第二种是按照载体统计,第三种是按照流向统计,第四种是按照发运人统计,第五种是按照承运人统计。路径越长,物流运输成本越高,如果要降低运输成本,一般就应设法缩短运输里程。

六、物流系统的设计要素

物流系统具有人工系统功能性质,可以对其进行优化设计。好的物流系统需要具备好的结构和配合,充分发挥其系统功能,实现整体物流合理化。在进行具体物流系统设计时,需要考虑以下几方面的基本要素:

(1)商品(Products)的种类、品目。商品的种类、品目数目对物流系统的复杂程度有很大的影响。

(2)商品的数量(Quantity)。按种类、品目分别统计的商品数量,经营或生产年度目标的规模,价格和价值。

(3)商品的流向(Route)。商品的流向包括:起始点(如生产厂)和终点(如配送中心、消费者),单向输送与多点配送,直接送达与巡回送货等。

(4)服务(Service)水平。服务水平包括:送货的快速性、即时性、正确性;商品质量的保持,如不损伤、不变质、不丢失等;信息查询的可能性、便捷性等。

(5)时间(Time)。时间包括:不同的季度、月、周、日、时业务量的波动、特点,淡季与旺季、月初与月末业务量的波动,配送中心上午的发货高峰、下午的进货高峰等。业务量波动大的物流系统运作难度较大,有时要调整业务流程与作业时间以降低波动值。

(6)物流成本(Cost)。成本一直是物流系统设计与改善最关心的问题之一,也是物流系统的规模与水平的主要约束条件。

以上P、Q、R、S、T、C称为物流系统设计有关基本数据的六个要素,系统设计中需要收集这几个方面的相关资料。

第三节　物流系统的结构

物流系统的结构是指物流系统的要素在时间和空间的排列上形成一定的秩序。要素本身是无序的,但系统一定是要素的规则且有序的排列。物流系统的目标需借助要素实现,但不是通过要素独立实现的,而是将要素组织起来,形成一个物流系统整体,通过要素的协同运作而共同实现的。

一、物流系统的流动结构

物流系统有六个流动要素,即流体、载体、流向、流量、流程与流速,这些要素息息相关。流体的自然属性决定了载体的类型和规模,而社会属性则决定了流向、流量、流程和流速。流体、流量、流向、流程和流速决定了采用载体的属性,载体对流向、流量和流程、流速有制约作用,载体的状况对流体的自然属性和社会属性均会产生影响。要根据流体的自然属性和社会属性确定流向、流程的远近及具体运行路线,根据流量的大小与结构来确定载体的类型与数量。

在网络型的物流系统中,当一定的流体从一个点向另一个点转移时,经常会发生载体的变换、流向的变更、流量的分解与合并、流程流速的调整等情况。这种调整和变更在某些情况下是必要的,但应尽量缩短变换时间、减少环节、降低变换的成本。

二、物流系统的功能结构

从物流系统功能结构上分析,不同的物流系统需要进行的物流作业大同小异。整个物流系统的基本功能要素包括运输、储存、包装、配送、装卸搬运、流通加工和信息处理等。一般而言,供应链各个阶段都要具备的功能首先是运输,然后是储存。装卸搬运功能伴随着运输方式或者运输工具的变换(比如,从公路运输换装到铁路运输)、物流作业功能之间的转换(比如,从运输作业转变成仓库储存作业,或者从仓库储存作业变换为运输作业等)而产生。物流中的包装功能、流通加工功能是在流通过程中才发生的,但不是每一个物流系统都需要进行这些作业。

物流系统的功能结构往往取决于生产、流通模式。例如,直销模式省略了大量的中间仓库和以仓库为基础进行的各种物流作业;以中间商为基础进行的生产和销售的传统模式,由于环节的增加、中间物流作业的增加,物流效率受到影响。直销的物流系统比较简单,但对时间的要求很高,因为没有中间库存可以缓冲,又必须遵守承诺的送达期限,否则就会对用户利益和企业利益造成损害,因此,在直销模式中运输功能最重要。直销并不意味着通过直运减少运输成本,而是提高运输的集约程度,因此,路线规划、货物组配等物流管理作业必不可少。而经过中间商的物流系统的功能结构则就复杂得多,在渠道中间进行环节转换时需要进行运输、储存、包装、装卸搬运、物流信息处理等作业,在最后一个环节可能还需要进行流通加工作业等。

判断物流系统功能发挥得是否合理,不是看物流系统中进行了多少作业,而是看物流系统为提供物流服务降低了多少成本。

三、物流系统的治理结构

物流系统的治理是指物流系统资源配置的管理和控制的机制和方法。不同的治理机制形成了不同的物流系统资源交易的治理结构。

（一）多边治理

多边治理也称为"市场治理"或"合同治理",即不管是哪一个物流系统,需要的所有资源都能够从物流市场上通过交易购买得到,但该资源不是专门为某一个物流系统定制的专用性资源。多边治理适用于很多物流系统,比如一般的铁路运输资源、一般的公路运输资源等。第三方物流是多边治理结构中物流服务的主要形式。

（二）三边治理

三边治理是指物流资源的需求方、供给方和第三方(法律)共同治理的模式。这种模式适用于两类物流资源交易:一是偶尔进行的,如满载货物的卡车在长途运输中抛锚,需要一次性租用当地的装卸设备和人员;二是交易的物流资源是高度专用化的,如专门为麦当劳提供沙拉酱、圆白菜、黄瓜、薯片、面包、牛肉等新鲜食品原料的配送中心,因为麦当劳严格的质量和服务要求,必须采用专用的运输车辆、包装材料、冷库等物流设备以及配送人员等。

（三）双边治理

双边治理是指物流资源买卖双方共同治理的模式。双边治理结构有以下几个适用条件:交易是重复发生的,不是一次性、偶尔发生的;交易需要的资产必须是高度专用的;交易是非标准化的。战略联盟关系是双边治理的重要基础。

（四）单边治理

单边治理也称为"一体化治理"。一体化治理结构的条件是:交易高度专用化,即投资于这种交易的物流资源(人力与实物)转移到其他用途上的价值趋近于零;交易与企业的核心业务具有很强的相关性;交易本身具备一定规模,以确保投资人可以从中获得该项投资的规模效益。

单边治理这种模式并不支持"大而全""小而全"。生产、销售企业只有在所需的物流资源高度专用化,投资于某项物流业务能够获得规模效益,并且这项物流业务与生产和销售业务紧密相关的情况下,进行这种垂直一体化、多种经营,"大而全、小而全"才是有效率的。

一般来说,对于偶尔发生的需要专用型资产的交易,既可采取三边治理,也可采取单边治理;如果投资专用型资产可以获得市场平均利润,则可以采取三边治理方式;如果采用三边治理所花的交易成本高于投资一方的预期成本,则可以采取单边治理方式。

四、物流系统的网络结构

(一)物流网络中的元素

物流网络是通过交通运输线路连接分布在一定区域的不同物流节点所形成的系统,由执行运动使命的线路和执行停顿使命的结点两种基本元素组成。线路与结点的相互关系、相对配置及其结构、组成、联系方式的不同,形成了不同的物流网络,物流的网络水平、功能则取决于网络中两个基本元素的配置及其自身水平。

全部物流活动在线路和结点上进行:在线路上进行的活动主要是运输;物流功能要素中的其他所有功能要素,如包装、装卸、保管、分货、配货、流通加工等,都是在结点上完成的。实际上,物流线路上的活动也是靠结点组织和联系的。

(二)物流网络中的结点

在物流系统中,供流动的商品储存、停留,以进行相关后续作业的场所被称为"结点",加工厂、商店、仓库、配送中心、车站、码头等,也被称为"结点"。结点是物流基础设施比较集中的地方。

根据功能可以将结点分为以下三类。

(1)单一功能结点。只具有某一种功能,或者以某种功能为主。比如,专门进行储存、运输、装卸、包装、加工等单一作业,或者以其中一项为主,以其他功能为辅。

(2)复合功能结点。具有两种以上主要物流功能;具备配套的基础设施;一般处于物流过程的中间。这类结点多以周转型仓库、港口、车站、集装箱堆场等形式存在。

(3)枢纽结点。物流功能齐全;拥有庞大的配套基础设施以及附属设施;具备强大的吞吐能力;对整个物流网络起着决定性和战略性的控制作用,一旦形成便很难改变;一般处于物流过程的中间。例如,辐射全国市场的配送中心,一个城市的物流基地等。

以上三类结点主要从功能的角度划分,从单一功能结点、复合功能结点到枢纽结点,功能在不断完善,在物流网络结构中的辐射范围也在不断扩大,规划、设计和管理的难度也逐渐加大。

(三)物流网络中的线路

连接物流网络中的结点路线被称为"线路"。物流线路是实物物流以改变空间位置为主要功能的基本载体,在线路上从事的物流活动是运输。物流线路是物流网络中连接物流结点的通道,为运输工具移动和运行提供了通道,是运输工具赖以运行的物质基础。物流线路将各个地区连接起来,使物流活动能够依托线路到达这些地区,实现物资流通。

物流网络结构中的线路具有如下特点:

(1)方向性。一般在同一条路线上两个方向的物流同时存在。

(2)有限性。结点是靠线路连接起来的,一条线路有起点和终点。

(3)多样性。线路是一种抽象的表述,公路、铁路、水路、航空路线、管道等都是线路的具体存在形式。

(4)连通性。不同类型的线路必须通过载体的转换才能连通,并且任何不同的线路之间都是可以连通的,线路间转换一般发生在结点处。

(5)选择性。两个结点间有多种线路可供选择,既可以在不同的载体之间进行选择,又可以在同一载体的不同具体路径之间进行选择,物流系统理论要求两点间的物流流程最短,因此,需要进行路线和载体的规划。

(6)层次性。物流网络的线路包括干线和支线。不同类型的线路,如铁路和公路,都有自己的干线和支线,各自的干线和支线又分为不同的等级,如铁路一级干线、公路二级干线等。

(四)物流网络的实质

物流网络不是由孤立的结点或线路组成的,而是通过它们之间的有机联系形成的。尽管结点和线路本身都是孤立的、静止的,但是采用系统方法将它们有机结合起来后,所形成的物流网络则是充满联系的、动态的。一个结构合理的物流网络直接决定着物流系统的效率和效益。

在现代物流网络中,结点对优化整个物流网络起着重要作用。从发展来看,它不但执行一般的物流职能,而且执行指挥调度、信息等神经中枢的职能,是物流网络的灵魂所在。

第四节 物流系统分析

一、物流系统分析的内涵

物流系统分析是指从物流系统的最优出发，在选定系统目标和准则的基础上，利用科学的分析工具和方法，分析构成系统的各级子系统的功能及其相互关系，以及系统与环境之间的相互影响，并对解决问题的各种方案进行优化分析和综合评价的过程。

理解物流系统分析内涵，需要把握以下几个方面的问题：

(1)物流系统分析是从物流系统的最优化出发，目的是找出解决问题的最佳方案，为决策者提供决策服务。

(2)物流系统分析要善于运用科学的分析方法和工具，特别是数理分析工具和模型，借助它们进行调研、收集、比较、分析和数据处理，以发掘系统运行不良的关键问题所在。

(3)物流系统分析的出发点主要是功能、成本、效率、安全、环保等重点问题。

对物流系统进行分析，可以了解物流系统各部分的内在联系，把握物流系统的内在规律性，进而可以对物流系统的设计、改善和优化作出较为科学的决策。物流系统分析的目的可以用图3-2表示。

物流系统问题 ⇒ 物流系统分析 ⇒ 物流系统优化

图3-2 物流系统分析目的

物流系统分析涉及的问题范围广泛，如搬运系统、系统布置、物流预测、物资供应渠道、生产物流等。其分析对象既可以是大的宏观物流系统，也可以是一个局部的子系统。物流系统分析的基础是大量的信息收集和处理，需要使用现代化信息技术手段，这样才能对实现不同系统目标和采用不同方案的效果进行深度分析比较，从而为系统评价和系统设计提供足够的信息和依据。

二、物流系统分析的要素

物流系统分析一般涉及以下问题：明确期望达到的目的和目标；确定达到预期目的和目标所需要的设备、技术条件和相应的资源条件；估算达到各种可行方案所需要的资源、费用和效益；建立各种替代方案所需要的模型，模型中标明目的、技术条件、环境条件、资源条件、时间、费用、元素间的关系；为选择最优化方案，建立一定的判断准则。在此基础上，人们总结出物流系统分析包括目的、可行方案、模型、费用和效益、评价基准等基本要素。

(1)目的。目的是决策的出发点，为了收集获得决定最优化物流系统方案所需要的各种有关信息，物流系统分析人员的首要任务就是充分了解建立物流系统的目的和要求,同时确定物流系统的构成和范围。

(2)替代方案。一般情况下,为实现某一目的,总会有几种可采取的方案或手段。这些方案彼此之间可以替换。比如,仓库的位置,可以选 A 地,也可以选 B 地、C 地。这些方案各有利弊,选择一种最合理的方案是物流系统分析需要解决的问题。

(3)模型。模型是对实体物流系统抽象的描述。它可以将复杂的问题化成易于处理的形式。即便在尚未建立实体物流系统的情况下,也可以借助一定的模型来有效地求得物流系统设计所需要的参数,并据此确定各种制约条件。同时,模型还能用于预测各替代方案的性能、费用和效益,对各种替代方案进行分析和比较。

(4)费用和效益。费用和效益是分析和比较方案的重要标志,用于方案实施的实际支出就是费用,达到目的所取得的成果就是效益。如果能把费用和效益都折合为货币形式进行比较,一般来说,效益大于费用的设计方案是可取的,反之则不可取。

(5)评价基准。评价基准是物流系统分析中确定各种替代方案优先顺序的标准。通过评价基准对各方案进行综合评价,确定出各方案的优先顺序。评价基准一般根据物流系统的具体情况而定,费用与效益的比较是评价各方案的基本依据。

以上是物流系统分析的基本要素,根据各要素之间的制约关系,可形成物流系统分析结构的概念图(见图 3-3)。

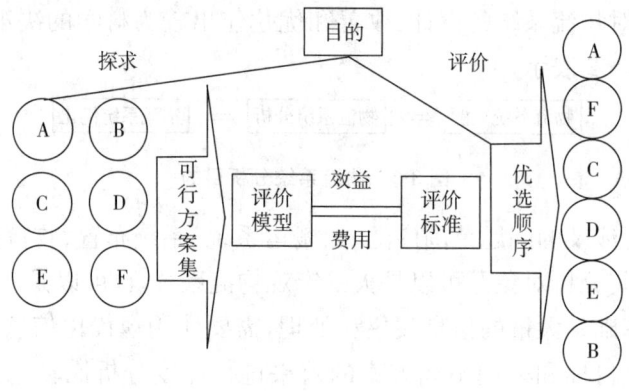

图 3-3　物流系统分析概念图

三、物流系统分析的原则

任何系统都是由多个要素所构成的,具有一定结构和功能,既受外部环境影响,又受内部要素制约。在进行物流系统分析时,要做到以下几方面的结合。

(一)外部条件与内部条件相结合

物流系统是与社会环境紧密联系的开放性系统,受外部政治、经济、文化、技术等多方面因素制约,其设计和运行受到社会环境既有状态和变化趋势的直接影响。同时,物流系统也会受物流各功能要素的影响和制约。因此,在进行物流系统分析时,既要注意对外部环境的分析,也要注意对系统内部各环节的协调,对系统内外的关联因素综合考虑,以使物流系统在一定的环境中高效运行。

(二)当前利益与长远利益相结合

所选择的方案,既要考虑目前的利益,又要兼顾长远利益。只顾当前不顾长远,会影响企业和社会的发展后劲;只顾长远不顾当前,会挫伤企业的发展积极性。只有方案对当前和未来都有利,才能使系统具有生命力。

(三)子系统与整个系统相结合

物流系统是由多个子系统组成的,并不是当所有子系统都是最优时整个系统才是最优的,而应以整体系统效能最优作为评价标准。只有当各子系统以发挥最大功能的状态组合在一起,并且使整个系统达到最优时,才为最好状态。就像一辆汽车,整车的使用年限为十年,即便轮胎的使用年限有二十年,其作用发挥也只有十年,而只有当所有的汽车零配件的使用年限都最为接近,使整个汽车(相当于整体系统)年限达到最佳时,才是最佳状态。

(四)定量分析和定性分析相结合

物流系统分析应充分发挥定量分析比较精确的优势,如成本、收益、库存量、设备利用率等很多指标可以量化分析。有些指标,如客户满意度等,可以转化为可量化的特征值(如服务等待时间、服务正确率等)。随着现代信息技术的发展和科学手段的采用,物流系统分析呈现越来越精确化的特点。但在物流系统中,仍有不少问题难以量化或无法计量,如缺货损失等,这就需要采用定性分析的方法。物流系统分析不能忽视定性分析,要将定量分析和定性分析适度结合起来,才能更好实现优化目标。

四、物流系统分析的步骤

物流系统分析过程需要回答六个问题,简称"5W1H",亦即:目的(Why,为什么?)、对象(What,为什么?)、地点(Where,在何处做?)、时间(When,何时做?)、人(Who,谁来做?)、方法(How,怎么做?)。对这六个问题的回答贯穿物流系统分析的全过程。通过对上述问题的回答,可以归纳出物流系统分析的步骤(见图3-4)。

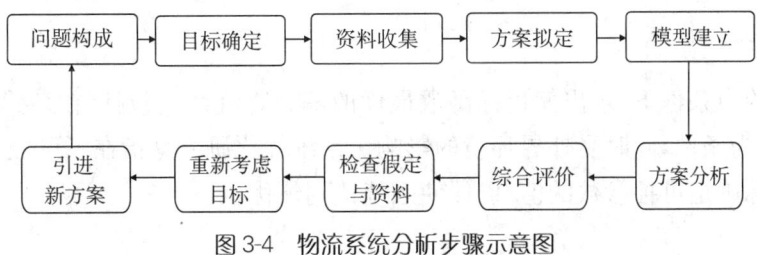

图3-4 物流系统分析步骤示意图

(1)问题构成与目标确定。确定研究分析的问题后,首先要合乎逻辑地叙述问题,以确定目标,说明问题的重点与范围,从而进行分析研究。

(2)搜集资料并寻求可行方案。在问题构成后,就要拟定大纲和决定分析方法,然后根据已搜集的有关资料找出其中的相互关系,寻求解决问题的各种可行方案。

(3)建立模型。为便于分析,应建立各种模型,利用模型预测各种方案可能产生的结果,并根据其结果定量说明各方案的优劣和价值。模型的功能在于便利思维,以便及时获得实际问题所需要的指示或线索。

(4)综合评价。利用模型和其他资料所获得的结果,对各个方案进行定量和定性分析,显示各方案的利弊得失和成本效益。同时,还要考虑各种有关的无形因素,如政治、经济、技术等,将所有因素合并考虑后得出综合结论,以确定行动方针。

(5)检验与核实。通过试验、抽样、试行等方式鉴定所得结论,提出应采取的最佳方案。

在分析过程中可利用不同模型,在不同假定条件下对各种可行方案进行比较,获得结论并提出建议。但是,方案是否可行,则是决策者的责任。

当然,对于任何问题,仅作一项分析往往是不够的,一项成功的分析是一个连续的循环。

五、物流系统分析常用的方法

(一)数学规划法(运筹学)

运筹学是一种对系统进行统筹规划,以寻求最优方案的数学方法。其具体理论与方法包括线性规划、动态规划、整数规划、排队论和库存论等。这些理论和方法可用于解决物流设施选址、物流作业资源配置、货物配载、运输线路选择、物料储存的时间与数量等问题。

(二)统筹法(网络计划技术)

统筹法是运用网络来统筹安排,合理规划系统的各个环节。它用网络图来描述活动流程的线路,把事件作为结点。在保证关键线路顺畅的前提下,安排其他活动,调整相互关系,以保证按期完成整个计划。该项技术可用于物流作业的合理安排。

(三)系统优化法

在一定约束条件下,求出使目标函数最优的解。物流系统包括许多参数,这些参数相互制约、互为条件,同时受外界环境的影响。系统优化研究是指在不可控参数变化时,根据系统目标确定可控参数的值,以促使系统达到最优状态。

(四)系统仿真

物流系统仿真就是根据系统分析的目的,在分析系统各要素性质及其相互关系的基础上,建立能描述系统结构或行为过程且蕴含一定逻辑关系或数量关系的仿真模型,并据此进行定量分析,建立一个既能满足客户要求的服务质量,又能使物流费用最低的网络系统。

(五)分解协调技术

物流系统包含的项目繁多,相互之间关系复杂,涉及面广,这给系统分析和量化研究带来一定的困难。我们可以采用"分解——协调"方法对系统和各方面进行协调平衡,处理系统内外各种矛盾和关系,使系统能在矛盾中不断调节,处于相对稳定的平衡状态,充分发挥系统的功能。

上述方法各有特点,在实践中都得到广泛的应用,其中,系统仿真技术近年来应用最为普遍。系统仿真技术的发展及应用依赖于计算机软硬件技术的发展。随着计算机科学与技术的高速发展,系统仿真研究不断深化,应用不断扩大。

本章小结

物流系统是由相互联系、相互作用的物流要素构成的提供物流服务的综合体,具有大跨度性、动态性、可分性、复杂性、背反性等特征。物流系统具有输入、输出、转换处理、限制、反馈等功能。物流系统的总目标就是要向客户提供所需要的物流服务,具体目标包括服务性、节约性、及时性、规模适当化、库存控制、安全性和可持续性。物流系统是由一系列要素组成,这些要素可分为一般要素、物质要素、支撑要素、功能要素、运动要素和设计要素等要素类型。物流系统的结构可分为流动结构、功能结构、治理结构和网络结构等结构。物流系统分析,是从物流系统的最优出发,在选定系统目标和准则的基础上,利用科学的分析工具和方法,分析构成系统的各级子系统的功能和相互关系,以及系统和环境的相互影响,并对解决问题的各种方案进行优化分析和综合评价的过程。物流系统分析包括目的、可行方案、模型、费用和效益、评价基准等五个基本要素。物流系统分析,要坚持做到外部条件与内部条件相结合、当前利益与长远利益相结合、子系统与整个系统相结合、定量分析和定性分析相结合。

复习与讨论题

1. 系统具有哪些特性?为什么可以用系统思想来整合各项物流活动?

2. 举例(不少于3个)说明物流子系统之间的相互制约关系。
3. 物流系统有哪些目标？一次具体物流服务提供过程中，这些目标需要一视同仁吗？
4. 在进行具体物流系统设计时需要考虑哪些方面问题？
5. 物流系统的结构影响物流系统功能吗？为什么？
6. 怎样理解结点是物流网络的灵魂？
7. 简述物流系统分析的含义、原则和步骤。
8. 讨论如何用系统观念思考物流运作问题。
9. 你能举例说明一个具体的物流系统的构成吗？

 案例分析 ⇨3-1

垃圾分类是个系统工程

垃圾分类通常是指居民或其他垃圾产生者按照规定的标准和方法在源头将垃圾分成若干类别，并按照所在社区、单位或场所的要求分类投放到相应的收集容器中，收运和处理企业按照与属地政府的合同约定进行分类收集、分类运输和分类处理。同时，政府制定相应的法律法规、标准规范和政策规划等，建立和配备设施设备及体制机制，并开展组织动员、宣传教育、监督管理、考核评估和普法执法等。总体来看，垃圾分类是环环相扣的完整链条、分工合作的责任体系、复杂艰巨的系统工程、循序渐进的动态过程。

我国垃圾分类采取"四分法"，将垃圾分为可回收物、有害垃圾、厨余垃圾和其他垃圾四类。其中，可回收物、有害垃圾、厨余垃圾分别是最有用、最有害和最有干扰的组分，其余归为其他垃圾。需要强调的是，四类垃圾之间特别是厨余垃圾与其他垃圾之间的界限不是绝对的和静态的，而是相对的和动态的。

垃圾分类和资源化利用是个系统工程。垃圾分类引领了垃圾处理系统的优化升级与重构，随着垃圾分类系统的日益完善，垃圾处理的重心会更加聚焦于前端的源头减量、资源回收、能源回收。在垃圾分类的基础上，后端需要有与"四分法"相对应的处理设施：可回收物要进入资源再生利用中心；有害垃圾要进入危险废物处置中心；厨余垃圾要进入厌氧或好氧生物处理厂；其他垃圾一般会进入现代化焚烧发电厂。

近年来，我国垃圾分类工作持续深入推进。2017年，《生活垃圾分类制度实施方案》发布，确定在全国46个重点城市的城区范围内试行生活垃圾强制分类。2019年，《关于在全国地级及以上城市全面开展生活垃圾分类工作的通知》发布，将垃圾分类制度覆盖范围扩大到全国地级及以上城市。2020年，新修订的固体废物污染环境防治法施行，将垃圾分类作为固体废物污染环境防治的重要制度列入总则当中，以法律的形式确定下来，从而使推行垃圾分类成为政府的法定职责，分类投放成为产生垃圾的单位和个人的法定义务。

为统筹推进"十四五"城镇生活垃圾分类和处理设施建设工作,加快建立分类投放、分类收集、分类运输、分类处理的生活垃圾处理系统,《"十四五"城镇生活垃圾分类和处理设施发展规划》提出,到2025年底,全国城市生活垃圾资源化利用率达到60%左右,分类收运能力达到70万吨/日左右,全国城镇生活垃圾焚烧处理能力达到80万吨/日左右,并对垃圾分类系统涉及的各个垃圾品类及其衍生产物相关设施的建设与运营提出明确的任务要求。

在分类投放环节,强调加强可回收物规范管理,提升低值可回收物单独投放比例,积极推广撤桶建站、定时投放和监督指导等行之有效的分类投放模式,推广提升垃圾分类投放效果的先进经验。

在分类收运环节,强调加快建立完善的生活垃圾分类运输系统,有效衔接分类投放端和分类处理端,避免垃圾"先分后混"。生活垃圾焚烧设施建设定位于"全面推进",强调城市建成区生活垃圾日清运量超过300吨的地区,加快建设焚烧处理设施,同时全面排查评估现有焚烧处理设施运行状况和污染物排放情况。厨余垃圾处理设施建设定位于"有序开展",强调科学选择处理技术路线,着力解决产品出路问题,以集中处理为主,分散处理为辅,不宜不顾条件,盲目冒进。填埋设施建设定位于"兜底保障",强调地级及以上城市和具备焚烧处理能力或建设条件的县城,原则上不再规划和新建原生垃圾填埋设施。可回收物资源化利用设施建设定位于"健全规范",强调统筹规划建设可回收物集散场地和分拣处理中心,推动低值可回收物的回收和再生利用,推动可回收物资源化利用产业链向规模化、规范化、专业化转变。有害垃圾分类和处理强调控制收运和处置过程二次污染和环境风险。

从今年起,我国将于每年5月第四周开展"全国城市生活垃圾分类宣传周"活动。5月22日至28日是首届全国城市生活垃圾分类宣传周,主题为"让垃圾分类成为新时尚"。垃圾分类既是基层社会治理工作,又是城乡环境治理工作,兼具社会性与专业性、公益性与市场性,必须多元主体共同参与,社会各界协同投入。

垃圾分类这一"关键小事"的意义,已大大超越垃圾处理与废物资源化本身,成为我国生态文明建设的重要内容、基层社会治理的重要抓手和社会文明促进的重要载体。"十四五"期间,全国垃圾分类和处理工作将在巩固已有成果的基础上,着力补短板、长链条、调结构、促提升,迈出从量变走向质变的步伐。

资料来源:刘建国. 垃圾分类是个系统工程[N]. 经济日报,2023-06-21.(有修改)

问题讨论

1. 为什么对推动垃圾分类工作要高度重视?
2. 为什么说垃圾分类是一个系统工程?
3. 你认为推动垃圾分类工作的主要障碍在哪些方面?

第四章 运输

 学习目标

通过本章学习,要求掌握运输的内涵、作用和原理,理解不同运输方式的特点和优缺点,了解运输的结构性问题和结构优化方向,了解运输合理化的影响因素和不合理运输的表现,掌握实现运输合理化的基本方法。

 开篇导问

空即是满

运输设备无论是处于满载状态还是处于非满载状态,其资金成本近乎相同。承运人必须承担固定成本,该成本与运输工具所承运货物的数量无关。例如,司机工资、设备折旧、融资成本、管理费用、合规费用以及保险费用等与承运量无关的成本,几乎占据货车运行成本的70%(燃油成本在另外30%中占大部分)。货车能源效率研究显示,因为存在空气阻力、发动机能效损失、空车重量等与货物无关的因素,这些因素同样对燃油成本产生影响,所以空车与满载车辆的燃油成本相差较小,一辆空车的燃油消耗量约为满载车辆燃油的3/4。值得关注的是,轮胎磨损是另一个重要的成本因素。

过路费(不只在公路上)与载重也并无必然联系。例如,轮船通过巴拿马运河的通行费是依据轮船的集装箱容量进行计费的,空载轮船支付的费用仅比满载轮船少20%,客轮同样需要为空舱位支付80%的费率。此外,除集装箱船外的其他船只,甲板上的集装箱无论为空箱还是满箱,每个箱子均需支付相同的费用。运输工具满载与非满载之间的这种微小成本差异,促使承运人尽可能使运输工具达到满载状态,同时也要求发货人在运营过程中尽可能考虑以满载货物批量发货,否则只能等待凑足满载货单后再发货。

问题思考

你是怎样理解"空即是满"的?

运输作为物流的主体功能和核心要素,是物流费用的主要形成者,也是物流效用的主要创造者。运输方式多种多样,每种运输方式都有其条件、优势和局限。实践中,无论是从企业层面还是社会层面来看,都存在不少不合理运输问题。物流合理化在很大程度上依赖于运输合理化。

第一节　运输概述

一、运输的概念

运输是指利用载运工具、设施设备及人力等运力资源,使货物在较大空间上产生位置移动的活动。其中,它包括集货、分配、搬运、中转、装入、卸下、分散等一系列环节。

根据运输在社会再生产中环节不同,运输分为生产领域运输和流通领域运输。生产领域运输一般在生产企业内部进行,包括原材料、在制品、半成品和产成品的运输,直接为物质产品生产服务;流通领域运输则是作为流通领域里的一个重要环节,在大范围内,将货物从生产地向使用地移动,也包括货物从生产地向物流网点和从物流网点向使用地的移动。

为了区别生产领域运输和流通领域运输,以及长途与短途运输,通常把生产领域运输称为"搬运",把从物流网点到用户短途、小宗货物的末端运输称为"配送"。

二、运输的作用

(一)运输是社会物质生产的必要条件

马克思将运输称为"第四个物质生产部门",认为运输是生产过程的继续。这个"继续"虽然以生产过程为前提,但如果没有这个"继续",生产过程就不能最后完成。虽然运输不同于一般生产活动,它不创造新的物质产品,不增加社会产品数量,不赋予产品新的使用价值,只变动其所在的空间位置,但这一变动使生产能继续下去,使社会再生产不断推进。因此,从这个角度将其看成一种物质生产部门,或者物质生产部门的一个组成部分是有道理的。

(二)运输是物流空间效用的创造者

同种物品在不同的空间场所,其使用价值的实现程度不同,效益的实现也不同。通过改变场所能更大程度地发挥使用价值,提高产出投入比,这就是运输的"空间效用"。通过运输,将"物"运到空间效用更高的地方,能够挖掘"物"的潜力,实现资源的配置优化。从这个意义来讲,也相当于通过运输提高了物的使用价值。

(三)运输是第三个利润源的主要源泉

首先,运输是运动中的活动,空间范围广,管理复杂,和静止的保管不同,要靠大量的动力消耗才能完成。其次,从费用构成上看,运输费用在物流总费用中占有很大的比例,具有显著的节约潜力。2023年,在我国社会物流总费用中,运输费用为9.8万亿元,占53.7%。最后,由于运输总里程远,运输总量大,通过运输合理化可大大缩短运输的吨公里数,从而获得比较大的节约(图4-1反映2023年我国物流费用占比结构情况)。

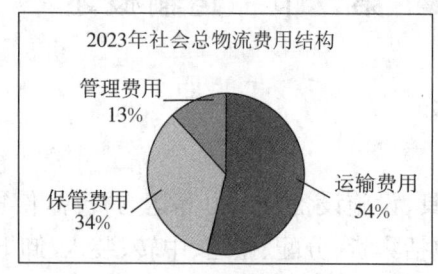

图4-1　2023年我国社会总物流费用占比结构

三、运输的原理

运输原理是指一次运输活动中降低运输费用、提高运输效益的基本途径和方法,是运输管理和运营活动最基本的指导原理,主要包括规模经济原理、距离经济原理、速度经济原理和密度经济原理。

(一)规模经济原理

运输规模经济是指装运规模的增大引起每单位重量运输费用下降的现象。例如:整车运输的每单位费用低于零担运输;铁路和水路等运输能力较大的运输工具,每单位的费用要低于汽车和飞机等运输能力较小的运输工具。运输规模经济之所以产生,是因为与转移一批货物有关的固定费用是按整批货物重量分摊的,一批货物越重,每单位重量分摊的费用就越低。规模经济原理要求在运输实践中,应尽可能充分利用运输工具的运载能力,尽量把小规模货载量合并起来,力求做到满载满负荷运输。

(二)距离经济原理

运输距离经济是指每单位距离的运输费用随运输距离的增加而下降的现象。在货物运输过程中,运输工具装卸所发生的固定费用需要分摊到每单位距离,距离越长,每单位距离分摊的费用越低。例如,货物运输距离由500公里延长到1000公里,每公里分摊的费用会有一定幅度的下降,主要是因为每公里分摊的装卸费用相应减少了一半。距离经济原理要求在货物运输的全程尽可能减少货物装卸的次数、难度,降低装卸总费用,如采用托盘一贯化运输、驮背运输等运输方式。

(三)密度经济原理

密度经济原理是指单位重量的运输费用随运输货物密度的提高而下降的现象。密度是重量和体积两个要素的组合。重量和体积这两个要素之所以重要,是因为运输费用通常表示为每单位重量的费用大小。以吨公里来计算运费的方式也很常见。就重量和体积而言,载货容积对运输工具的影响比载货重量更为显著。高密度的产品能够将相对固定的运输费用分摊到更多的重量上,从而降低货物单位重量的运输费用。在载货容积一定的情况下,要尽量增加产品密度,以充分利用运输工具的载货空间。

(四)速度经济原理

运输速度经济是指完成特定的运输所需的时间越短,其效用价值越高。一方面,运输时间缩短,使单位时间内的运输量增加,与时间有关的固定费用分摊到单位运量上的费用减少,如运输管理人员的工资、固定资产的使用费、运输工具的租赁费等。另一方面,由于运输时间缩短,货物在运输工具中停滞的时间缩短,从而使到货提前期变短,有利于减少库存、降低存储费用。当然,速度快的运输方式其成本一般也较高。因此,应综合权衡运输速度与运输成本,选择合适的运输方式。在运输方式一定的情况下,尽可能加快运输各环节的速度,并使各环节更好地衔接。

第二节 运输的方式

一、按运输工具分类

(一)公路运输

公路运输是使用公路设施与设备运送货物的一种运输方式。公路运输是最普及的运输方式之一。其最大优点是在空间和时间方面具有充分的自由性,不受路线和停车站的约束,只要没有特别的障碍(如壕沟、过窄的通道等),汽车都可以到达。因此,公路运输可以实现从发货人到收货人之间门对门直达输送。由于减少了转运环节,货物包装可以简化,货物损伤、丢失和误送的可能性较小。

公路运输也存在一系列局限性:公路运输的运输单位小,运输量和汽车台数与操作人员数成正比,产生不了大批量输送的效果;动力费和劳务费较高,特别是长距离输送中缺点较为明显。此外,由于在运行中司机自由意志起主要作用,容易发生交通事故,对人身、货物、汽车本身造成损失;汽车数量的增多,容易造成交通阻塞,使汽车运行困难,同时产生的废气、噪声也造成了环境污染。

(二)铁路运输

铁路运输是使用铁路设施、设备运送货物的一种运输方式。铁路运输主要承担长距离、大数量的货运任务,是陆地长距离运输的主要方式。在没有水运条件的地区,几乎所有大批量货物都是依靠铁路来进行运送。铁路运输可以分为车皮运输和集装箱运输。

铁路运输的优点是很少受天气影响,具有较高的连续性和可靠性,运输能力大,安全程度高,运送速度快,运输成本低。但是,铁路运输建设投入大、只能在固定线路上行驶、灵活性差、需要与其他运输方式配合与衔接。铁路运输基本上是距离长、运输速度慢的原材料(煤、原木和化工品)和价值低的制成品(食品、纸张和木制品),且一般运输至少一整车皮的批量货物。但铁路运输货物滞留时间长,不适宜紧急运输。

(三)水路运输

水路运输是使用船舶或其他水运工具,在江、河、湖、海等水域运送货物的一种运输方式。水路运输主要承担大数量、长距离的货物运输。在内河及沿海,水路运输也常作为小型运输工具使用,担任补充及衔接大批量干线运输的任务。

水路运输的优点是运输能力强,不占用或很少占用耕地,运输成本低(铁路运输成本大约是内河水运的2~3倍,汽车运输比内河运输高20~30倍),能运输超大型货物。水路运输也有一些缺点,表现为:速度慢,货物在途时间长,待运时间长;运作范围有限,受自然条件影响较大,如港口、航道、水位、季节、气候等。

(四)航空运输

航空运输是使用飞机或其他航空器进行运输的一种运输方式。航空运输由于单位成本高,主要适合运载两类货物:一类是价值高、运费承担能力很强的货物,如贵重设备的零部件、高档产品等;另一类是对时间敏感的物资,如救灾抢险物资等。不同于其他运输方式,大部分空运货物装载于客机的货舱进行输送(通常称为"机腹货运"),机腹货运的运载量比较小。

航空运输的优点是:速度快,与其他运输方式相比,高速度无疑是航空运输最明显的特征;机动性大,对于自然灾害的紧急救援以及各种运输方式物流不可到达的地方救援,均可采用飞机空投方式,以满足特殊条件下特殊物流的需求;机场基本建设周期短、投资少。

延伸阅读

管道运输的泥浆系统

管道运输泥浆系统的运输原理是,把散装固体货物碾磨成细小的可液化的微粒,并将这些微粒和液体混合,使之成为可流动的浆状,然后利用泵来抽吸,促使该物质在管道中移动,最后滤掉液体,留下固体物质。泥浆系统中最常用的液体是水,也可使用甲醇等其他一些液体。

将碾碎的煤从美国亚利桑那州北部黑梅萨露天煤矿输送到内华达州的莫哈发电站的泥浆管道,是目前正在运行的世界著名的利用管道运输的泥浆系统。该运输管道于 1970 年建成投产,全长 439 公里,管径 457 毫米,设计年输送能力 500 万吨。泥浆管道系统可用于输送磷酸盐、石灰石、铜精矿和铁精矿。

(五)管道运输

管道运输是由大型钢管、泵站和加压设备等组成的运输系统完成物料输送工作的一种运输方式。其运输是靠物体在管道内顺着压力方向循序移动实现的,和其他运输方式重要的区别在于管道设备是静止不动的。管道运输的优点是运量大(管径为 1200 毫米的管道年输送能力可达 1 亿吨),比较环保,可以长期稳定使用,安全性高,成本低廉。

管道运输在适用范围上有一定的局限性,只适合于长期定向、定点输送,且输送范围受限。若输量变换幅度过大,则管道的优越性难以发挥。它一般适用于气体、液体的运输,以及粉粒体的近距离运输,运输速度比较慢。表 4-1 是不同运输方式的成本比较。

表 4-1 各种运输方式的固定成本以及可变成本的比较

铁路:设备、站点、铁轨等固定成本较高,可变成本较低
公路:固定成本较低(公路是由国家、公众出资建设的),可变成本适中(燃料费、维修费等)
水路:固定成本适中(船只和设备),可变成本较低(能够运送大吨位货物)
管道:固定成本最高(通行权、建设费用、设置控制站点、泵送能力),可变成本最低(不存在大量的劳动力成本)
航空:固定成本较低(飞机、物料搬运和货运系统),可变成本较高(燃料费、劳动力成本和保养维修费等)

二、按运输线路分类

(一)干线运输

干线运输是指利用道路的主干线路,或者固定的远洋航线进行大批量、长距离运输的一种方式。干线运输的距离长,运力集中,能让大量的货物能够迅速地进行大跨度的位移。通常情况下,干线运输要比使用相同运输工具的其他运输方式快得多,成本也会更低,是长距离运输的主要形式。当然,仅有干线运输还不足以形成完整的运输网络,合理的运输离不开其他辅助的运输手段。

(二)支线运输

支线运输是相对于干线运输而言的,它是指以干线运输为基础,对干线运输起辅助作用的一种运输方式。支线运输作为运输干线与收发货地点之间的补充运输，主要承担运输链中从供应商到运输干线上的集结点以及从干线上的集结点到配送站之间的运输任务。

干线与支线是相对的。如果将京广线的一些支线运输线路放到一个相对较小的范围，如一个省或邻近的一两个省，它们又可以被看成运输干线。一般来讲，支线运距相对于干线要短一些，运输量也要小一些。同时，支线的建设水平往往也低于干线，运输工具也相对差一些。所以，支线运输的速度一般较慢，相同运距所花费的时间可能会更长。干线与支线运输的结合是运输布局的客观要求。

（三）二次运输

二次运输是一种补充性的运输方式。它是指经过干线与支线运输到站的货物，还需要再从车站运至仓库、工厂或集贸市场等指定交货地点的一种运输方式。一般情况下，二次运输的运输路程短、运输数量小。但由于该种运输形式主要用于满足单个客户的需要，缺乏规模效应，其单位运输成本往往还会高于干线与支线运输的单位成本。

（四）厂内运输

厂内运输只存在于大型或超大型工业企业中。在这些企业内部，为了克服不同生产环节之间的空间差异而进行的运输称为"厂内运输"。厂内运输通常会发生在车间与车间之间或者车间与仓库之间。而在一般中小型企业内部及大型企业的仓库内部进行的该类活动，都不能称为"运输"，而只能称作"搬运"。

三、按运输是否换载分类

（一）直达运输

直达运输是指货物由发运地到接收地，采用同一种运输方式且中途不需要中转的运输组织方式。直达运输降低了货物因多次转运换装而损失的风险，提高了运输速度。对于承运人来说，直达运输能使其在较短的时间内完成运输任务，达到提高运输效率、加快运输工具周转的目的。

（二）中转运输

中转运输是指货物由发运地到接收地，中途经过至少一次落地、换装、铁路解编或公路甩挂的运输组织方式。中转运输是干线与支线运输之间有效衔接的桥梁。中转运输可以将运输化整为零或化零为整，达到方便客户、提高效率的目的。在运输过程中，中转作业可以充分发挥不同运输工具在不同路段上的运输优势，实现运输的节约和增效。中转运输的缺陷主要是中转换装环节会占用大量的作业时间，花费大量的物流费用，导致物流时间的延长和成本的增加。

第三节　运输的结构

一、公路、铁路、水路、航空、管道等线路运输的使用

公路、铁路、水路、航空、管道等线路是实物物流以改变空间位置为主要功能的基本载体。有时根据需要,货物可能是通过前面几种线路协作完成一次货物运输任务。不同的线路运输方式,因技术经济特征不同,运输的优势和局限不一样。无论是从企业层面还是社会层面来看,都有一个合理选择线路运输的问题。

运输服务的实际承担者,选择某种线路进行具体货物的运输,一般会考虑线路的运输成本、速度、可靠性、能力、柔性等,选择最适合这种货物的线路进行运输。例如:某种货物进行长距离运输,如果有公路和铁路可供选择,则一般可能选择铁路运输;如果运输距离短,则一般会选择公路运输。图 4-2 是基于里程的不同线路运输的成本比较。

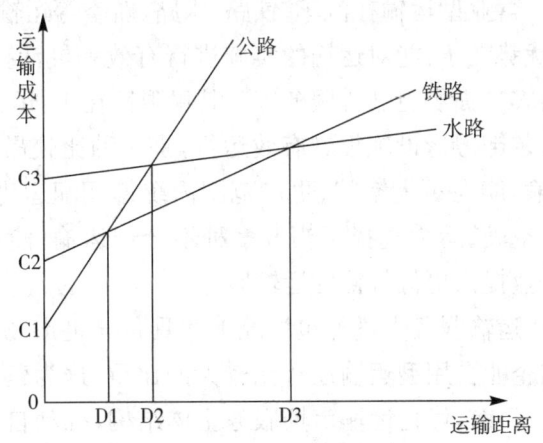

图 4-2　不同线路运输方式成本比较

国民经济中最基本的运输线路,主要是公路、铁路、水路、航空、管道等。一年之中,这些不同线路承担的运输量在全国总运输量中的占比情况,是国家运输结构的一个基本反映。从这种运输结构中,可以看出全国运输的合理化水平。

2023 年,我国全年货物运输总量达 556.8 亿吨,其中,公路运输量为 403.4 亿吨,占比接近 3/4(图 4-3 反映 2023 年我国不同线路运输货物运输量占比状况)。我国目前公路运输占比过高,能源消耗严重,碳排放量大,铁路运输、水路运输还没有得到很好的运用,运输服务线路结构不合理现象严重。需要深入推进运输线路结构调整,积极构建以铁路、船舶为主的中长途货运系统,推动大宗货物和中长途货物运输"公转铁""公转水"。

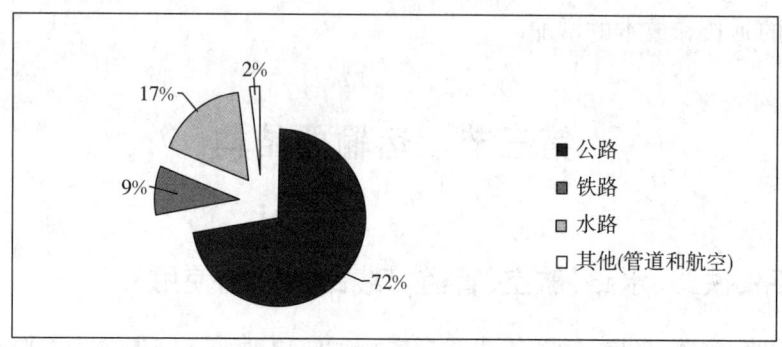

图4-3 2023年我国社会货物运输总量占比结构

二、自用型运输和营业型运输的使用

根据运输服务提供的主体不同,运输服务可分成自用型和营业型两种形态。自用型运输是指生产经营企业利用自己运输工具为自己提供货物运输服务。自用型运输在卡车运输业中极为普遍。美国著名的自用型运输企业包括沃尔玛、美国食品和可口可乐公司等大型企业。与自用型运输相对的是营业型运输,即以运输服务作为经营对象,为他人提供运输服务。营业型运输在汽车、铁路、水路、航空等运输行业中广泛开展。

企业自用型运输优势在于:能对运输的实施进行有效和灵活控制;能借用运输设备充当移动广告牌;能为客户提供更贴心服务等。其局限性在于:运力很难得到充分使用,配套的接、发货设施和装卸搬运设施很难有效运行,是一种比较昂贵的运输。而营业性运输由于是专业化运输,能在更大空间、更广范围内统筹调配运力资源,统一安排运输工具,避免迂回、倒流、空驶、运力选择不当等多种不合理运输,使运力资源得到充分使用,从而为运输需求企业提供更低价格的运输服务。

营业型运输在企业运输服务大量外包情况下才具备充足市场。受传统经营方式和经营理念的影响,我国企业自用型运输还有比较大的比重,这为营业型运输扩量、提质、增效提供了广阔空间。目前,优化运输市场服务主体结构,推动自用型运输向营业型运输加速转变,推动运输服务社会化和专业化发展,是实现我国运输合理化的重要抓手。

三、一般运输与多式联运的使用

一般运输主要是指在运输的全部过程中,单一地采用同种运输工具,或是孤立地采用不同种运输工具,在运输过程中没有形成有机协作整体的运输形式。在某些专业领域和短距离运输中,这种运输形式还比较常见,也有一定的存在价值。但从长远来看,此类运输形式显然与社会化大生产的客观要求相背离,因此,其在社会总运量中的比重将不断下降。

多式联运是指货物由一种运载单元装载,通过两种或两种以上运输方式连续运输,并进行相关运输物流辅助作业的运输活动。通过多式联运,两种或多种运输方式紧密合作,可以扬长避短,发挥每一种运输方式的优势。例如,货车—铁路—货车,货车—航空—货车,货车—水路—货车等运输方式,可以充分发挥不同运输手段的优点,实现运输的优化。

实施多式联运要求货物在不同运输方式之间经常变换,可能导致装卸搬运费用的急剧增长,从而影响多式联运优势的发挥,而集装箱在多式联运中的使用,能较好地解决货物反复装卸搬运带来的问题。在多式联运中运用集装箱,装卸搬运的就是整个集装箱而非其内部单件货物,主要用动力机械进行,并且在铁路、卡车和水运承运人之间集装箱是可以互换的,这些措施大大降低了多式联运中货物的装卸搬运成本和难度。目前,海运和铁路运输的承运人已开发出可同时搬运多个集装箱的方法,这又减少了单独吊装和货物移动的数量。图4-4是集装箱多式联运运输流程示意图。

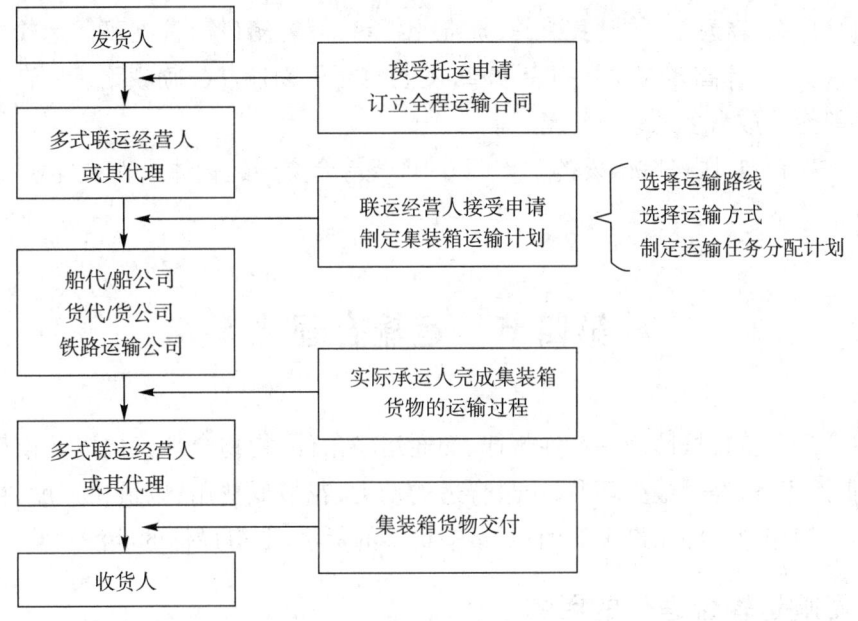

图4-4 集装箱多式联运流程示意

发展多式联运对推动我国各种运输方式深度融合、优化调整运输结构、提升综合运输效率、降低社会物流成本以及促进节能减排降碳等具有重要意义。据测算,我国多式联运占全社会货运量的比重每提高1个百分点,可降低物流总费用约0.9个百分点。为推动多式联运发展,国务院办公厅还专门印发了《推进多式联运发展优化调整运输结构工作方案(2021—2025年)》。

延伸阅读

大力发展货物多式联运

推进大宗货物和集装箱铁水联运系统建设，扩大铁水联运规模。以长江干线、西江航运干线为重点，提升江海联运组织水平。加快推进多式联运"一单制"，创新运单互认标准与规范，推动国际货运单证信息交换，探索国际铁路电子提单，逐步普及集装箱多式联运电子运单。加快多式联运信息共享，强化不同运输方式标准和规则的衔接。深入推广甩挂运输，创新货车租赁、挂车共享、定制化服务等模式。推动集装箱、标准化托盘、周转箱（筐）等在不同运输方式间共享共用，提高多式联运换装效率，发展单元化物流。鼓励铁路、港航、道路运输等企业成为多式联运经营人。

——摘自：国务院印发的《"十四五"现代综合交通运输体系发展规划》

第四节　运输合理化

运输合理化就是按照商品流通规律、交通运输条件、货物合理流向以及市场供需情况，行驶最短里程、经过最少环节、用最合适的动力、花最低费用、以最快速度，将货物从生产地运到使用地。即用最少的消耗，运输更多的货物，取得最佳的经济效益。

一、影响运输合理化的因素

运输合理化的影响因素很多，其中，起决定性作用的有运输距离、运输环节、运输时间、运输工具和运输费用五个因素，被称为合理运输的"五要素"。由于运输是物流中最重要的功能要素之一，物流合理化在很大程度上依赖于运输合理化。

（一）运输距离

在运输过程中，运输时间、运输费用、货损、车辆或船舶周转等若干运输经济指标都与运输距离有一定的比例关系，运输距离长短是衡量运输是否合理的一个最基本因素。

（二）运输环节

每增加一次运输，不但会增加总运费，还会增加运输的附属活动，如装卸、包装等，各项技术经济指标也会因此下降。因此，减少运输环节，尤其是同类运输工具的环节，对运输合理化有促进作用。

(三)运输工具

各种运输工具都有其使用的优势领域,对运输工具进行优化选择时,要根据不同的商品特点,分别利用铁路、汽运、水运、管道等不同的运输工具。选择最佳的运输线路,并合理使用运输工具,是运输合理化的重要一环。

(四)运输时间

在全部物流时间中,运输时间占比最大,尤其是远程运输。"时间就是金钱,速度就是效益",运输不及时容易失去销售机会,造成商品积压、脱销、贬值。运输时间的缩短有利于运输工具加速周转,充分发挥运力作用,取得更好的效益。

(五)运输费用

运输费用在全部物流费用中占很大比例,运费高低在很大程度上决定整个物流系统的竞争能力。实际上,运费的降低无论是对于货主企业还是物流经营企业而言,都是运输合理化的一个重要目标。运费的高低也是各种合理化措施是否行之有效的最终判断依据之一。

上述五个要素既相互联系,又相互影响,有时甚至是相互矛盾的,如运输时间缩短了却不一定节省费用。因此,需要进行综合分析,寻找最佳方案。

二、运输不合理的表现

不合理运输是指在组织货物运输过程中,违反货物流通规律,不按经济区域和货物自然流向组织货物调运,忽视运输工具的充分利用和合理分工,装载量低,流转环节多,导致浪费运力和增大运输费用的现象。

(一)与运输结构有关的不合理运输

煤炭、矿石等大宗物资运输,明明用铁路、水运更经济,但是现实中公路运输的比例却很高。延绵几十公里的高速公路大堵车经常见诸报端,汽车消耗"高级能源"运输"低级能源"也广受诟病。公路承担大宗货物长途运输任务,既不经济,也不安全,还会带来环境污染。这是运输结构不合理的突出表现。

(二)与运输方向有关的不合理运输

1. 对流运输

对流运输也称为"相向运输""交错运输",是指同一种货物,或彼此间可以互相代用而不影响管理、技术及效益的货物,在同一线路上或平行线路上作相对方向的运送,而与对方运程的全部或一部分发生重叠交错的运输。对于已经制定了合理流向图的产品,必须按合理流向的方向运输,如果与合理流向图指定的方向相反,则视为对流运输。

在判断对流运输时,需注意隐蔽的对流运输情况。例如,不同时间的相向运输,从发生运输的那个时间看,并未出现对流,但从其造成的后果看,实质上是一种对流运输。

2. 倒流运输

倒流运输是指货物从销地或中转地向产地或起运地回流的一种运输现象。其不合理程度要大于对流运输,原因在于往返两程的运输都是不必要的,形成了双程的运力浪费。倒流运输也可以看成隐蔽对流运输的一种特殊形式。

3. 起程或返程空驶

空车或无货载行驶,可以说是不合理运输中最严重的一种形式。在实际运输组织中,有时候必须调运空车,从管理角度不能将其看作不合理运输。但是,因调运不当、货源计划不周、不采用运输社会化而形成的空驶,都是不合理运输的表现。

造成空驶的不合理运输主要有以下几种原因:能利用社会化的运输体系而不利用,却依靠自备车送货提货,往往会出现单程重车、单程空驶的不合理运输情况;工作失误或计划不周,造成货源不实,车辆空去空回,形成双程空驶;由于车辆过分专用,无法搭运回程货物,只能单程实车、单程回空周转。

(三)与运输距离有关的不合理运输

1. 过远运输

过远运输是指调运物资舍近求远,近处有资源不调而从远处调,这就导致可采取近程运输而未采取,造成了长货物运距的浪费现象。过远运输不仅占用运力时间长、运输工具周转慢、物资占用资金时间长,远距离自然条件相差大,还易出现货损,增加费用支出。

2. 迂回运输

迂回运输是舍近取远的一种运输方式,指可以选取短距离进行运输而不选取,却选择路程较长路线进行运输。迂回运输有一定复杂性,不能简单认定,只有因计划不周、地理不熟、组织不当而发生的迂回运输,才属于不合理运输。在最短距离内因有交通阻塞、道路情况不好或有对噪声、排气等特殊限制而发生的迂回运输,不能称为不合理运输。

3. 铁路、大型船舶的过近运输

在不是铁路及大型船舶的经济运行里程中,却利用这些运力进行运输,也是一种不合理运输。其原因在于火车及大型船舶在起运及到达目的地的准备和装卸过程中耗时较长,且机动灵活性不足,在过近距离中使用,发挥不了其运速快的优势。相反,装卸时间长,反而会延长运输时间。另外,和小型运输设备相比,火车及大型船舶装卸难度大,费用也较高。

（四）与运量有关的不合理运输

1. 重复运输

重复运输是指某种货物本来可以从起运地一次直运到达目的地，但由于批发机构或商业仓库设置不当，或计划不周运到中途地点（如中转仓库）卸下后，又二次装运的不合理运输现象。重复运输增加了一道中间装卸环节，增加了装卸搬运费用，延长了货物在途时间。

2. 无效运输

装运的物资中无使用价值的杂质（如煤炭中的矸石、原油中的水分、矿石中的泥土和沙石）含量过多或含量超过标准的运输，被称为"无效运输"。这里的"无效"体现在用于运输杂质的运力消耗过大。

3. 弃水走陆

当水运和陆运均可选择时，若不选择成本低的水运或水陆联运，而选择成本较高的铁路运输或汽车运输，则不能发挥水运优势。

4. 承载能力选择不当

这是一种不根据承运货物数量及重量合理选择运输工具，造成过分超载、损坏车辆或货物不满载、浪费运力的现象。实践中，经常发生的是"大马拉小车"，即装货量小，导致单位货物运输成本陡然增加。

（五）托运方式选择不当的不合理运输

对于货主而言，这是一种本应选择最好托运方式而未选择，造成运力浪费及费用支出加大的一种不合理运输。例如，应当选择整车运输却采取零担托运，应当直达却选择中转运输，应当中转却选择直达运输等，这些都属于这一类型的不合理运输。

上述的各种不合理运输现象都是在特定条件下表现出来的，在判断时必须考虑其不合理的前提条件，否则容易出现判断失误。

 延伸阅读

古人减少不合理运输的智慧

汉代的桑弘羊创设了"均输"制度，即改把贡物运送至京城为将贡物连同运费按当地市价折合为一定数量的当地土特产品，就地交给均输官，均输官除将非运往京城不可的贡物运往京城外，其余的就近出售。这样既免除了"往来烦难，物多苦恶或不偿其费"，又使官府从中赚取了利润。

元仁宗时，虞集任国子祭酒一职。他看到京市的粮食靠船从东南海运而来，这一过程极耗民力，且多发生意外，就提出建议，京市以东濒临海的地方有方圆几千里的芦苇荡,土地肥沃,若围海造田,既可以缓和东南海运之力,又可以增强京师实力。这一生产力布局建议到明惠帝时被采用,每年就近产粮一百多万石,大大节约了漕运费用。

唐以前,常平仓常设在城镇集市,农民进城卖粮费工费时。唐朝的刘晏以让利办法让商贾下乡以粮易货,减少了农民的往返费用和时间。

三、实现运输合理化的方法

(一)减少运输数量,缩短运输距离

减少运输数量的实例很多。例如,在煤炭基地建发电厂,就地利用西部煤炭发电,再将电力输往东部,可减少大量煤炭运输;在林区将采伐的树木去掉树枝,只留下树干,或在林区附近建木材加工厂,将原木加工成板材后,再运往使用地,会减少许多运输量;在农村或水果产地对粮食、蔬菜、水果进行精加工,再运往消费地,这也是减少运输量的办法。缩短运输距离的例子也很多。例如,在矿山附近建钢铁厂,在石灰岩山区建水泥厂等做法,都可以缩短运输距离。

(二)提高运输工具实载率

提高实载率可以充分利用运输工具的额定能力,减少车船空驶和不满载行驶的时间。例如,将多种货物进行配装,将轻重货物混合配载,可达到容积和载重的合理运用;在铁路运输中,整车运输、合装整车、整车分卸及整车零卸等具体措施都能提高实载率;利用合并运输或者说拼箱,在原产地某个地方将几个发货人的小批货物汇集起来发送给目的地某个地方的几个收货人。

(三)减少动力的投入

运输的投入主要是能耗和基础设施的建设,在设施建设已定型并完成的情况下,尽量减少动力投入是降低投入的核心。减少动力投入,提升运输能力的措施有:推动大宗货物运输向铁路和水运转移;加快老旧货车、不合规车辆更新淘汰;在机车能力允许情况下,加挂车皮;水运拖排和拖带法;将内河驳船编成一定队形,由机动船顶推前进;开展汽车拖挂运输;选择大吨位汽车等。

(四)推广"四就"直拨运输

"四就"直拨运输是指预先规划运输,就厂、就站(码头)、就库、就车(船)将货物分送给用户,而不予入库。"四就"可以有效减少中转运输环节。

（五）采取现代运输方法

为了提高运输效率，应积极推广运用一些新的运输模式，如多式联运、无车承运人、托盘化运输、散装化运输、集装箱运输、甩挂运输、铁路双层集装箱运输、全球卫星定位运输、智能化运输、共享运输、绿色运输、网络货运等。

延伸阅读

罗宾逊全球物流有限公司的网络货运

罗宾逊网络货运将向用户提供完整的运输解决方案作为核心业务，利用互联网技术为实际承运人和托运人提供货运服务。其货运服务网络覆盖美国全国范围，2022 全年总营业收入达 246.97 亿美元。罗宾逊同时连接 TMS 信息平台与 Navisphere 信息平台，分别对应实际承运人与托运人。托运人只需在 Navisphere 平台上进行注册，录入所需运送货物相关信息即可，这些信息通过互联互通传递给 TMS 平台，TMS 再依据托运人对运价和运输时间的要求，为托运人提供运输服务解决方案，托运人与实际承运人之间不需要直接的交易撮合。（见图 4-5）

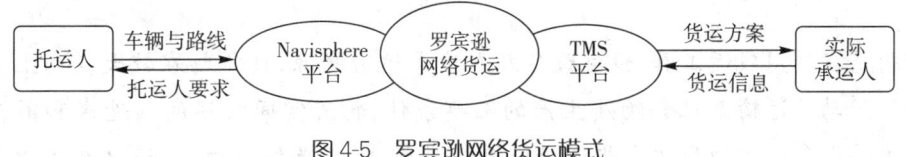

图 4-5　罗宾逊网络货运模式

（六）提升运输装备技术水平

提升运输装备技术水平的内容表现在多方面。如滚装集装箱轮船、滚装汽车轮船、载驳船、水泥罐车、罐式集装箱、平板玻璃集装箱、台架式集装箱、带辊道卡车、带尾板升降机卡车、双层集装箱火车、翼形卡车等各种专用船、专用车辆的技术开发与利用；桶形物专用托盘、平板玻璃集装架、仓库笼、模块化包装等各种集装单元的技术开发与利用等。这些与运输密切相关的技术装备水平，直接关系到运输作业效率、运输安全和运输质量。

（七）推动"互联网＋"运输服务发展

推动"互联网＋"运输服务发展，对于提高运输资源利用率、降低运输成本、提高运输效率和安全水平有着重要作用。例如，车货匹配信息平台，将货运服务需求方与货运服务提供方的信息汇聚在同一个在线平台，并利用数据分析及处理技术提高信息检索能力和匹配效率，从而更好地满足货主、车主的需求，减少因信息不对称问题造成的种种问题，提高车辆满载率。

（八）大力发展综合运输体系

综合运输体系是指各种运输方式在社会化的运输范围内和统一的运输过程中，按其技术经济特点组成分工协作、有机结合、连续贯通、布局合理的交通运输综合体。按照各种运输方式的技术特点，建立合理的运输结构，可以使各种运输方式扬其所长、避其所短，既可以扩大运输能力，又可以提高经济效益。

（九）提高运输安全性

运输安全性是指在运输过程中使运输对象达到完好无损，平安实现位移的满足程度。它包括装卸、储存、保管工作的安全和行车安全两方面。在运输过程中，凭借完善可靠的车辆设备和高度负责的驾驶、装卸工作，可以消除安全生产风险，确保货物和人员的安全，避免任何伤亡和货损货差事故的发生。

本章小结

运输是指利用载运工具、设施设备及人力等运力资源，使货物在较大空间上产生位置移动的活动。运输是社会物质生产的必要条件、物流空间效用的创造者和第三个利润源的主要源泉。运输原理主要包括规模经济原理、距离经济原理、速度经济原理和密度经济原理。运输存在公路、铁路、水路、航空、管道等不同方式，每一种方式都有自己的优势和局限性。运输的结构需要不断优化，要提高铁路和水路运输的比重，要推动运输服务的社会化进程，要大力发展多式联运。运输合理化受到运输的距离、环节、工具、时间以及费用等因素影响。不合理运输表现在运输方向不合理，运输距离不合理，运量不合理，托运方式不合理等多个方面。实现运输合理化需要：减少运输数量，缩短运输距离；提高运输工具实载率；减少动力的投入；推广"四就"直拨运输；采取现代运输方法；提高运输装备技术水平；大力推动"互联网＋"运输服务发展；大力发展综合运输体系；提高运输安全性。

复习与讨论题

1. 简述运输在物流系统中的地位。
2. 铁路运输、道路运输、水上运输、航空运输及管道运输各具有哪些优点和局限性？

3. 为什么要大力推广货物多式联运？实施多式联运的困难有哪些？
4. 影响运输合理化的因素有哪些？
5. 不合理运输有哪些表现形式？
6. 实现运输合理化可采取哪些有效措施？
7. 讨论运输是怎样影响我国物流成本的。
8. 讨论运输社会化有哪些阻力。
9. 讨论信息技术的发展会对运输带来哪些影响。

 案例分析 ⇨4-1

钢铁"驼队"动能足

中国国家铁路集团有限公司数据显示，今年上半年，受益于外贸延续稳中向好态势，中欧班列跨境运输需求旺盛，开行数量强劲增长。累计开行8641列，发送货物93.6万标箱，同比分别增长16%、30%。其中去程4620列、49.9万标箱，同比分别增长16%、29%；回程4021列、43.7万标箱，同比分别增长16%、31%。

国铁集团货运部负责人介绍，国铁集团充分发挥中欧班列战略通道作用，与沿线国家铁路部门加强合作，提升运输能力和服务品质，积极推动中欧班列高质量发展，有力保障了国际产业链供应链稳定畅通，为畅通国内国际双循环、促进沿线国家经济社会发展、服务高质量共建"一带一路"注入了强劲动能。

运输能力持续增长

"回程中欧班列运输速度快、通关效率高，在运费方面也有优势。"内蒙古二连浩特市金古源粮油有限公司负责人说。该企业主要从蒙古国、俄罗斯和中亚等国家和地区进口油菜籽、亚麻籽等，在二连浩特压榨生产菜籽油、亚麻籽油，然后销售到山西、河南、四川和京津冀等地区。不过，金古源公司原材料进口运输还是以普通列车为主，原因是中欧班列太抢手了。多数中欧班列在欧洲就已装货，能空排到蒙古国和俄罗斯的并不多。

各地铁路部门根据市场需求，不断强化基础设施建设，运输能力持续增长。今年1月份，中国铁路呼和浩特局集团有限公司将中欧班列最大编组辆数和重量分别由50辆、2500吨提高到55辆、3000吨，在同等列数的情况下，运输能力提升10%。

国铁集团货运部负责人介绍，今年以来，中欧班列列车满编率保持在99%以上，极大提升了中欧班列运输能力。同时，加强中欧班列回程货源组织，促进双向均衡运输，回程班列与去程班列比例稳定在87%以上。与国内口岸监管部门及境外铁路加强协调协作，提升口岸作业效率和交接车能力，今年1月至6月，西、中、东通道分别开行中欧班列4324列、1563列、2754列，同比分别增长19%、24%、7%，均创历史同期新高。

服务品质得到提升

1月16日,满载"陕西制造"汽车的中欧班列(西安—莫斯科)汽车出口专列从西安国际港站缓缓驶出,经新疆霍尔果斯口岸出境,在哈萨克斯坦阿腾科里站换乘铁路笼车,最终抵达莫斯科。今年上半年我国汽车出口214万辆、同比增长75.7%。随着我国汽车产业的快速发展,越来越多的车企选择通过中欧班列开展汽车出口贸易。"以七苏木铁路国际物流园发运的国产汽车为例,通过中欧班列运至俄罗斯,运输时限约为15天。较以往通过天津港运输的35天至40天时限,平均压缩了60%左右。"内蒙古亚欧国际物流有限责任公司总经理说。

中国铁路南昌局集团有限公司持续加强国际联运管理,密切关注海运价格、货源需求、地方政府补贴等变化情况制定好应对预案和措施,利用季度调图契机优化中欧班列开行方案,加强货源组织和日常管理。上半年,南铁开行中欧(中亚)班列147列,其中中欧班列113列、中亚班列34列,累计发运商品汽车国际联运计划10批次2800余辆。

不仅是汽车,各地铁路部门积极与发运企业沟通联系,进一步优化中欧班列装卸、运输等关键环节,高质量完成发运前准备工作。

5月6日,"广西防城港—安徽马鞍山"快捷冷链班列正点开出。不久前,广西沿海铁路公司得知广西物产冷链物流有限公司有一批价值200万元的冻鱼待发货,防城港车站营销科技员白雪通过多渠道调研运价,同时根据货物品名和运输里程为货主测算运费,申请优价政策,为货主量身打造装车和物流运输方案。"依托防城港'货源+政策+冷链'的多重优势运输货物,有效缩短了运输时间,每箱帮我们节约了一两千元。下一步,我们将探索开行冷链新线路,力争让更多人品尝到来自广西和东盟新鲜的海鲜和水果。"广西物产冷链物流有限公司总经理说。

"铁路部门还加强铁路95306系统研发升级,实现中欧班列开行信息自动采集、开行计划管理、货车追踪、安全装载自动检测等功能,进一步提升了中欧班列信息化管理水平。"国铁集团货运负责人表示。7月12日,在满洲里站国际联运交接所车间营业大厅,满洲里站国际联运交接所车间翻译陈鹏正在通过95306"数字口岸"系统,对返程中欧班列的运单信息进行确认和审核。"以前经常去铁路、海关等国际联运部门办理各项手续,基本办理一次业务就要去5个窗口,现在通过一台电脑就能全部完成,节省了很多时间,也增加了企业效益。"满洲里铁集国际物流有限公司现场经理李志刚说。

运输网络实现拓展

5月30日11时30分,一列装载111辆汽车、货值约294万美元的班列从阿拉山口站综保区铁路专用线缓缓驶出,开往哈萨克斯坦阿拉木图。"新疆首列综保区宽轨JSQ汽车班列顺利开行,为促进国产汽车产业发展,构建国内国际双循环新发展格局增添了新动力。"阿拉山口站运营管理科工程师马变军介绍。

今年是"一带一路"倡议提出10周年,铁路部门与沿线国家持续深化合作,加强基础设施互联互通,中欧班列成为推动"一带一路"倡议落地实施的成熟典范,为全球互联互通、共同发展注入持续动力。

国铁集团货运部负责人介绍，今年以来，铁路部门积极推动中欧班列与中老铁路、西部陆海新通道联通，探索中欧班列跨越黑海、里海南通道线路开发，推进境外通道多样性建设，努力打造"多向延伸、海陆互联"的运输服务网络。

7月7日上午，搭载着汽车零配件的"澜湄蓉欧快线"在成都国际铁路港首发。该趟班列由泰国罗勇始发，经中老铁路由老挝万象至成都国际铁路港，接续中欧班列发往欧洲，10天后抵达目的地匈牙利布达佩斯，实现了中老铁路与中欧班列的联线贯通，构建起一条全新的亚蓉欧大通道。物流运输时间最短缩短至15天，相较传统海运可节约一半以上时间。

各地中欧班列还将多式联运作为发展突破口。7月13日9时35分，湖北宜昌首发至浙江宁波的79374次集装箱铁海联运班列从宜昌东站鸣笛启程开往舟山港。随后，中国铁路武汉局集团有限公司管内马庄、息县两地车站始发的两趟铁海联运班列同日启运开往舟山港。3趟铁海联运班列将河南、湖北两地生产的物资运抵舟山港后，相关物资通过海轮转运土耳其、摩洛哥、比利时等欧洲、东南亚、非洲国家和地区。

武铁浙港公司副总经理戴铭表示，相较于传统的物流模式，铁海联运班列只需"一次申报、一次查验、一次放行"即可完成全程运输，与传统运输成本相比，降幅约为30%，碳排放等指标仅为公路的十分之一。

资料来源：齐慧. 钢铁"驼队"动能足[N]. 经济日报，2023－07－21.

问题讨论

1. 开通中欧班列有哪些重要意义？
2. 中欧班列为什么被誉为"一带一路"上飞驰的"钢铁驼队"？
3. 推动中欧班列常态化高效运行，需要在哪些方面进一步做好工作？
4. 你能否从运输原理方面分析中欧班列顺利发展的原因？

第五章 仓 储

学习目标

通过本章学习,要求掌握仓储的概念、功能与作用,了解仓储的基本种类及其特点,了解仓储作业的一般流程,理解库存控制的目的和基本方法,掌握不合理仓储的主要表现和实现仓储合理化的方法。

开篇导问

古代人对于藏粮的思考

管仲提出的"岁藏三分,十年则必有三年之余"的数量原则,一直为后世所奉循。司马光则更具体地阐述为:"大熟则上籴三而舍一,中熟则籴二,下熟则籴一。使民适足,价平则止。小饥则发小熟之敛,中饥则发中熟之敛,大饥则发大熟之所敛,而粜之,所以取有余而补不足也。"对于储存的充足与不足以及何为适量的问题,西汉刘安认为,"夫天地之大计,三年耕而余一年之食,率九年而有三年之蓄,十八年而有六年之积,二十七年而有九年之储,虽涝旱灾害之殃,民莫困流亡也。故国无九年之蓄,谓之不足;无六年之积,谓之悯急;无三年之蓄,谓之穷乏"。金太宗为备饥荒,下诏"其令牛一具赋粟一石,每谋克(三百户)为一廪贮之。"老子则对超储问题提出警告:"是故甚爱必大费,多藏必厚亡。"

问题思考

1. 中国古代人对于粮食储备问题有哪些思考?
2. 民以食为天。我国是怎样牢牢掌控粮食安全主动权的?

仓储在物流系统中占据重要地位。马克思在《资本论》中说过:"没有商品的储存就没有商品的流通。"现代仓储不仅有助于调节生产和消费的异步,还具备一系列新的战略性功能。仓储合理化就是用最经济有效的方法实现仓储的既定目标。

第一节 仓储概述

一、仓储的概念

仓储一词由"仓"和"储"两个字构成。"仓"也称为"仓库",是存放物品的建筑物和场地,如房屋建筑、大型容器、洞穴或者特定的场地等,具有存放和保护物品的功能。"储"即储存、储备,表示收存以备使用,具有收存、保管、储藏和交付使用的含义。"仓储"则为利用仓库存放、储存未即时使用的物品的行为。国家标准《物流术语》(GB/T18354—2021)将仓储定义为:利用仓库及相关设施设备进行物品的入库、储存、出库的活动。

理解仓储的含义需要注意以下两个方面的问题:

(1)相对于运输,仓储中的物品处于一种静止状态,存放在一定场所。这种静止是实体物流的一种内在需求,是物流的一种特殊状态,是一种有意义的行为。

(2)在仓储过程中,物品的量和质应尽可能不发生消极变化,如数量的减少、质量的下降、价值的降低。仓储中的物品处于静止状态,可能受自然的和人为因素的影响而出现损失,因而需要对物品进行妥善保护。

二、仓储的功能

(一)储存保管

一方面,要对进入仓库中的物品采用适当的方式和技术进行储存。例如:采用自动化立体仓库进行物品储存,以提高仓储空间利用率和作业效率;采用先进先出法储存物品,以防止物品因长期存储而出现变质。另一方面,要对进入仓储过程中的物品进行妥善保管,避免出现丢失、毁损、变质等数量和质量问题。

(二)整合运输

在仓库中,开展合并运输与分拨运输作业,通过扩大装运规模,降低运输成本。在合并过程中,仓库接收来自多个供应商的货物,然后将这些货物合并为一个大批量的货物,发往指定的目的地。在分拨过程中,仓库成规模接收一批到多个距离较近目的地的货物,然后将这些货物配送到目的地。合并和分拨作业都是利用仓储的运作能力来提高运输效率的。许多物流系统中既包括合并作业,也包括分拨作业。图5-1分别描述了这两种作业流程。

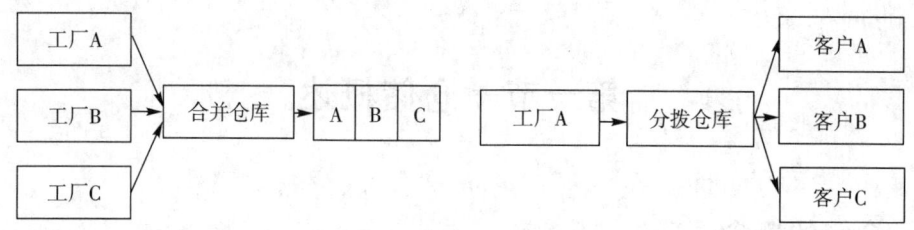

图 5-1 仓库合并与分拨作业

(三)延迟加工

加工/延期仓库可以通过承担加工或参与少量制造活动,用于延期或延迟生产。生产企业需将产品的定型、分装、组装、装潢等工序留到最接近销售的仓储环节进行,这样既能满足消费者的个性化、多样化需求,又能规避企业经营风险,降低企业经营成本。具备包装或加标签能力的仓库可以把产品的最后一道生产流程推迟到该产品的需求明确为止。

(四)运输转换

货物在仓库中,按照运输的方向分门别类地储存,当运输工具到达时出库装运。配送仓库要不断地对运输车辆进行配载,保证及时完成配送任务,并在一定程度上提高运输工具的利用率。仓库可以根据企业生产进度和销售需求,分批、分量地将仓储物配送至各个生产线和零售商店或收货人。

(五)交易中介

仓储经营人利用存放在仓库的大量有形资产,同时利用与物资使用部门广泛的业务联系来开展现货交易中介业务,有利于加速仓储物的周转,提高仓储经营效益。仓储经营人利用仓储物开展物资交易不仅能为自身增加利润,还能充分利用社会资源,加速资金运转,减少资金沉淀。交易功能的开发是仓储经营发展的重要方向。

三、仓储的作用

(一)仓储的积极作用

1. 创造时间效用

创造时间效用是仓储的主要作用。同一种东西在不同的时间具有不同的价值和效用,这就是时间效用。储存能使"物"在效用最大的时间发挥作用,从而充分挖掘其潜力,实现资源在时间上的优化配置。从这个意义来讲,相当于通过储存提高了物的使用价值。

2. 调节生产和使用

有些产品生产均衡而使用是不均衡的;有些产品生产节奏有间隔而使用是连续的;

有些产品市场供给可能出现暂时的供求缺口;有些产品可能出现价格市场的较大波动。例如,一个汽车制造商可能会购买额外数量的钢材以应付预期的钢材短缺。解决这些矛盾,需要仓库的储存作为平衡环节加以调控。仓储的这种作用被称为"调节阀""蓄水池"。

3. 衔接产品流通

产品从生产到消费,需要经过分散、集中、分散的过程,还可能涉及不同运输工具的转换运输。为了有效利用各种运输工具,降低运输过程中的作业难度,实现经济运输,产品需要通过仓储进行组装、配载、包装、成组、分批、疏散等。为了满足销售的需要,商品在仓储中进行整合、分类、拆除包装、配送等处理和存放。存放在仓库里的商品,还可以提供给购买方查看,这是大多数现货批发交易的方法,因此,仓储还具有商品陈列的功能。

4. 保障产品价值

生产出的产品在消费之前必须保持其使用价值,否则就会被废弃。这个环节需要由仓储承担,即在仓储过程中对产品进行保护、管理,以防损坏而保持其价值。同时,仓储是产品面向消费的最后一道环节,可以根据市场的消费偏好,对产品进行最终的加工改造,提升产品的附加值,以促进产品的销售,甚至增加收益。

(二)仓储的负面作用

1. 占用货币资金

库存中的每一个物品根据其价值的高低会或多或少地占用资金。仓储的物品越多,满足客户需求的可能性就越大,但同时,占用的资金也就越多。因此,仓储的存在使得资金的占用大量增加。

2. 发生库存成本

库存成本是指企业为持有库存所需花费的成本。库存成本包括为取得和维持一定规模的存货所发生的各种费用的总和,由物品购入成本、订货成本、库存持有成本(含存货资金占用成本、保险费用、仓储费用、货物损失等)等构成。

3. 掩盖管理问题

仓储的存在,使得许多问题无法及时暴露,从而得不到及时解决,这样会带来一些管理上的问题(见图 5-2)。例如,掩盖经常性发生的产品或零部件的制造质量问题。当废品率和返修率很高时,一种很自然的做法就是加大生产批量和在制品、产成品库存,掩盖供应商的供应质量问题、交货不及时问题、生产过程中以及销售过程中存在的问题等。

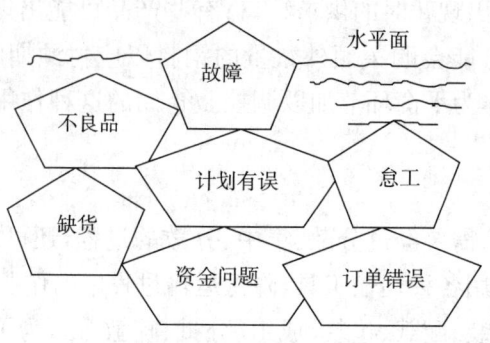

图 5-2 库存掩盖管理问题

第二节 仓储的类型

一、按仓储经营主体划分

(一)自用仓储

自用仓储包括生产企业和流通企业的自用仓储。生产企业自用仓储是指生产企业使用自有的仓库设施对生产使用的原材料、生产过程中的中间件及最终产品实施储存保管的行为。其储存的对象较为单一,以满足生产为原则。流通企业自用仓储则是指流通企业以其拥有的仓储设施对其经营的商品进行仓储保管的行为。其仓储对象内容丰富,目的是支持销售。

企业自用仓储行为不具有独立性,仅仅是为企业的产品生产或经营活动服务。相对来说,它规模小、数量多、专业性强,而仓储专业化程度低、设施简单、利用率低、成本高。企业自用仓储对库存量大、需求模式比较稳定的企业比较有利。

(二)营业仓储

营业仓储是指仓储经营者以其拥有的仓储设施,向社会提供商业性仓储服务的仓储行为。仓储经营者与存货人通过订立仓储合同的方式建立仓储关系,并依合同约定提供服务和收取仓储费。营业仓储主要包括提供货物仓储服务和提供仓储场地服务(地产类仓储)两种形式,主要是为了在仓储活动中获得经济回报,实现经营利润最大化。

营业仓储具有专业化经营性质,仓储管理水平高,设施设备比较先进,相较于自用仓储,其使用率更高,成本更低。对于很多中小企业以及需求不稳定的企业而言,选择营业仓储比较合适。

（三）公共仓储

公共仓储是指公用事业的配套服务设施，为车站、码头提供仓储配套服务。其运作的主要目的是保证车站、码头的货物作业，具有内部服务的性质，处于从属地位。但对于存货人而言，公共仓储也适用于营业仓储的关系，只是不独立订立仓储合同，而是将仓储关系列在作业合同之中。

（四）储备仓储

储备仓储是指为满足突发公共事件和国家宏观调控的需要，对备用物资进行较长时间储存和保管的活动。物资储备由政府进行控制，通过立法、行政命令的方式进行。物资储备特别重视储备品的安全性，且储备时间较长。国家储备物资主要有粮食、油料、能源、有色金属等。

延伸阅读

粮食安全是"国之大者"

粮食安全是"国之大者"，耕地是粮食生产的命根子，要落实藏粮于地、藏粮于技战略，切实加强耕地保护，全力提升耕地质量，充分挖掘盐碱地综合利用潜力，稳步拓展农业生产空间，提高农业综合生产能力。

——习近平总书记2023年7月20日在中央财经委员会第二次会议上的讲话

（五）金融仓储

金融仓储主要是指专业服务于金融业，为银行信贷提供第三方动产抵押、质押管理的专业仓储服务。融资企业以存货或仓储公司出具的仓单为质押标的，从金融机构取得融资，仓储公司对质押期间的质押物实施监管。

金融仓储不同于一般仓储。一般仓储具备存放、配送、保管、维护等功能，而金融仓储是专业服务于金融业务的仓储活动，是金融与仓储的交叉创新。金融仓储业务成为银企沟通互动的一个重要场所，为企业特别是中小企业融资提供了一个新型渠道。

二、按仓储的对象划分

（一）普通物品仓储

普通物品仓储是指不需要特殊条件的物品存储，其设备和库房建造都比较简单，适用范围较广。这类仓储只需要一般性的保管场所和设施，采用常温保管、自然通风的方式。

(二)特殊物品仓储

特殊物品仓储是指保管时有特殊要求或需要满足特殊存储条件的物品存储,如危险品、粮食、冷藏物品存储等。这类仓储必须按照物品的物理、化学、生物特性及相关法规进行仓库建设和管理,需要配备防火、防爆、防虫等专门设备。特殊物品仓储一般为专用仓储,即专门用来储存某一类物品。

(三)保税仓储

保税仓储所储存的对象是暂时进境并且需要复运出境的货物,或者是海关批准暂缓纳税的进口货物。保税仓储受到海关的直接监控,虽然所储存的货物由存货人委托保管,但保管人要对海关负责,入库或出库单据均要由海关签署。保税仓储一般在进出境口岸附近进行。

三、按仓储的功能划分

(一)储存仓储

储存仓储是为物品提供较长时期存放的仓储。由于物品存放时间长,单位时间存储费用要求比较低廉。储存仓储一般在较为偏远的地区进行。储存仓储的物品较为单一,品种少,但存量大且存期长,因而要特别注意物品的质量保管。

(二)物流中心仓储

物流中心仓储是为了实现有效的物流管理,对物流的过程、数量、方向进行控制的环节,也是实现物流的时间价值的环节。它一般在一定经济地区的中心、交通较为便利、储存成本较低处进行。物流中心仓储品种较少,通常以较大批量进库,按一定批量分批出库,整体吞吐能力强。

(三)配送仓储

配送仓储也称为"配送中心仓储",是商品在配送交付给消费者之前进行的短期仓储,是商品在销售或者供生产使用前的最后储存,是商品保管和加工相结合的仓储活动。配送仓储一般在商品的消费经济区间内进行,主要职能是根据市场需要,对商品进行拆包、分拣、组配等流通加工活动,并迅速送达消费者和零售商。配送仓储物品品种繁多、批量少,需要一定量进货、分批少量出库操作,主要目的是支持销售。

(四)运输转换仓储

运输转换仓储用来衔接不同运输方式。在不同运输方式的相接处进行,如在港口、车站等库场所进行的仓储,旨在保证不同运输方式之间的高效衔接,减少运输工具的装卸和停留时间。运输转换仓储具有大进大出的特点,货物存期短,注重货物的周转作业效率和周转率。

四、按仓储物的处理方式划分

(一)保管式仓储

保管式仓储是指以保管物原样保持不变的方式进行的仓储,也称为"纯仓储"。存货人将特定的物品交由保管人进行保管,到期保管人将原物交还存货人。保管物除发生自然损耗和自然减量外,数量、质量、件数不允许发生变化。

保管式仓储还可分为仓储物独立保管仓储和将同类仓储物混合在一起的混藏式仓储。

(二)加工式仓储

加工式仓储是指保管人在仓储期间根据存货人的要求对保管物进行一定加工的仓储方式。保管物在保管期间,保管人根据委托人的要求对保管物的外观、形状、成分构成、尺寸等进行加工,使仓储物发生委托人所希望的变化。

(三)消费式仓储

保管人在接受保管物时,同时接受保管物的所有权,保管人在仓储期间有权对仓储物行使所有权。在仓储期满,保管人将相同种类和数量的替代物交还给委托人。消费式仓储特别适合保管期较短(如农产品)、市场供应价格变化较大的商品的长期存放,具有一定的商品保值和增值功能,是仓储经营人利用仓储开展经营的增值活动,已经成为仓储经营的重要发展方向。

五、按仓储空间形态划分

(一)实体仓储

实体仓储是指依托实体仓库来对物品进行仓储管理。实体仓储是仓储的主体服务,是在某一特定物理空间进行的仓储活动。作为一种传统仓储形式,实体仓储技术手段正在升级换代,仓储服务质量和水平不断提升,同时实体仓储为现代仓储服务创新提供了坚实的物质基础。

(二)虚拟仓储

虚拟仓储是指利用虚拟仓库对库存物品进行仓储管理。虚拟仓库建立在计算机和网络通信技术基础上,将地理上分散的、属于不同所有者物品储存、保管和远程控制的物流设施进行整合,形成具有统一目标、统一任务、统一流程的暂时性物资存储与控制组织,可以实现不同状态、空间、时间的物资有效调度和统一管理。

(三)云仓储

云仓储是指利用大数据、云计算对库存物品进行仓储管理。云仓,可以简单地理解为有运算能力的多仓物流网络。云仓的"云"源于云计算,即将成千上万台计算机和服务器集中在一个远程的数据中心,从而实现超级计算的模式。云仓是一种全新的仓储管理模式,借鉴此思路,将全国各区建立的分仓通过总部的一体化信息系统进行联网,实现整合资源、优化资源配置的目标,从而提升整体配送网络的市场响应速度。在云仓的管理模式中,快件可以通过总部信息管理平台直接分拨到客户就近的配送点进行配送,配送点实时接收总部指令,极大减少配送时间,提升客户体验。作为全新的智慧仓储管理模式,云仓已经在社会中被广泛使用,并且处于不断变革和创新中。基于大数据、云计算等信息技术,可以实现物流数据分析、智能化分单、优选派送组合等功能,使众多供货商在这样的"云仓"里实现线上线下一体化订单履行服务。

当然,不是简单地累积多个仓库就是云仓,如果这些仓库之间没有太多的联系和逻辑,甚至不是共同的货主,或者这些仓库都是独立运营的,则这实质上还是单仓。

第三节 仓库作业管理

一、入库作业管理

商品入库一般经过验单、接货、卸载、分类、商品点验、签发入库凭证、商品入库堆码、登记入账等一系列作业环节。对这些作业活动要进行合理安排和组织。

(一)编制入库作业计划

商品入库作业计划是根据仓储保管合同和商品供货合同,编制商品入库数量和入库时间进度的计划。它的主要内容包括入库商品的品名、种类、规格、数量、入库日期、所需仓库容量、仓储保管条件等。仓库计划工作人员需对各入库作业计划进行分析,再编制出具体的入库工作进度计划。

(二)入库前的准备

入库前的准备工作,主要包括以下几项内容。

1. 储位准备

根据预计到货的商品特性、体积、质量、数量和到货时间等信息,结合商品分区、分类和储位管理的要求,预计储位,预先确定商品的拣货场所和储存位置。

2. 入库准备

按照商品的入库时间和到货数量,预先计划并安排好接运、卸货、检验、搬运货物的作业人员。

3. 设备准备

根据到货商品的包装、重量、体积、到货数量等信息,确定检验、计量、卸货与搬运的方法,准备好相应的工具与设备,并安排好卸货站台和空间。

(三)单据核对

商品到库后,仓库收货人员首先要检查商品入库单据,然后根据入库单据开列的货品名称、单位、数量、型号等内容进行核对。

(四)初步检查验收

初步检查验收主要是对到货情况进行粗略的检查,其工作内容主要包括数量检查和包装外观检查。查看包装有无破损、水湿、渗漏、污染等异常情况。出现异常情况时,可打开包装进行详细检查,查看内部商品有无短缺、破损或变质等情况。

(五)办理交接手续

入库商品经过上述程序后,就可以与送货人员办理交接手续。如果在以上工序中无异常情况出现,收货人员在送货单上盖章签字,表示商品收讫。如果发现有异常情况,则必须在送货单上详细注明并由送货人员签字,或由送货人员出具差错、异常情况记录等书面材料,作为事后处理的依据。

(六)商品验收

商品验收是根据事先商定的检验内容对商品质量进行的检验,包括对商品的内包装、理化指标、物理特性等的检验。检验如果发现问题,则要填写质量报告单。

(七)信息处理

经验收确认后的商品,应及时填写验收记录表,并将有关入库信息及时准确地输入管理信息系统,更新库存商品的有关数据。

商品入库作业的基本业务流程如图 5-3 所示。

二、在库作业管理

商品经过入库验收,办清入库手续,进入库房货场堆码或上货架之后,商品的入库业务就此结束,接着商品的在库业务便开始了。在这个阶段,仓库要进行一系列工作,以确保库存商品安全、商品质量完好且数量准确无误。保管商品是仓库的基本职能。把好在库保管关,对于商品安全度过保管期,能够如数完好地分发出库,从而完成商品储存的任务,具有决定性的意义。

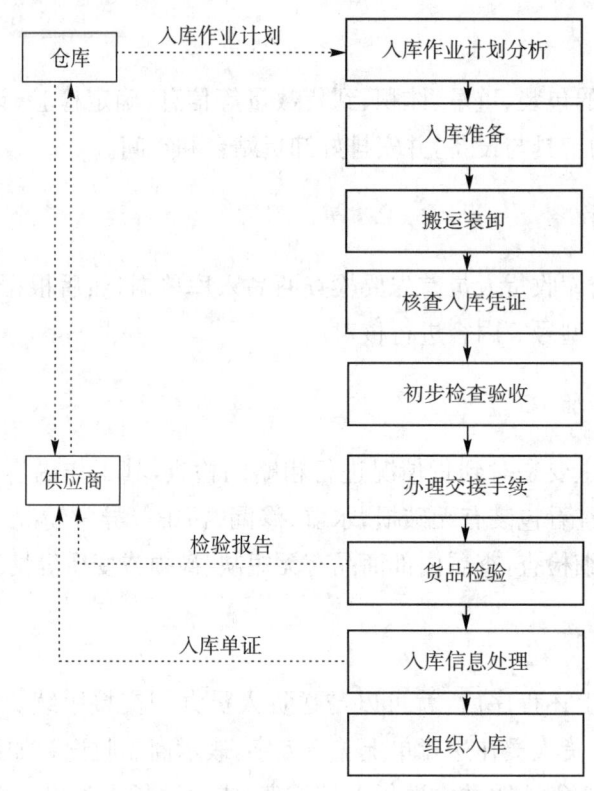

图 5-3　入库作业的基本流程

（一）分区分类

分区分类保管是仓库对仓储商品进行科学管理的一种方法。商品分区就是根据仓库的建筑、设备等条件,将库房、货棚、垛场划分为若干保管商品的区域,以满足商品储存的需要;商品分类就是按照商品大类、性质及其连带性划分成若干类,分类集中存放,以利于收发货与保管业务的进行。

商品实行分区分类,要以安全、优质、挖潜、多储、低耗为原则,在"三一致"（商品性能一致、养护措施一致、消防方法一致）的前提下进行管理。实行商品分区分类管理可以缩短收发货作业时间,合理使用仓库,有利于保管员掌握商品进出库的活动规律,熟悉商品性能,提高商品保管技术水平。

因仓库规模的大小、建筑与设备的完善程度、储存货物的种类、收发货的方式、经营范围的不同,其分区分类的方法也不尽相同,大致有以下几种分区分类方法:按货物种类和性质进行分区分类;按不同货主的储存货物进行分区分类;按货物流转方向进行分区分类;按货物危险性进行分区分类;按方便作业和安全作业进行分区分类等。

(二)货位编号

货位,即货物储存的位置。货位编号是指在分区分类的基础上,将仓库的库房、货场、货棚及货架等储存场所,划分为若干货位,按其地点和位置排列,采取统一规定编列货位的顺序号码,并作出明显标志,以便货物在出入库时按编号存取。

开展货位编号工作,一方面有利于提高收发货效率,避免出现差错。按编号收发货,便于识别货垛,缩短进出库作业时间,减少串号和错付等情况的发生。另一方面,有利于货物在库检查、盘点、对账等作业,以保证仓库账、货相符。

货位编号可以按照仓库各自不同的建筑、设备条件与业务管理需要而定,"四号定位"(四个号码分别为序号、架号、层号、位号)就是其中一种方式。

(三)盘点

在仓储作业过程中,货品不断地进出库,经过长期的累积,库存资料容易出现与实际数量产生不符的现象。或者有些产品因存放过久、养护不当,导致质量受到影响,难以满足客户的要求。为了有效地控制货品数量和质量,而对各储存场所进行数量清点的作业,被称为"盘点作业"。盘点的方法就是对库存商品进行卡(货卡)、账(商品保管账)、物(库存货物)三方面的数量核对工作。盘点形式有永续盘点、循环盘点、定期盘点和重点盘点四种。

(四)商品的维护保养

不同商品的性能不同,对储存条件的要求也不同。例如:怕潮湿和易霉变、易生锈的商品,应存放在较为干燥的库房;怕热易熔化、发黏、挥发、变质或易发生燃烧、爆炸的商品,应存放在温度较低的阴凉场所;一些既怕热、又怕冻且需要控制湿度的商品,应存放在冬暖夏凉的楼下库房或地窖。此外,性能相互抵触或易串味的商品不能在同一库房混存,以免相互产生不良影响。尤其对于化学危险物品,要严格按照有关部门的规定,分区分类安排储存地点。

三、出库作业管理

由于各种类型的仓库具体储存的商品种类不同、经营方式不同,商品出库的程序也不尽相同,但就其出库的操作内容而言,主要包括订单审核、出库信息处理、拣货、发货检查、装车和发货信息处理。一般的出库业务程序如图5-4所示。

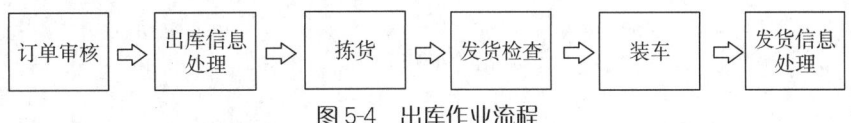

图5-4 出库作业流程

（一）订单审核

仓储业务部门在接到订单或出库单时，首先要核对单据的内容以及商品的名称、型号、数量等有无错误。审核无误后，进行出库信息处理和拣货作业。

（二）出库信息处理

出库信息处理是在完成订单审核与录入后，对货品的出库信息进行处理。它包括先进先出的安排、存货量的核检等工作。

（三）拣货

拣货作业就是依据客户的订货要求或配送中心的送货计划，尽可能迅速、准确地将商品分拣出来的作业过程。按照拣货自动化程度的不同，拣货分为人工拣货和自动拣货方式。

（四）发货检查

发货检查是对即将装车发货的商品进行再次核查。即核查订单号、货品数量、品种与规格等是否与订货信息相符。

（五）装车

装车是按照送货路线安排、时间安排和装车图，将分拣完成的货品搬运到车上的过程。装车作业要注意货品装载重心对车辆的影响，注意装载的稳定性，确保车辆行驶时货品的安全。

（六）发货信息处理

完成商品装车过程，并不等于完成商品的出库工作。只有当商品交给客户并得到确认时，才算完成商品的出库工作。在此过程中，可能会出现客户退货、商品短缺、数量不符等问题。在得到客户确认的出库单、送货单后，将完成的出库信息录入系统。出库单据是向客户收款的依据，及时更新商品的在库信息也是订货准确的保证条件。

第四节 库存控制

一、库存控制的概念

库存控制是在保障供应的前提下,使库存物资的数量合理所进行的有效管理的技术经济活动。库存控制的核心工作是确定合理的库存量。

库存控制的主要作用:一是在满足企业生产与经营需求的前提下,使库存量保持在合理的水平上;二是掌握库存量动态,适时、适量提出订货,避免超储或缺货;三是减少库存空间占用,降低库存的总费用;四是控制库存资金占用,加速资金周转。

延伸阅读

库存目标的矛盾

库存不是一个孤立的问题,它与营销问题、仓库问题、材料运输问题、采购问题、财务问题等都有着千丝万缕的联系。因此,物料管理所涉及的目标并不完全一致,有些甚至是互斥的。库存问题是企业内部不同职能部门间矛盾的根源,这种矛盾是由于不同的职能部门在涉及存货的使用问题上承担不同的任务而引起的。表 5-1 展示了企业不同部门对库存的态度。

表 5-1 各部门对库存的态度

部门	典型反应
销售	如果总是缺货或无足够的品种,就不能保住客户
生产	如果大批量生产,就可能降低单位成本,有效地经营
采购	如果整批大量购进,就能降低单位成本
财务	从哪里筹集资金来支付存货的货款?库存水平应更低些
仓储	这里已经没有货位了,什么也不能再放了

二、库存控制基本方法

何时订货是库存控制中一个关键问题。库存控制存在两种基本方法,分别为定量订货方法和定期订货方法。

(一)定量订货法

定量订货就是预先确定一个订货点和订货批量,随时检查库存,当库存下降到订货点时就发出订货,订货批量采取经济订货批量。订货点是平均每日需要量与补货周期的乘积。经济订货批量(EOQ)是通过平衡库存持有成本和订货成本核算,以实现总库存成本最低的最佳订货量。图5-4显示了库存持有成本和订货成本的特性。定量订货方式比较适合控制重要物资和关键维修零件,因为该方式对库存监控密切,对潜在缺货能较快作出反应。

利用定量订货方法必须不断监控库存水平,当库存下降至订货点时,以固定数量发出订货。随着技术的不断发展,许多企业已有能力持续对库存进行监控,可以通过电子手段确定每种物资的订货点,当库存下降到订货点时,发出新订单。目前,越来越多的订单可以通过电子方式传递。

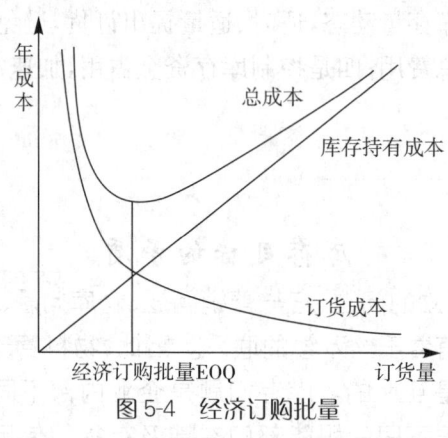

图5-4 经济订购批量

(二)定期订货法

定期订货是按预先确定的订货间隔期进行订货的一种库存管理方法。采取这种方法,订货量可能会发生波动。定期订货适用于向一个供应商采购多种物资或企业同时需要采购多种物资的情形。因为同时订购多种物资,所以在订购成本上可以充分利用规模经济效应。

定期订货不需要随时检查控制库存量,到了间隔期就提出订货,管理方式简单。但在定期订货系统中,不规则的需求模式可能会引发缺货或超储问题。

三、ABC库存控制法

一般认为,库存物资无论是在数量、价格还是在品种方面,均存在一定的差异。一些物资品种少但价格很高,相反,另一些物资品种很多但价格很低,因此,客观上给企业的库存物资管理造成了困难。如果对每种品种均予以相同管理,则是不可能的或不切合实际的。为了集中资源,更有效地开展管理,需要将管理的重点放在重要的物资上,即依据库存物资重要程度不同,分别进行不同的管理。

ABC分类法又称为"巴雷特分析法",此法的要点是把企业的物资按其金额大小划分为A、B、C三类,然后根据重要性分别对待。A类物资是指品种少、实物量少而价值高的物资,其成本金额约占70%,而实物量不超过20%,属于"重要的少数"。C类物资是指品种多、实物量多而价值低的物资,其成本金额约占10%,而实物量不低于50%,属于"不重要的大多数"。B类物资介于A类和C类物资之间。其成本金额约占20%,而实物量不超过30%。

由此可见,由于A类存货占用了企业绝大部分的资金,只要能够控制好A类存货,基本上就不会出现较大的问题。同时,由于A类存货品种数量较少,企业完全有能力按照每一个品种进行管理。B类存货就不需要像A类存货那样花费太多的精力,分类别管理即可。而C类存货则只要把握一个总金额就行。表5-2是ABC库存控制法操作机理示意表。

表5-2 ABC库存控制法操作机理示意表

类别	划分标准		控制方法	适用范围
	占储存成本比重	实物品种比重		
A	70%左右	20%左右	重点控制	品种少、单位价值高的物品
B	20%左右	30%左右	一般控制	介于两者之间的物品
C	10%左右	50%左右	简单控制	品种多、单位价值低的物品

四、供应商管理库存法

在传统的库存管理中,补充订货的数量和时间是由分销商或零售商等库存使用者决定的。相反,在供应商管理库存(VMI)模式下,补充订货的数量和时间是由制造商确定的。在操作上,VMI使得制造商有机会通过电子数据交换(EDI)系统或互联网获取分销商或零售商的销售和库存数据。虽然VMI通常用于消费品领域,但也应用于飞机、建筑设备、紧固件(如螺栓、螺丝钉)以及加热和冷却系统等工业产品。

VMI是企业经营理念的一个重大转变,原因在于企业允许另一方控制其库存。这种情况需要分销商和零售商的极大信任,因为某些不道德的制造商可能会滥用该系统,将不要的库存推向下游企业。

实施VMI的一个潜在好处是更好的库存管理,因为供应商在管理库存方面可能比其客户更熟练。实施VMI可以减少库存短缺和超储现象的发生。VMI可以使供应商更好地为其客户提供服务,因为VMI使供应商能够更好地控制何时以及如何向客户发运库存。相应地,VMI的一个缺点是,各相关方的数据分享不够充分,部分原因在于信任和控制的考量。VMI的另一个缺点是,一些员工可能会抵制转换到这种不同的新系统。另外,采用VMI的企业必须认识到,采用VMI不会立刻带来好处,反而短期内可能会出现一些偏差。

五、现代零库存控制方法

传统库存控制模式,包括ABC控制法,其关注的焦点是企业范围内从保障生产经营需要角度进行的库存控制。实际上，库存控制不仅是仓储订货决策问题，还与企业生产经营模式、企业物流利益相关者、社会物流发展、现代信息技术等有着密切关系，是一个系统性控制问题。"零库存"是现代库存发展的一个方向，这里介绍几种零库存的实现方式。

 延伸阅读

零库存管理

"零库存"是一种特殊的库存概念，它的含义是以仓库储存形式存在的某种或某些物品的储存数量很低，甚至可以为"零"的状态，即完全不保有库存。

不以库存形式存在就可以避免仓库存货的一系列问题，如仓库建设与管理费用，存货维护、保管、装卸、搬运等费用，以及存货占用流动资金和库存物的老化、损失、变质等问题。

零库存是针对某个具体企业、具体车间、具体商店而言的，是在有充分社会储备保障前提下的一种特殊形式。零库存不是广义的概念，而是一个具体的概念。虽然现代科学技术和管理技术可以把零库存的控制区域，从一个车间延伸到一个工厂，再延伸到相关的社会流通系统，但是在整个社会再生产的全过程中，零库存只能是一种理想状态，而不可能成为现实。没有社会储备的保障，没有供大于求的经济环境，微观经济领域的零库存也是很难实现的。

零库存有两种实现方式：一是依靠新的生产力，以技术手段实现零库存。采用新的技术装备和生产工艺，例如，把"岛式"生产方式改为连续生产方式，采用轮动式的生产线，可以在整个生产流程的过程中，实现环节之间、车间之间的零库存。二是依靠调整生产关系，以管理手段实现零库存。采用诸如物流联盟、供应链等企业协作的方式，采用配送的方式，采用看板管理方式等，依托信息技术，凭借准确的计划衔接，可以实现企业内部、企业内部与外部、社会流通系统某些环节的零库存。

（一）委托保管方式

受托方接受用户的委托，代存代管所有权属于用户的物资，使用户不再保有库存，甚至不再保有保险储备库存，从而实现零库存。受托方收取一定数量的代管费用。这种零库存形式的优势在于：受托方利用其专业优势，可以实现较高水平和较低费用的库存管理，用户不再设仓库、同时减少了仓库及库存管理的大量事务，集中力量于生产经营。但是，这种零库存方式主要是靠库存转移实现的，未能使库存总量降低。

(二)协作分包方式

即美国的"sub-com"方式和日本的"下请"方式。这主要是制造企业的一种产业结构形式,若干分包企业的柔性生产实现准时供应,使主企业的供应库存为零;同时,主企业的集中销售库存使若干分包劳务及销售企业的销售库存为零。

在许多发达国家,制造企业通常由一家规模很大的主企业和数以千百计的小型分包企业组成一个金字塔形结构。主企业主要负责装配和产品开拓市场的指导,分包企业各自分包劳务、分包零部件制造、分包供应和分包销售。例如,分包零部件制造的企业,可采取各种生产形式和库存调节形式,以保证按主企业的生产速率,按指定时间送货到主企业,从而使主企业不再设置一级库存,达到零库存的目的。主企业的产品(如家用电器、汽车等)也分包给若干推销人或商店销售,可通过配额、随时供给等形式,以主企业集中的产品库存满足各分包者的销售需求,使分包者实现零库存。

(三)轮动方式

轮动方式也称为"同步方式",是在对系统进行周密设计的前提下,使各个环节速率完全协调,从而从根本上取消甚至是工位之间暂时停滞的一种零库存、零储备形式。这种方式是在传送带式生产基础上,进行更大规模延伸而形成的一种使生产与材料供应同步进行,通过传送系统供应从而实现零库存的形式。

(四)准时供应系统

在生产工位之间或在供应与生产之间完全做到轮动,不但是一项难度很大的系统工程,而且需要很大的投资,同时有一些产业并不适合采用轮动方式。准时方式不是采用类似传送带的轮动系统,而是依靠有效的衔接和计划达到工位之间、供应与生产之间的协调,从而实现零库存。如果说轮动方式主要靠"硬件"的话,那么准时供应系统在很大程度上依靠"软件"。

(五)看板方式

看板方式是准时方式中一种简单有效的方式,也称为"传票卡制度"或"卡片制度",由日本丰田公司首先采用。在企业的各工序之间,或在企业之间,或在生产企业与供应者之间,采用固定格式的卡片为凭证,由某一环节根据自己的节奏,逆生产流程方向,向上一环节指定供应,从而协调关系,做到准时同步。采用看板方式,有可能使供应库存实现零库存。

(六)水龙头方式

水龙头方式是一种用户无须自己保有库存即可取用物资的零库存方式,由日本索尼公司首先采用。这种方式经过一定时间的演进,已发展成即时供应制度,用户可以随时提出购入要求,采取需要多少就购入多少的方式,供货者以自己的库存和有效供应系统承担即时供应的责任,从而使用户实现零库存。适用于通过这种供应形式实现零库存的物资,主要是工具及标准件。

（七）无库存储备

国家战略储备的物资往往是重要物资,在关键时刻可以发挥巨大作用,几乎所有国家都设有各种名义的战略储备。由于战略储备重要,一般这种储备都保存在条件良好的仓库中,以防止其受损,延长其保存年限。因此,实现零库存几乎是不可想象的事。无库存的储备,是指仍然保持储备,但不采取库存形式,以此达到零库存。有些国家将不易损失的铝这种战略物资做成隔音墙、路障等储备起来,以备不时之需,在仓库中不再保有库存就是一例。

（八）实行合理配送方式

一般来说,在没有缓冲存货的情况下,生产和配送作业对送货时间的准确性更敏感。无论是生产资料,还是成品,物流配送在一定程度上都会影响其库存量。因此,通过建立完善的物流体系,实行合理的配送方式,企业及时地将按照订单生产出来的物品配送到用户手中,在此过程中通过物品的在途运输和流通加工,减少库存。企业可以采用标准的零库存供应运作模式和合理的配送制度,使物品在运输中实现储存,从而实现零库存。

第五节　储存合理化

储存合理化是指用最经济的办法来实现仓储的功能。如果不能保证储存功能的实现,其他问题便无从谈起。但是,储存的不合理往往表现在对仓储功能实现的过度强调,是过分投入储存力量和其他储存劳动所造成的。因此,储存合理化的实质是在保证仓储功能实现的前提下尽量少投入,这也是一个投入产出关系的问题。

一、不合理储存的表现

（一）储存时间过长

储存时间从两个方面影响储存这一功能要素的效果,两者彼此消长的结果形成了储存的一个最佳时间区域。一方面,经过一定的时间,被储物资可以获得时间效用;另一方面,随着储存时间的增加,有形及无形损耗加大,这是时间效用的一个逆反因素。从时间效用角度考察,储存一定时间,效用可能增大;若时间继续增加,则效用可能下降,时间效用甚至可能出现周期性波动，因而储存的总效果是确定储存最优时间的依据。

虽然储存时间与储存的总效益之间存在复杂的关系，各种物资不能一概而论，但绝大多数物资过长的储存时间都会影响总效益，因而都属于不合理储存。

(二)储存数量过大

储存数量对储存效果的影响表现在以下两个方面。一方面，储存以一定数量形成保证供应、保证生产、保证消费的能力。一般而言，单就保证的技术能力而言，数量大可以有效地提高这一能力，但是保证能力的提高不是与数量成比例，而是遵循边际效用的原理，每增加一单位储存数量，总能力虽会随之增加，但所增加的保证供应能力(边际效用)却逐渐减少。另一方面，储存的损失随着储存数量的增加而基本上成比例地增加，储存量越大，损失量也越大；如果管理力量不能按比例增加，则甚至可能出现储存量增加到一定程度后，损失陡增的现象。

显而易见，储存数量的增加会引起储存损失无限度地增加，而保证能力增加却是有限度的，因而可以肯定地说，超出一定限度的储存数量是有害而无益的。

(三)储存数量过低

储存数量过低，会严重降低储存对供应、生产、消费的保证能力，当然储存的各种损失也会相应降低。两者彼此消长的结果是，储存数量降低到一定程度，由于保证能力的大幅度削弱会引起重大损失，其损失远远超过因减少储存量在防止库损、减少利息支出损失等方面带来的收益。因此，储存量过低也是会大大损害储存总效果的。

不过，如果能够做到降低储存数量而不降低保证能力的话，则数量的降低也不失为一种良好的现象。可以利用现代信息技术所提供的及时、准确的信息，建立有效的供应链和配送系统，来适当降低储存数量，这在数字经济时代是可以实现的，数字经济时代普遍追求的零库存就是出于这个道理。因此，不合理储存所指的数量过低是有前提条件的，即在保证能力由储存数量决定而不是其他因素决定时，储存数量过低而造成的不合理储存。

(四)储存条件不足或过剩

储存条件也从两个方面影响储存这一功能要素的效果，这两方面利弊消长的结果，要求储存条件只能在恰当范围内，条件不足或过剩，都会使储存的总效益下降，因而是不合理的。

储存条件不足，指的是储存条件不足以为被储存物提供良好的储存环境及必要的储存管理措施，因而往往造成被储物的损失。储存条件不足主要反映在储存场所简陋、储存设施不足以及维护保养手段及措施不力，不足以保护被储物。

储存条件过剩，指的是储存条件大大超过需要，从而使被储物负担过高的储存成本,使被储物的实际劳动投入大大高于社会平均必要劳动量,从而出现亏损。

(五)储存结构失衡

储存结构是指储存物在种类和数量方面的比例关系。在宏观和微观层面,被储物的比例关系时常会出现失调。这种失调表现在以下几个方面:储存物存在总量正常,但不同品种、规格、花色此有彼无的现象;储存物不同品种、规格、花色的储存期失调、储存量失调,存在此长彼短或此多彼少的失调现象;储存物储存位置失调,存在存放在过大的地理空间上或局部存放位置上该有却无、该少却多、该多却少等失调现象。

二、实行储存合理化的方法

(一)适度集中储存

适度集中储存是利用储存规模优势,以适度集中储存代替分散的小规模储存来实现合理化。集中储存是面对储存费用和运输费用这两个制约因素,在一定范围内取得优势的办法。过分分散储存,每一处储存对象有限,难以进行相互调度和调剂,需分别按其保证对象要求确定库存量。而集中储存易于调度调剂,集中储存总量可大大低于分散储存总量。过分集中储存,储存点与用户之间距离拉长,储存总量虽降低,但运输距离拉长,运费支出加大,在途时间延长,又迫使周转储备量增加。因此,适度集中是储存费用、运输费用总和维持在较低水平的储存。

(二)加速储存总周转

储存现代化的重要工作是将静态储存变为动态储存,即存储的商品越少越好,商品进出仓库的速度越快越好。储存周转速度加快,会带来资金周转快、货损小、仓库吞吐能力增加、成本下降等一系列效益。具体做法可以采用诸如单元集装存储、建立快速分拣系统、提高信息化管理水平、采用机械化自动化技术等措施,以实现商品快进快出、大进大出。在数字经济时代,近可利用数字技术支持储存周转的加速。

(三)采用有效的先进先出方式

为了保证被储物的储存期不致过长,先进先出是一种有效的方式。先进先出是仓储管理的准则之一。先进先出方式主要有:贯通式货架系统储存;"双仓法"储存;计算机存取系统储存等。

(四)提高仓容利用率

为了减少储存设施的投资,提高单位存储面积的利用率,以降低成本、减少土地占用,可以采用以下几种方法。

(1)采取高垛以增加储存高度。例如,采用高层货架仓库、集装箱等,与一般堆存方法相比,可大大增加储存高度。

(2)缩小库内通道宽度以增加储存有效面积。具体方法有:采用窄巷道式通道,配以轨道式装卸车辆,以降低车辆运行对宽度的要求;采用侧叉车、推拉式叉车,以减少叉车转弯所需的宽度。

(3)减少库内通道数量以增加储存有效面积。具体方法有:采用密集型货架;采用可进车的可卸式货架;采用各种贯通式货架;采用不依靠通道的桥式吊车装卸技术等。

(五)采用有效的储存定位系统

储存定位是指储存物位置的确定。如果储存定位系统有效,则能大大节省寻找、存放、取出的时间,节约不少物化劳动及活劳动,并能防止差错,便于清点及实行订货点等管理方式。"四号定位"和电脑定位是较为有效的两种定位方式。"四号定位"用库房号、货架号、货架层次号及货格号来标明物品储存位置。

(六)采用有效的监测清点方式

对储存物资数量和质量进行监测,不仅是掌握基本情况的需要,也是库存控制的需要。实际工作中出现的差错会使账实不符,因而必须及时、准确地掌握实际储存情况,经常与账卡核对,这无论是在人工管理还是在计算机管理下都是必不可少的。监测清点的方式主要有以下几种。

(1)"五五化"堆码法。"五五化"堆码法是我国在手工管理中采用的一种科学方法。储存物堆垛时,以"五"为基本计数单位,堆成总量为"五"的倍数的垛形。堆码后,有经验者可过目成数,大大加快人工点数的速度,且差错少。即使在数字经济时代,也不可避免有一些临时的存储需求,如建筑工地的临时仓库、开发前期的用料准备仓库以及出于各种原因暂时无法建立计算机管理系统的仓库,都需要对人工管理实行科学化。因此,中国人根据长期实践的计数习惯形成的"五五化"方式,仍是需要掌握的。

(2)光电识别系统。在货位上设置光电识别装置,该装置对被存物进行扫描,并将准确数目自动显示出来。这种方式不需人工清点就能准确地掌握库存的实有数量。

(3)计算机监控系统。利用计算机指示存取,可以防止人工存取容易出现的差错。如果在被存物上采用条码技术,使识别计数和计算机联接,则每存取一件物品时,识别装置会自动识别条码并将其输入计算机,计算机会自动作出存取记录。这样,只需查询计算机,就可了解所存物品的准确情况,而无须再建立一套对实有数的监测系统。

(七)有效利用自动化立体仓库

自动化立体仓库主要由立体货架、巷道堆垛机、出入库输送系统、信息识别系统、仓储管理(WMS)及控制软件(WCS)组成(见图5-5)。在人工智能、大数据、物联网等技术的加持下，立体仓库可以对储存物进行实时监控，全方位地提高仓库管理质量，有效地节约土地投资成本及人力资源费用，并且实现仓储的自动化与智能化，降低企业管理成本，提高物流效率。

图 5-5 自动化立体仓库示意图

（八）有效利用云仓储

传统的仓库是分割的，各自有各自的辐射半径，仓库与仓库之间不存在货物调拨，彼此的数据也互不相通，这就会出现一个仓库的库存过多、另一个仓库的库存过少的问题。云仓储通过一体化信息系统实现联网，能够实现整合仓库资源、优化资源配置的目标，从而有效降低库存总水平。

（九）实现仓储增值服务

现代仓储的典型模式就是各类物流配送中心，即物流与供应链管理中的库存控制中心、加工配送中心、增值服务中心与现代物流设备技术的应用中心。由传统仓储向现代配送中心转变，是实现仓储增值服务的重要途径。要采取积极措施使仓储货物得到高效利用，如发展仓储金融，实现仓储货物价值增值。

本章小结

仓储是利用仓库及相关设施设备进行物品的入库、储存、出库的活动。仓储具有储存保管、整合运输、延迟加工、运输转换和交易中介等功能，具有创造时间效用、协调生产和消费、衔接产品流通、保障产品价值等积极作用，也存在占用货币资金、发生库存成本、掩盖管理问题等逆作用。仓储有不同的类型，每一种都有其自身的特点。仓储作业基本流程包括入库管理、在库管理和出库管理三个方面。库存控制的核心工作是如何确定合理的库存量，基本方法有定量订货方法和定期订货方法，此外库存控制还有 ABC 控制法、供应商管理库存法和一些现代零库存控制方法。不合理仓储的表现为储存时间过长、数量过大或过低、条件不足或过剩、结构失衡。仓储合理化就是用最经济的办法实现仓储的功能。实现仓储合理化的方法包括：适当集中库存；加速储存总周转；采用有效的"先进先出"方式；提高仓容利用率；采用有效的储存定位系统；采用有效的监测清点方式；有效利用自动化立体仓库；有效利用云仓储；实现仓储增值服务。

复习与讨论题

1. 何谓仓储？仓储有哪些作用？
2. 试比较自营仓储和营业仓储。
3. 简述仓储作业的一般程序。
4. 供应商管理库存是怎样运作的？
5. 不合理仓储表现在哪些方面？
6. 你是怎样理解"零库存"的？
7. 实现仓储合理化的方法有哪些？
8. 讨论仓储增值服务的方向有哪些。
9. 云仓储的出现会消灭实体仓储吗？为什么？

案例分析 ⇨5-1

"智能大脑"统管全局？

随着物流的数字化，现代"仓储"已不仅仅是物流过程中的一个"中转站"，而是一个能够提供更精细化服务的关键节点。大数据、物联网、人工智能等在此应用，推动越来越多的智能仓走向市场。

采用"二维码＋惯性"的导航方式，100多台"地狼"AGV（智能搬运）机器人自如穿行，大大小小箱体被平稳送到工作人员手中……这是浙江省义乌市京东物流"亚洲一号"智能产业园"地狼仓"的工作场景。

"从人找货到货找人，仓储变得越来越'聪明'。"义乌"亚洲一号"仓储负责人翁波介绍，"地狼仓"每小时能完成1500个订单，比传统方式效率提高了3倍，整个"亚洲一号"智能产业园日均处理订单峰值超过7万单。

先进智能仓的背后是统管全局的"智能大脑"——智能仓储系统。"智能仓储系统，是货物从入库到在库再到出库全环节的'指挥官'。"京东物流人工智能算法专家赵巍博士举例解释，在入库环节，通过大数据和机器学习算法，可提前优化货物存储位置，"畅销货会存放在靠近拣货产线的储位,同时关联性高的货品会存放在同一个储存区,由此提升多货品订单的拣货效率。"到了出库环节,还能根据货品的长宽高,推荐合理包裹数与箱型,避免打包时出现大箱装小物、包裹数过多等问题,减少耗材浪费。智能仓储系统运用到的技术和算法会持续根据实际进行优化,目前已完成了3次大型迭代升级。

徐晓靖是义乌市忠海电子商务有限公司创始人,公司主要销售日用百货。与京东物流合作近8年来,他从最早的快递运输,逐渐向仓配一体的供应链合作深入。义乌"亚洲一号"正式运营后,他经营的商品实现了就近入仓,节省了送仓成本。此外,他的商品还被提前布置到京东物流在全国的多个仓库中,消费者在网上下单后,商品就可以从距离最近的仓库发出。"一般城市里都是当日达或次日达,稍微偏远的地方,也就晚个一天左右。"徐晓靖说。

5G网络建设的推进,也为仓储物流效率的提升提供了更多可能。去年7月,由美的、中国联通、华为携手打造的5G全连接智能制造示范工厂正式亮相。依托"5G+智慧物流"解决方案,该工厂成功实现了少人化、无纸化及物流效率的提升。

华为中国区5G行业创新负责人介绍,"5G+智慧物流"解决方案通过对货车、夹抱车、牵引车等关键要素的实时精准定位,感知车辆和对应货物的空间位置状况,做到对货物信息的实时显示、自动盘点与智能管理。相较于传统单一的定位技术,该方案具备广融合、快切换的特性,能够进一步降低环境依赖、打通数据孤岛。

国家发展改革委投资研究所副所长盛磊认为,仓储物流基础设施的数字化、网络化、智能化发展,关键是以"数据"驱动决策与执行,通过物流作业自动化、物流规划与决策智能化、物流管理与流程透明化等,与产业的制造与销售流程形成深度嵌套,达到提升物流运营效率、降低生产运行成本的目的。"对整个经济社会运行来说,智慧仓储发挥了优化资源配置、降低整体能耗、驱动产业升级的重要作用。"

资料来源:刘乐艺. 从"汗水流淌"到"智慧流动"——智慧物流加速拓宽发展"快车道"[N]. 人民日报海外版,2022年12月13日.

问题讨论

1. 本案例中,智能仓储的"智能"应用你认为体现在哪些方面?
2. 随着仓储的"智能"越来越先进,传统仓储管理中仓储合理化方法还有应用价值吗?为什么?
3. 智能仓储的发展会让仓库工作人员失业吗?为什么?

第六章 配送

 学习目标

通过本章学习,要求掌握配送的内涵、特征及功能要素,了解配送的作用与意义,了解配送的基本类型及其特点,了解配送中心的基本类型、功能和作业流程,理解不合理配送的表现形式和配送合理化的标志,掌握实现配送合理化的基本方法。

 开篇导问

日本的共同配送

日本学者汤浅和夫指出,共同配送是实现配送合理化最先进的方式之一。其核心在于打破一个公司物流合理化的局限,而与其他公司联合起来,实现进一步的合理化。共同配送的目标是集中配送量,提高配送车辆的利用率。他曾引用由13家唱片公司开展共同配送的案例来说明共同配送的效果:在开展共同配送以前,各唱片公司使用卡车运输的装载率不到50%,而实施共同配送后,提高了装载率,减少了近40%的车辆。在日本,同行业的共同配送占了绝大多数,特别是以整个行业为对象的共同配送结构引起了广泛的重视。

日本企业在配送实践中不断发展,探索出了适应不同行业、不同产品的共同配送模式。例如,日本大和运输公司实施了大件家具的共同配送,日本菱食公司以及日本关西物流中心开展了电线产品的共同配送,日本南王运送株式会社有明综合物流中心开展了百货的共同配送等。上述共同配送案例在运营模式上又有所不同。日本菱食公司的配送属于以批发商为主导、厂商共同参与的共同配送;伊藤洋华堂连锁企业的配送属于以零售商为主导、批发商与零售商共建配送中心的共同配送;大和运输公司的配送属于以第三方物流企业为主导的共同配送等。此外,还有多式联运、宅急便等配送方式也属于共同配送的范畴。

问题思考

共同配送有哪些优势?又面临哪些运作困难?

配送作为物流的功能要素之一,改变了生产和商业模式,深刻影响着社会生产生活。配送不仅降低了制造业的生产成本,也满足了社会大众对商品多元化和个性化的需求。作为物流的末端环节,配送在经济社会生活中的地位越来越重要。

第一节 配送概述

一、配送的概念与特征

(一)配送的概念

在物流活动过程中,通常把面向城市内或较小区域范围内需求者的运输称为"配送",即"少量货物的末端运输"。这是一种广义上的概念,是相对于城市之间和物流节点之间的运输而言的。然而,随着物流业的发展,人们对配送的理解与认识也在发生变化,配送的内涵也在持续演变。

国家标准《物流术语》(GBT/18354-2021)中对配送的定义是:"根据客户要求,对物品进行分类、拣选、集货、包装、组配等作业,并按时送达指定地点的物流活动。"

从配送的发展来看,配送涉及的活动越来越多,几乎包括所有的物流功能要素,是物流在小范围内全部活动的体现。一般来说,配送集装卸、包装、储存、运输于一身,通过这一系列活动将物品送达客户,而一些特殊配送还可能包括加工活动,其涵盖范围更为广泛。

(二)配送的特征

1. 配送是一种特殊的送货形式

配送是从物流据点到客户之间一种特殊的送货形式。配送的主体是专门经营物流的企业,而不是生产企业。配送进行的是中转送货,而不是直接送货。一般送货,尤其从工厂至客户的送货,往往是直达的。配送是客户需要什么送什么,不同于一般送货方式,是有什么送什么、生产什么送什么。

2. 配送是"配"与"送"的有机结合

"合理地配"是"送"的基础和前提,"送"是"合理地配"的结果。这是配送与传统送货方式的根本区别。只有"有计划、有组织"地"配",才能实现"低成本、快速度"地"送",进而有效地满足客户的需求。

3. 配送是一种综合性服务

配送是各项物流业务有机结合的整体,为客户提供的是集送货、分货、配货等功能于一体的综合业务。它与输送、运输的概念有着本质的区别。配送与运输的比较详见表6-1。

表 6-1　配送与运输的比较

内容	运输	配送
运输性质	干线、中长距离	支线、短距离
货物性质	少品种、大批量	多品种、小批量
运输工具	大型货车、火车、船舶、飞机等	小型货车或简单工具
管理重点	效率优先	服务优先
附属功能	装卸、包装	装卸、保管、包装、分拣、流通加工等

4. 配送是一项专业化的工作

以往的送货只是作为一种推销手段，而配送则是一种专业化的流通分工方式，是大生产、专业化分工在流通领域的反映。在配送过程中大量采用先进的信息技术和各种传输设备及拣选机电设备，大大提高了商品流转的速度，使物流创造"第三利润"成为可能。

5. 配送的空间范围有限

配送既要满足客户的需要，又要有利于实现配送的经济效益。远距离的物品配送往往批量小、批次多、规模经济性较差、运力浪费严重，难以实现经济合理性。因此，配送一般不宜在大范围内实施，通常仅仅局限在一个城市或地区范围内进行。

二、配送的功能要素

配送实际上是一个物品集散的过程。这一过程包括集中、分类和散发三个步骤。这三个步骤由一系列配送作业环节组成，通过各环节的相互协作，实现配送功能。这些作业环节通常被称为"配送功能要素"（配送的一般流程见图 6-1）。

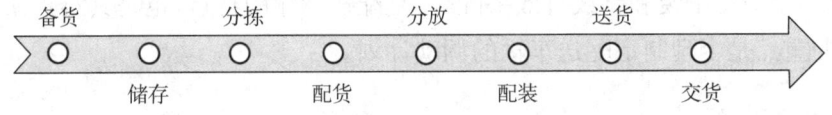

图 6-1　配送的一般流程

配送的基本功能要素主要包括备货、储存、分拣及配货、配装、配送运输、送达服务和配送加工等。

（一）备货

备货是配送的前提工作或基础工作，包括筹集货源、订货或购货、集货、进货及有关的质量检查、结算、交接等。配送的优势之一在于可以集中客户的需求进行一定规模的备货。备货是决定配送成败的初期工作，如果备货成本太高，则将大大降低配送的效益。

（二）储存

配送中的储存有储备和暂存两种形态。

储备是指按一定时期的配送经营要求所形成的对配送的货源保证。这种类型的储备数量较大，储备结构也较完善，可以有计划地确定周转储备及保险储备结构与数量。配送的储备保证有时在配送中心附近单独设库解决。

暂存是指在具体执行日配送时，根据分拣配货要求，在理货场地所进行的少量储存准备。总体储存效益取决于储存总量，这部分暂存数量只会对工作方便与否产生影响，不会影响储存的总效益。储存在数量上控制并不严格。

（三）分拣及配货

分拣及配货是配送独特的基本业务活动，也是关系到配送成败的一项重要支持性工作。分拣及配货是完善送货、支持送货准备性工作，是不同配送企业在送货时进行竞争和提高自身经济效益的必然延伸。分拣及配货是决定整个配送系统水平的关键要素。

（四）配装

当单个客户配送数量不能达到车辆的有效载运负荷时，就需要考虑如何集中不同客户的配送货物，进行搭配装载，以充分利用运能、运力，这就需要配装。和一般送货不同之处在于，配装送货可以提高送货水平及降低送货成本。配装是配送系统中具有现代特点的功能要素，也是现代配送与传统送货的重要区别所在。

（五）配送运输

配送运输是一种距离较短、规模较小、频度较高的运输形式，一般使用汽车等小型车辆作为运输工具。配送运输由于配送客户多，一般城市交通路线又较复杂，如何组合成最佳路线，如何使配装和路线有效搭配等，是配送运输的特点，也是其难点所在。配送运输管理的重点是合理制定配送车辆的调动计划。

（六）送达服务

将配好的货运输到客户还不算配送工作的完结，这是因为送货和客户接货往往还会出现不协调的情况。为了圆满地实现货物的合理移交，并有效、方便地处理相关手续并完成结算，还应重视卸货地点、卸货方式等。

（七）配送加工

在配送过程中，为了便于流通和消费，改进商品质量，促进商品销售，有时需要根据客户的要求或配送对象的特点，对商品进行套裁、简易组装、分装、贴标、包装等加工活动。

加工这一功能要素虽不具有普遍性，但其作用往往不容忽视。主要原因是通过配送加工，可以大大提高客户满意度。配送加工属于流通加工的一种，但配送加工有其独特之处,即配送加工一般只取决于客户要求,其加工目的较为单一。

三、配送的作用

(一)提高物流系统运行效率

尽管大吨位、高效率运输工具的使用使干线运输达到了较高水平,但干线运输往往需要辅助的支线运输相配合。支线运输要求具备较强的灵活性、适应性和服务性,但容易造成运力利用不合理、成本过高等问题。而配送可以在一定范围内将各种支线运输需求集中起来,提高配送车辆的运输效率,降低空载率,减少各种不合理运输,优化运输过程,从而提高物流系统的运行效率。

(二)改善末端物流效益

配送所包含的那一部分运输活动位于整个运输过程的末端运输,其起止点是物流结点至用户。采用配送方式,既可以通过增大订货批量来降低进货成本,又可以将各种用户的需求集中在一起进行一次发货,以代替过去的分散发货,从而提高末端物流的经济效益。一般性配送模式见图6-2。

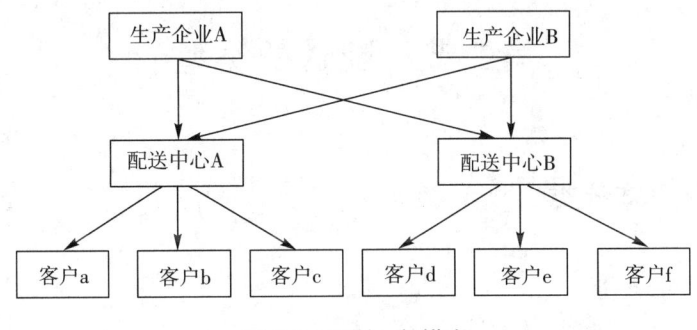

图6-2 配送一般模式

(三)有助于企业实现低库存或零库存

配送以较低的集中库存总量取代了较高的分散库存总量,并提高了供应的保证程度,可以帮助企业降低库存量,甚至实现零库存。配送企业通过提供高效服务,实现了高水平的配送,尤其是在采用即时配送、准时配送方式之后,可以有效地保证客户的经常性需求及临时性、偶然性或季节性需求,从而减轻客户的各种库存压力,降低客户的各种库存数量,甚至让客户实现零库存或只保持少量的安全库存。

(四)简化手续,方便客户

由于配送可以实施全方位的物流服务,采用配送方式后,客户只需要向配送供应商进行一次委托,就可以得到全过程、多功能的物流服务。客户不必考虑运输方式、路线及装卸货物等问题,就能在自己的工厂或流水线处接到所需物品。配送在很大程度上减轻了客户工作量,节省了客户成本,也给客户提供了便利。

(五)提高物资供应保证程度

采用配送方式,配送中心比任何单独供货企业都具备更强的物流能力,可使客户降低缺货风险。配送企业依靠自己联系面广、多方组织货源的优势,按客户的要求,及时供应物资。配送企业还可利用自己的加工能力进行加工改制,以适应客户的需要,并及时地将货物送到客户手中。配送的发展在某种程度上可以提高供应保证程度,促进整个社会生产协调快速发展。

(六)为电子商务发展提供支撑

电子商务是在互联网上开展的商品交易活动。对客户来说,商品交易最理想的状态是,凡有互联网的地方都可以上网购物。但现实是,商流可以轻松在网上实现,而最后的物流则需要在现实空间通过物的空间位移实现。因此,没有发达的末端物流配送体系的支撑,电子商务是很难充分发展的。

第二节 配送的类型

一、按配送主体分类

(一)配送中心配送

这种配送形式的组织者是专职从事配送业务的配送中心,其规模较大,专业性强,与用户建立了固定的配送关系,一般实施计划配送。因为配送中心的设施及工艺流程是根据配送需要专门设计的,其配送能力强、配送距离较远、配送品种多、配送数量大,可以承担企业主要物资的配送及实行补充性配送等任务。配送中心配送是配送的主要形式,不仅在数量上占据主要部分,还成为那些小型配送企业的总据点,因而发展速度很快,是物流社会化趋势的重要表现。

(二)仓库配送

仓库配送是以一般仓库为据点进行配送的形式。它既可以将现有仓库改造成配送中心进行配送,也可以保留仓库原有功能,同时增加部分配送功能。由于不是专门按配送中心的要求设计和建立的,仓库配送的规模较小,专业化程度低,但是可以充分利用原仓库的储存设施及能力、收发货场地、交通运输线路等资源,是开展中等规模配送可供选择的配送形式,也是无须大量投资的一种配送形式。

(三)商店配送

商店配送的组织者是商业或物资经营网点。这些网点规模一般不大,但经营品种较为齐全。除商品零售业务外,商店还可根据用户要求将本店经营的产品配齐,或代用户外购一部分本店平时不经营的商品,和商店经营的商品一起配齐送给用户。从某种意义上讲,商店配送属于一种销售配送。这种配送形式的组织者实力有限,往往只涉及小量、零星商品的配送。但是,这种配送由于网点多、配送半径小、比较机动灵活,可以承担生产企业非主要生产用物资的配送以及面向用户个人的配送,是配送中心配送的辅助及补充形式。

(四)生产企业配送

这种配送形式的组织者是生产企业,尤其是进行多品种生产的企业。这些企业可以通过自己的配送系统直接进行配送,无须将产品发运到配送中心进行中转配送。由于避免了一次物流中转,该配送形式具有一定优势,在地方性较强的产品生产企业中应用较多,如就地生产、就地消费的食品、饮料、百货等;在生产资料方面,某些不适于中转的化工产品及地方建材也采取这种方式。

二、按配送时间和数量分类

(一)定时配送

定时配送是按双方事先规定的时间间隔进行的配送,如每隔数天或数小时进行一次等。每次配送的品种和数量可按计划执行,也可在配送前通过一定的联络方式商定。这种方式时间固定,便于接货方安排接运人员和接运作业,也易于配送方安排配送计划和设备使用,有利于组合多个用户开展共同配送,从而降低配送成本。但若配送品种和数量发生临时性变化的通知较晚,尤其是当配送要求与常规变化较大时,配送方的配货和配装工作可能会更紧张,难度也会增大。

(二)定量配送

定量配送是按规定批量在一个指定时间范围内进行的配送。由于配送数量固定,备货工作相对简单。又由于时间不严格规定,可以将不同用户所需物品凑整装车后配送,运力利用较为充分。对于用户而言,每次接货都是同等数量,有利于仓位、人力、物力的准备。定量配送还有利于充分发挥集合包装的优越性,运用托盘、集装箱及相关运输设备,提高配送效率。

(三)定时定量配送

定时定量配送是按规定的时间和数量进行的配送。它是一种精密的配送服务方式,兼具定时配送和定量配送两种方式的优点,但管理和作业的难度较大,对配送企业的服务要求较为严格。由于适合采用这种配送的用户不多,很难实行共同配送,因而成本较高,难以成为普遍方式,主要适用于大量而且稳定生产的汽车、机电、家电产品的供应物流。

(四)定时定线配送

定时定线配送在规定的运行路线上制定到达时间表,按运行时间进行的配送。用户提出配货要求并在规定的路线站及规定时间接货。这种方式有利于配送企业安排车辆和人员,可以依次对多个用户实行共同配送,无须频繁决定货物配装、配送路线、配车计划等问题,易于管理,配送成本较低,适用于消费者集中的地区。

(五)即时配送

即时配送是立即响应用户提出的即刻服务要求并且短时间内送达的配送方式。它要求在充分掌握需求地、需要量和需要品种的前提下,及时安排最佳配送路线和相应车辆实现配送。这是对各种配送服务进行补充和完善的一种方式,主要针对用户因事故、灾害、生产计划的突然变化等因素产生的突发性需求。显然,即时配送是水平较高的配送方式,但组织难度更大,需要事前做好计划。而且,即时配送的实际成本较高,难以用作经常性的服务方式。

三、按照配送商品种类和数量分类

(一)少品种(或单品种)、大批量配送

由于配送的品种少、批量大,可提高车辆利用率,实行整车运输。而且,通常不必与其他物资进行配装,即可使车辆满载,多由生产企业或配送中心直送用户。同时,配送中心的内部设施、组织计划等工作也较简单,因而这种配送的成本一般较低。

(二)多品种、小批量配送

这种配送是按用户要求,将所有品种配齐装车后送达用户。由于配送的品种较多,而每种商品的配送量不大,这种配送的作业难度大,技术要求高,配送中心设备较复杂,需要高水平的组织工作保证配送。因此,这种配送是一种高技术、高水平的配送方式,符合现代"消费多样化""需求多样化"的观念,是许多国家推崇的配送方式。

(三)成套配套配送

这种配送是为了满足企业尤其是装配型企业的生产需要,将生产每台产品所需的各种零部件配齐,按生产进度送达生产线进行组装产品。在这种配送方式中,配送企业承担了生产企业的大部分供应工作,有利于生产企业实现"零库存",从而专注于生产,与多品种、小批量的配送效果相同。

四、按经营方式分类

(一)销售配送

销售配送是以销售经营为目的、以配送为手段的配送形式。这种配送主体是销售企业,或销售企业将其作为销售战略措施,即所谓的促销型配送。销售配送的对象和客户一般是不固定的,它们的确定主要取决于市场状况。因此,配送的随机性较强,计划性较差。很多商店的送货上门服务就属于这种类型的配送。

(二)供应配送

供应配送是用户为了满足自身供应需要而采取的配送方式。它往往是由用户或用户集团组建的配送据点,集中组织大批量进货(以便取得批量折扣),然后向本企业或企业集团内的若干企业配送。例如,商业中的连锁商店广泛采用这种方式。这种方式可以提高供应水平和供应能力,可以通过大批量进货取得价格折扣优惠,达到降低供应成本的目的。

(三)销售与供应一体化配送

这种配送方式是销售企业对于那些基本固定的客户及其基本确定的所需物品,在进行销售的同时还向客户有计划地供应,既是销售者,又是客户的供应代理人。对于销售者来说,能取得稳定的客户和销售渠道,有利于扩大销售,也有利于本身的稳定持续拓展。对于客户来说,能获得稳定的供应,同时节省本身为组织供应所耗费的大量资源。这种配送有利于形成稳定的供需关系,有利于采取先进的计划手段和技术,有利于保持流通渠道的稳定。

(四)代存代供配送

代存代供配送是客户把属于自己的货物委托配送企业代存、代供,或委托代订,然后组织对本身的配送。这种配送的特点是货物所有权不发生转移,仅发生货物的位置转移,配送企业只是客户的委托代理人,仅从代存、代供中获取收益,而不能获得商品销售的经营性收益。在这种配送方式下,商物是分流的。

(五)共同配送

共同配送是指为了提高物流效率,在一定区域内对多个企业一起进行配送。共同配送分为两种方式:一种是由一个配送企业对多家用户进行配送,即由一个配送企业综合某一地区内多个用户的要求,统筹安排配送时间、次数、路线和货物数量,全面开展配送;另一种是在送货环节上将多家用户待运送的货物混载于同一辆车上,然后按照用户的要求分别将货物运送到各个接货点,或者运到多家用户联合设立的配送货物接收点上。这种配送有利于节省运力和提高运输车辆的货物满载率。

共同配送实质上实现了资源的整合,无论是对于货主和第三方物流服务商而言,还是从社会角度来讲,都具有较为显著的优势。从货主角度来看,共同配送可以降低配送成本;从第三方物流服务企业角度来看,共同配送同样可以降低他们的成本,从而间接地为其客户节省费用;从社会角度来看,共同配送可以有效地减少社会车流总量。

五、按配送专业化程度分类

(一)综合配送

综合配送是指配送商品种类较多,组织不同领域的商品在一个配送网点内对用户的配送。综合配送可以减轻客户为组织所需全部商品进货的负担,客户只需与少数配送企业联系即可解决多种需求的配送。由于产品性能、形状差别很大,综合配送在组织时技术难度较大,一般只在形状相同或相近的产品方面实行综合配送,差别过大的产品难以综合化。

(二)专业配送

专业配送是按产品性质和状态不同适当划分专业领域的配送方式。专业配送可以按专业的共同要求优化配送设施,优选配送机械及配送车辆,制定适应性强的工艺流程,从而大大提高配送各环节的工作效率。流通实践中的水泥、平板玻璃、化工产品、生鲜食品等的配送,都属于专业配送。

第三节 配送中心

一、配送中心的概念

配送中心是在物流领域中,随着社会分工和专业分工的进一步细化而产生的。国家标准《物流术语》(GB/T18354—2021)对配送中心的定义为:具备完善的配送基础设施和信息网络，可便捷地连接对外交通运输网络，并向末端客户提供短距离、小批量、多批次配送服务的专业化配送场所。

配送中心是以组织配送性销售或供应、执行实物配送为主要职能的流通型物流节点。为了更好地进行送货的编组准备，配送中心需要开展零星集货、批量进货等多种资源搜集工作，并进行货物的分拣、配备等工作。因此，配送中心也具备集货中心、分货中心的职能。为了更有效、更高水平地配送，配送中心往往还具有比较强的流通加工能力。此外，配送中心还承担着将货物配备后送达到户的使命，这是和分货中心只管分货不管运达的重要不同之处。由此可见，相较于集货中心、分货中心、加工中心的职能较为单一，配送中心的功能更为全面和完整。也可以说，配送中心实际上是集货中心、分货中心、加工中心功能的综合体，并具备了配与送的更高水平。

二、配送中心的类型

（一）按照配送中心的设立者分类

1. 制造商型配送中心

制造商型配送中心是以制造商为主的配送中心。这种配送中心里的物品完全由制造商自己生产制造，用以降低流通费用、提高售后服务质量和及时将预先配齐的成组元器件运送到规定的加工和装配工位。从物品制造到生产出来后条码和包装的配合等多方面都较易控制，因而按照现代化、自动化的配送中心设计比较容易，但不具备社会化的需求。

2. 批发商型配送中心

批发商型配送中心是以批发商为主体的配送中心。批发是物品从制造者到消费者之间的传统流通环节之一，一般按部门或物品类别的不同，把每个制造厂的物品集中起来，然后以单一品种或搭配向消费地的零售商进行配送。这种配送中心的物品来自各个制造商，它所进行的一项重要活动是对物品进行汇总和再销售，而它的全部进货和出货都是社会配送，社会化程度高。

3. 零售商型配送中心

零售商型配送中心是以零售商为主体的配送中心。零售商发展到一定规模后，就会考虑建立自己的配送中心，为专业商品零售店、超级市场、百货商店、建材商场、粮油食品商店、宾馆饭店等提供配送服务，其社会化程度介于制造商型和批发商型之间。

4. 专业物流配送中心

专业物流配送中心是以第三方物流企业（包括传统的仓储企业和运输企业）为主体的配送中心。这种配送中心具有很强的运输配送能力，地理位置优越，可迅速将到达的货物配送给用户。它为制造商或供应商提供物流服务，而配送中心的货物仍归制造商或供应商所有，配送中心只是提供仓储管理和运输配送服务。这种配送中心的现代化程度往往比较高。

(二)按配送区域的范围分类

1. 城市配送中心

城市配送中心是以城市范围为配送范围的配送中心。由于城市范围一般处于汽车运输的经济里程，这种配送中心可直接配送到最终用户，且采用汽车进行配送。因此，这种配送中心往往和零售经营相结合，由于运距短、反应能力强，从事多品种、少批量、多用户的配送较有优势。

2. 区域配送中心

区域配送中心是以较强的辐射能力和库存准备，向省(州)际、全国乃至国际范围的用户开展配送业务的配送中心。这种配送中心的配送规模大，一般而言，用户需求量大，配送批量大，往往配送给下一级的城市配送中心，同时也配送给营业所、商店、批发商和企业用户。虽然该配送中心也从事零星的配送，但不是主体形式。这种类型的配送中心在国外十分普遍，如日本阪神配送中心、美国沃尔玛公司的配送中心等。

(三)按配送中心的功能分类

1. 储存型配送中心

储存型配送中心具有强大的储存功能，能够利用自身的储存能力开展快速配送活动。生产资料配送中心、连锁超市的配送中心等就属于这种类型。从商品销售的角度看，为确保用户的需求能够得到及时满足，企业商品的销售需要较大规模的库存支持。生产企业需要储存一定数量的生产资料，以保证生产的连续运转，其配送中心也需要具备较强的储存功能。

2. 流通型配送中心

流通型配送中心以对商品进行快速中转为主要功能，不具备长期保存商品的能力，通常采取随进随配随送的方式，或对进入配送中心的商品进行暂存，并在最短的时间内组织出货。这类配送中心的特点为"快进快出"，商品进入配送中心后，要么直接换装出货，要么经过简单分拣、配套后出货，要么进入暂存状态并等待另一批商品到达后一起出货。

3. 加工型配送中心

加工型配送中心是以流通加工为主要业务的配送中心，一般根据用户需要对配送物品进行加工，然后进行配送。这种配送中心行使加工职能，其加工活动主要有分装、改包装、集中下料、套裁、初级加工、组装、剪切、表层处理等。闻名于世的麦当劳、肯德基的配送中心就是典型的加工型配送中心。

(四)按配送货物的属性分类

根据配送货物的属性，配送中心可以分为食品配送中心、日用品配送中心、医药品配送中心、化妆品配送中心、家电品配送中心、电子产品配送中心、书籍产品配送中心、服饰产品配送中心、汽车零件配送中心以及生鲜处理中心等。

由于配送的产品不同,配送中心的规划方向也完全不同。例如,生鲜品配送中心主要处理的物品为蔬菜、水果与鱼肉等生鲜产品,属于低温型的配送中心,由冷冻库、冷藏库、鱼虾包装处理场、肉品包装处理场、蔬菜包装处理场及进出货暂存区等组成,又被称为"湿货配送中心";而书籍产品的配送中心,由于书籍具有新出版、再版及补书等特性,尤其是新出版的书籍或杂志,其中约80%不上架,直接理货配送到各书店,剩下约20%则在配送中心等待客户的再订货。另外,书籍或杂志的退货率非常高,约为30%~40%。因此,在规模书籍产品的配送中心时,不能与食品和日用品的配送中心一样。

三、配送中心的功能

(一)行销

流通行销是配送中心的一个重要功能。在现代化的工业时代,信息媒体发达,再加上商品品质的稳定及信用保证,有许多直销业者利用配送中心,通过有线电视或互联网等配合进行商品行销。这种商品行销方式可以大大降低购买成本,深受消费者喜爱。例如,在国外有许多物流公司的名称就是以行销公司命名。而批发商型的配送中心、制造商型的配送中心也都具备行销(商流)的功能。

(二)储存

配送中心的服务对象是众多的企业和商业网点(如超级市场和连锁店)。配送中心的职能和作用是按照用户的要求及时将各种配装好的货物送到用户手中,以满足生产和消费的需要。为了顺利完成向用户配送商品的任务,配送中心通常都要兴建现代化的仓库并配备一定数量的仓储设备,以储存一定数量的商品。某些区域性大型配送中心和开展"代理交货"配送业务的配送中心,不但要在配送货物的过程中储存货物,而且储存的货物数量大、品种多。储存功能是配送中心的重要功能之一。

(三)分拣

作为物流节点的配送中心,其客户是为数众多的企业(在国外,配送中心的服务对象少则有几十家,多则有数百家)。这些为数众多的客户之间存在着很多差别:不但各自的性质不尽相同,而且其经营规模也不一样。据此,在订货或进货的时候,为了有效地进行配送(即为了能同时向不同的用户配送很多种货物),配送中心必须采取适当的方式对组织进来(接收到)的货物进行拣选,并在此基础上,按照配送计划分装和配装货物。因此,在商品流通实践中,配送中心除了具有储存功能,还有分拣货物的功能,能发挥分拣中心的作用。

(四)集散

在物流实践中,配送中心凭借其特殊的地位及先进的设施和设备,能够将分散在各个生产企业的产品(即货物)集中到一起,经过分拣、配装后向多家用户发运。与此同时,配送中心也可以把各个用户所需要的多种货物有效地组合(或配装)在一起,形成经济、合理的货载批量。配送中心在流通实践中所表现出的这种功能即(货物)集散功能,也被称为"配货、分放"功能。集散功能是配送中心所具备的一项基本功能。实践证明,利用配送中心来集散货物,可以提高卡车的满载率,从而降低物流成本。图 6-3 展示了配送中心对运输的影响。

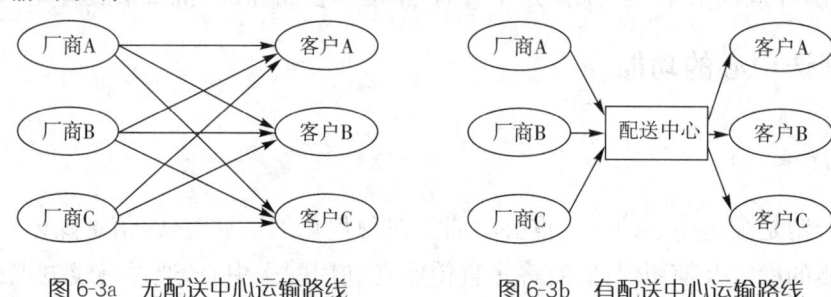

图 6-3a　无配送中心运输路线　　　　图 6-3b　有配送中心运输路线

(五)加工

为了扩大经营范围和提高配送水平,国内外许多配送中心配备了加工设备,由此具备了一定的加工(主要是初加工)能力。这些配送中心能够按照用户需求和合理配送原则,将组织进来的货物加工成一定的规格、尺寸和形状。配送中心积极开展加工业务,不但大大方便了用户,省去了不少烦琐劳动,而且有利于提高物质资源的利用效率和配送效率。此外,加工在客观上起到了强化配送整体功能的作用。

(六)信息

配送中心除了具有上述功能,还能为自身及上下游企业提供各种信息,作为配送中心营运管理政策制定、商品路线开发、商品销售推广政策制定的参考依据。配送中心在干线物流与末端物流之间起衔接作用,这种衔接不仅依靠实物的配送,也依靠信息的衔接。

四、配送中心作业流程

(一)收货作业

收货作业是配送中心运作周期的开始。它包括订货和接货两个过程。配送中心收到和汇总门店的订货单后,首先要确定配送货物的种类和数量,然后要查询配送中心现有库存中是否有所需的现存货物。如果有存货,则转入拣选流程;如果无存货或存货不足,则要及时向总部采购部门发出订单,进行订货。通常在商品资源宽裕的条件下,采购部门向供应商发出订单以后,供应商会根据订单的要求迅速组织供货,配送中心接到通知后就会组织有关人员接货,在送货单上签收并对货物进行检验。

(二)验收入库

入库之前需要采用一定的手段对接收的货物进行检验,包括数量和质量的检验。若货物符合订货合同要求,则可以转入下一道工序;若不符合合同要求,配送中心要详细记录差错情况,并拒绝接收货物。按照规定,质量不合格的商品将由供应商自行处理。经过验收之后,配送中心的工作人员要按照类别、品种将货物分开,分门别类地存放到指定的仓位和场地,或直接进行下一步操作。

(三)储存

储存主要指常备储存,它是为了保证销售需要,但要求是合理库存,还要注意在储存业务中确保商品不发生数量和质量变化。还有一种储存形态是暂存,是在具体执行日配送时,按分拣配货要求在理货场地所做的少量储存准备,或是在分拣配货之后形成的发送货物的暂存,其作用主要是调节配货与送货的节奏,暂存时间不长。

(四)拣选配货

拣选配货是指配送中心的工作人员根据信息中心打印出的要货单上来所要的商品、要货的时间、储存区域以及装车配货要求、用户位置的不同,将货物挑选出的一种活动。拣选的方法一般有摘果方式和播种方式两种。

(1)摘果方式。工作人员拖着集货箱在排列整齐的仓库货架间巡回走动,按照配货单上标明的品种、数量、规格,挑选出用户需要的商品,放入集货箱后存放于暂存区,以备装车。

(2)播种方式。工作人员将需配送的同一种货物从配送中心集中搬运到发货场地,然后根据各用户对该种货物的需求量进行二次分配。

(五)配装

为了充分利用载货车厢的容积和提高运输效率,配送中心常常把同一条送货路线上不同用户的货物组合配装在同一辆载货车上。将多家用户的货物混载于一车辆,不但能降低送货成本,而且可以减少交通流量,改善交通拥挤状况。通常情况下,将一家用户配送的商品集中装载在一辆车上,可以减少配送中心对门店的配送次数,也有利于环境保护。

(六)加工

配送中心的加工主要涉及对生鲜品进行切、垛、去除老叶等活动,或给服装等加贴标签,对促销品进行捆绑等简单的劳动。

(七)送货

送货是配送中心作业的最终环节,包括装车和送货两项活动。一般情况下,配送中心使用自备的车辆进行送货作业,也会借助社会上专业运输组织的力量联合进行送货作业。此外,为适应不同用户的需要,配送中心在进行送货作业时常常作出不同安排,有时按照固定时间、固定路线为固定用户送货,有时则不受时间、路线的限制,机动灵活地进行送货作业。

(八)信息处理

信息处理主要是配送中心与客户之间的信息沟通,在配送的各个环节传递信息,如接收门店订货、对订货进行处理、打印拣选单等。另外,为保障配送中心整体的正常运作,还需要进行信息处理、业务结算和退货、废弃货物处理等作业。

第四节 配送合理化

一、不合理配送的表现形式

配送的效果直接取决于配送方法的优劣和配送决策的正确程度。鉴于市场的多变性与复杂性、客户需求的个性化特征、配送过程的多环节性,配送要综合考虑各方面因素,统筹兼顾,尽可能减少配送各环节中的不合理现象。配送的不合理主要表现在以下几个方面。

(一)资源配置不合理

配送企业应根据客户的需求对配送资源进行合理配置。过多地配置配送资源,会导致企业的供应保障能力过高,超出实际需要,从而降低企业整体效益;配送资源配置不到位,会直接影响客户在出现特殊情况时的特殊供应保障能力;配送企业如果不是集中多个客户需要进行批量筹措资源,而是仅为个别客户代购代筹,不仅无法降低资源筹措费,反而要额外支付一笔配送企业的代筹代办费,并且可能出现配送的能力及速度达不到客户以前供应保证水平的情况。上述情形都属于资源配置不合理。

(二)库存决策不合理

配送一旦能使集中库存总量低于各客户分散库存总量,就能节约供应环节的总体资源,降低每个客户实际分摊的库存负担。因此,配送企业必须依靠科学管理来实现一个低总量的库存,否则就会出现仅是库存转移而未实现库存总量降低的情况。配送企业库存决策不合理还表现在储存量不足,不能保证随机需求,失去了应有的市场。

(三)价格确定不合理

总的来讲,配送价格应低于客户自己进货时产品购买价格加上自己提货、运输、进货的成本总和,这样才会使客户获得利益。有时候,由于配送服务水平较高,价格稍高,客户也是可以接受的,但这不具有普遍性。如果配送价格普遍高于客户自己进货的价格,损害了客户利益,就是一种不合理。价格过低,使配送企业处于无利或亏损状态,也是不合理的。

(四)配送与直达决策不合理

配送是物流环节的增加,但是这个环节的增加可降低客户平均库存水平,从而不但抵消了增加环节的支出,而且能取得剩余效益。但是如果客户使用批量大,则可以直接通过社会物流系统均衡批量进货,较之通过配送中转送货,可能更节约费用。因此,在这种情况下,不直接进货而选择配送,就属于不合理范畴。

(五)运输方式不合理

与客户自提比较,配送对于多个小客户来讲,可以集中配装一车送几家,这与一家一户自提相比,可大大节省运力和运费。如果不能利用这一优势,仍然采取一户一送的方式,且车辆达不到满载(即时配送过多、过频时会出现这种情况),则属于不合理。此外,不合理运输的若干表现形式,在配送中都可能出现,会使配送变得不合理。

(六)经营观念不合理

在配送实施中,如果经营观念不合理,则无法发挥配送优势,甚至损坏配送的形象。这是开展配送时尤其需要注意克服的不合理现象。例如,配送企业利用配送手段,向客户转嫁资金、库存困难;在库存过大时,强迫客户接货,以缓解自己库存压力;在资金紧张时,长期占用客户资金;在资源紧张时,将客户委托资源挪作他用牟利等。

二、配送合理化的判断标志

(一)库存标志

库存是判断配送合理与否的重要标志。为取得共同比较基准,具体数据应以库存储备资金计算,而不以实际物资数量计算。具体指标有以下两个。

(1)库存总量。在一个配送系统中,库存总量从分散的各客户手中转移给配送中心,配送中心库存数量加上各客户在实行配送后库存量之和应低于实行配送前各客户库存量之和,即库存总量应有所下降。

(2) 库存周转。由于配送企业的调剂作用,以低库存保持高的供应能力,库存周转一般总是快于原来各企业的库存周转。各客户在实行配送前后的库存周转比较,也是判断合理与否的标志。

(二) 资金标志

(1) 资金总量。用于资源筹措所占用流动资金总量随着储备总量的下降及供应方式的改变必然有一个较大的降低。

(2) 资金周转。从资金运用角度来讲,由于整体节奏加快,资金充分发挥作用,同样数量的资金在实施配送之后,应该能在较短时期内满足客户需求。因此,资金周转是否加快,是衡量配送合理与否的标志之一。

(3) 资金投向的改变。实行配送后,资金必然从分散投入改为集中投入,以增加调控作用。这是资金调控能力的重要反映。

(三) 成本和效益标志

总效益、宏观效益、微观效益、资源筹措成本都是判断配送合理化的重要标志。对于不同的配送方式,判断侧重点可能有所不同;不仅要看配送的总效益,还要看对社会的宏观效益及供需双方企业的微观效益,不顾及任何一方都可能导致不合理。

由于总效益及宏观效益难以计量,在实际判断时,通常以是否按国家政策进行经营、是否完成国家税收及配送企业和客户的微观效益来判断。

对于配送企业而言(在投入确定的情况下),企业利润水平反映了配送的合理化程度。

对于客户企业而言,在保证供应水平或提高供应水平(产出一定)的前提下,供应成本的降低反映了配送的合理化程度。

(四) 供应保证标志

实行配送的一个重要目标是必须提高而不是降低对客户的供应保证能力,这样才算实现了合理。供应保证能力可以从以下方面判断。

(1) 缺货次数。实行配送后,对客户来讲,缺货情况发生的概率应该明显下降。

(2) 配送企业集中库存量。对每一个客户来讲,配送企业集中库存量所形成的保证供应能力应高于配送前单个企业保证程度,从供应保证来看这才算合理。

(3) 即时配送的能力及速度。实行配送的效果必须高于未实行配送前客户紧急进货能力及速度才算合理。

配送企业的供应保证能力是一个相对性概念。供应保证能力过高,超出了实际的需要,造成资源配置的浪费,也属于不合理,因而追求供应保证能力的合理化也是有限度的。

(五)社会运力节约标志

运力使用的合理化是依靠送货运力的规划和整个配送系统的合理流程及与社会运输系统合理衔接实现的。送货运力的规划依赖于配送中心及物流系统的整体优化,其合理化程度的判断比较复杂,可以简化判断如下:社会车辆总数减少而承运量增加为合理;社会车辆空驶减少为合理;一家一户自提自运减少,社会化运输增加为合理。

(六)物流合理化标志

物流合理化是配送应该追求的目标,也是衡量配送本身合理化的重要标志。配送是否有利于物流合理化,可以从以下几个方面进行判断:是否降低了物流费用;是否减少了物流损失;是否加快了物流速度;是否发挥了各种物流方式的最优效果;是否有效衔接了干线运输和末端运输;是否不增加实际的物流中转次数;是否采用了先进的技术手段。

三、实现配送合理化的方法

(一)推行一定综合程度的专业化配送

通过采用专业设备、设施及操作程序,并适度调整配送过分综合化的复杂程度及难度,以实现配送合理化。

(二)推行加工配送

通过将加工和配送相结合,充分利用本来应有的中转,不增加新的中转,以实现配送合理化。同时,加工借助配送,使加工目的更明确,和客户联系更紧密,避免了盲目性。这两者有机结合,投入增加不多,却可追求两种优势、两个效益,是配送合理化的重要方式。

(三)推行共同配送

共同配送可由多个企业联合实施配送。共同配送的本质是通过作业活动的规模化降低作业成本,提高物流资源的利用效率。共同配送可以充分利用运输工具的容量,提高运输效率,以最近的路程、最低的配送成本满足客户的需要,从而实现配送合理化。

(四)推行送取结合

配送企业与客户建立稳定、密切的协作关系。配送企业不仅成为客户的供应代理人,还承担客户的储存据点,甚至成为产品代销人。在配送时,配送企业将客户所需的物资送到,再将该客户生产的产品用同一车运回,这种产品也成为配送中心的配送产品之一,或者作为代存代储,减轻了生产企业库存负担。这种送取结合的方式,使运力得到充分利用,也使配送企业功能得到更大的发挥,从而实现配送合理化。

(五)推行准时配送

准时配送是配送合理化的重要内容。配送做到准时,客户才有资源把握,可以放心地实施低库存或零库存,有效地安排接货的人力、物力,以追求高效率的工作。从国外经验看,准时供应配送系统是很多配送企业追求配送合理化的重要手段。

(六)推行即时配送

即时配送是最终解决客户企业担心断供之忧、大幅度提高供应保证能力的重要手段。即时配送是配送企业快速反应能力的具体化,是配送企业能力的体现。即时配送成本较高,但它是整个配送合理化的重要保证手段。此外,客户实行零库存,即时配送也是重要保证手段。

(七)推行仓配一体

仓配一体可以视为配送功能或仓储功能的一种延伸,是相对于传统的仓储与配送分离而言的,是在电子商务背景下形成的物流模式,旨在为客户提供一站式仓储配送服务。在该模式下,工厂或商家的货物通过干线运输直接进入物流全国备仓,电商平台收到订单后直接从仓库发货。一方面,提前将货物送到仓库具有运输规模效应;另一方面,仓库发货直接配送,省略了上门揽货环节。仓配一体的最大意义就是节省仓储成本和配送成本,提高存货周转率,改善客户体验。

本章小结

配送是根据客户要求,对物品进行分类、拣选、集货、包装、组配等作业,并按时送达指定地点的物流活动。配送作为一种特殊的送货形式,是"配"与"送"的有机结合。配送在完善输送及整个物流系统,提高末端物流的经济效益,实现企业的低库存或零库存等方面发挥了积极作用。配送模式繁多,每种模式都有自己的优势和局限性。配送中心是具有完善的配送基础设施和信息网络,可便捷地连接对外交通运输网络,并向末端客户提供短距离、小批量、多批次配送服务的专业化配送场所。配送中心具有行销、储存、分拣、集散、加工和信息等功能。不合理配送的表现在资源配置不合理、库存决策不合理、价格确定不合理、配送与直达决策不合理、运输方式不合理以及经营观念不合理等方面。配送是否合理可以通过资金、库存、效益、供应保障、运力等标志来判断。实现配送

的合理化要求推行一定综合程度的专业化配送;推行加工配送;推行共同配送;推行送取结合;推行准时配送;推行即时配送;推行仓配一体。

 复习与讨论题

1. 怎样理解配送几乎包括了所有的物流功能要素?
2. 你能描述配送的一般机理吗?
3. 怎样进行配送模式选择?
4. 你是怎样理解共同配送的?
5. 配送中心是商品从生产地到需求地的一个中介环节。这个环节有存在的必要吗?为什么?
6. 如何正确地理解配送合理化?
7. 讨论实现配送合理化的方法有哪些。

 案例分析 ➪6-1

在创新中发展壮大"即时物流"

忘带物品,使用"闪送"帮取回;逢年过节,叫个"同城"送礼物;抽不开身,下单"跑腿"代取号……近年来,随着消费者需求的持续增长,"即时物流"蓬勃兴起。从服务范围来看,这类物流从餐饮外卖日渐扩展至商超、日用、医药等更多品类,并向代买物品、帮办事务等非标准化服务延伸。据统计,2014年到2021年,我国即时物流用户规模从1.24亿人增长到6.33亿人,年复合增长率超26%。

从"送外卖"到"送万物",即时物流快速发展,得益于即时需求的加速释放。一项调查表明,工作生活中的"急""忙""忘"正成为即时物流服务的典型需求场景。有平台数据显示,今年母亲节期间,快送平台鲜花和蛋糕配送单量同比增长近1.7倍。这折射出,在消费升级背景下,消费者对省时省力的诉求不断提升。可以预见,当使用跑腿取送物品的用户习惯基本形成,更多个性化、多元化的即时物流服务将随之出现,从而进一步推动即时物流拓展新应用、新服务。

从供给侧看,市场运力更加充足、物流技术迭代创新,为即时物流发展提供了有力支撑。凭借较为灵活的用工模式,近年来,不少快递物流企业依托庞大的骑手群体,快速构建起覆盖广泛的服务网络,使得大范围、高频次的即时服务成为可能。与此同时,无人机、自动配送车等新装备规模化投放,专人直送、汽车配送等新模式加速应用,助力即时物流的履约交付更加稳定高效,优化了用户配送体验。

放眼更大的物流体系,即时物流也是我国立体化、全方位、多层次现代物流网络的有机组成部分,发挥着末端"毛细血管"的作用。即时物流行业的快速成长,将有效畅通微循环,让交通物流的脉动更加强劲。

即时物流覆盖种类多、涉及领域广,推动其可持续发展,还有赖于健全服务标准体系,加强服务质量检测评估,营造更加公平有序的竞争环境。

资料来源:金言.在创新中发展壮大"即时物流"[N].人民日报,2023-05-26.

问题探讨

1. 即时物流为什么会发展迅速?
2. 你认为即时物流未来发展的难点有哪些?
3. 即时物流和即时配送有区别吗?为什么?

第七章　包装

学习目标

通过本章学习,要求掌握包装的概念与功能,理解包装在物流中的地位,了解包装的基本类型及其特征,了解物流包装的基本技术,了解集装的作用和集装的方式,了解包装不合理的表现形式和影响包装设计的因素,掌握实现包装合理化的基本方法。

开篇导问

包装功能的权衡问题

包装一般具有三种功能,即促销功能、保护功能和产品识别功能。这些迥然不同的功能表明包装设计决策会涉及企业内部的多个部门,如工程、制造、营销、质量控制、运输和仓储部门。另外,供应链上下游成员也会参与包装决策,企业内部各个部门和供应链成员追求的包装设计目标往往存在差异。

鉴于有众多主体可能参与包装设计,自然就引出了一个问题,即由哪个或哪些主体来主导包装设计过程。例如,营销部门和零售商可能希望包装设计能更吸引人,以刺激消费者购买。质量控制部门可能希望通过包装设计来减少损失和损坏。吸引人的包装设计虽然可以促进销售,但也可能增加产品被盗的机会。运输和仓储部门可能希望通过包装设计使包装容器的空间利用达到最大化,以减少运输成本或仓储空间。但是,这样做可能会导致使用大量不同尺寸的包装容器,又会引发一些新的问题。

问题思考

你认为包装设计中应如何进行包装功能的权衡?

包装既是生产过程的终点,也是物流过程的始点。商品种类繁多,性质和形状各异,对包装的要求各不相同。除少数商品外,绝大多数商品都需要有适当的包装才能进入流通领域。包装既要考虑物流的生产力和效率问题,也要考虑环境保护和资源节约问题。

第一节　包装概述

一、包装的概念

包装是在流通过程中为保护产品、方便储运、促进销售,按一定技术方法采用的容器、材料及辅助物等的总体名称。它也指为了达到上述目的而在采用容器、材料和辅助物的过程中施加一定技术方法等的操作活动。简而言之,包装就是包装物和包装操作的总称。

二、包装的地位

在社会再生产过程中,包装既是生产的终点,又是物流的始点。作为生产的终点,即产品生产工艺的最后一道工序,包装标志着生产的完成。从这个意义讲,包装必须根据产品性质、形状和生产工艺来进行,必须满足生产的要求。作为物流的始点,包装完成之后,被包装的产品便具有了物流的能力,在整个物流过程中,包装能发挥保护产品和促进物流的作用,直至最终实现销售。从这一点来看,包装对物流有决定性作用。

在现代物流观念形成以前,包装长期被理所应当地视为生产过程的最后一个环节,在生产过程中包装的设计都是从生产的角度来考虑的,然而这样做却不能很好地满足物流的需要。实际上,包装与物流之间的关系比包装与生产之间的关系要密切得多,其作为物流始点的意义比作为生产终点的意义要大得多。对物流系统进行划分时,将包装从生产系统转入物流系统是现代物流的一项新认知。

三、包装的功能

(一)保护功能

据统计,商品有效期与流通期的比值为 2∶1,也就是说商品有效期一般消耗在流通过程中。商品在流通中要经受各种环境的影响和危害,如要经过多次的装卸、存取运输,甚至拆卸和再包装,会受到各种各样的外力冲击、碰撞、摩擦,也有可能在恶劣环境中受到有害物质的侵蚀。因此,保护功能是包装的首要功能。

包装的保护功能主要体现在以下几个方面。

(1)防止商品破损变形。要求包装能承受在装卸、运输、保管过程中各种力的作用,如冲击、振动、颠簸、压缩等,形成对外力的抵抗防护作用。

(2)防止商品发生化学变化。即防止商品吸潮、发霉、变质、生锈,要求包装能在一定程度阻隔水分、溶液、潮气、光线、空气中的酸性气体,起到对环境、气象的影响进行防护的作用。

(3)防止腐朽霉变、鼠咬虫食。要求包装具有阻隔霉菌、虫、鼠侵入的能力,形成对生物的防护作用。

(4)防止异物混入、污物污染,防止丢失、散失、盗失等。

(二)方便功能

物品包装具有便利流通、方便消费的功能。在物流过程中,商品需经过多个流转环节,合理的包装能显著提升物流作业的效率与效果,具体体现在以下几个方面。

(1)便于储存。在商品储存过程中,仓库工作人员通过商品包装上的商品标志来区分商品,进行存放和搬运。仓库管理人员在使用扫描仪对包装上内含有商品信息条码进行扫描时,商品的详细信息就可以录入物流信息系统,进而物流信息系统可以发出一定的指示,指导工作人员对该商品进行一定的操作。

(2)便于装卸搬运。商品从生产到销售可能会经历很多次的装卸搬运过程。如果商品包装设计过大,则不便于装卸搬运;如果商品包装设计过小,则又可能影响装卸搬运的效率。在设计商品包装时,应该根据搬运工具的不同来设计包装。

(3)便于运输。包装的规格、形状、重量与商品运输关系密切。如果包装尺寸与运输车辆、船舶、飞机等运输工具箱、仓容积相吻合,运输就比较方便,运输效率就比较高。

(4)便于消费。商品包装的一个重要作用就是提供商品自身信息,如商品的名称、生产厂家和商品规格等,以帮助工作人员区分不同商品。包装单位的大小应适合于进行交易的批量,零售商品应适合于消费者的一次购买。

(三)促销功能

包装被誉为"不讲话的推销员"。杜邦定律认为,63%的消费者是根据商品的包装来购买的。良好的包装往往能吸引广大消费者或用户的关注,从而激发其购买欲望,成为商品推销的一种重要工具和有力的竞争手段。商品包装后,可与同类竞争商品相区别。精美的包装不易被仿制假冒、伪造,有利于保护企业的信誉。另外,通过改进包装,可以使旧商品给人带来一种新的印象。因此,合适的包装有利于促进商品销售。

从以上分析可以看出,促销功能主要是为了商流,而包装的保护功能和方便功能则与物流密切相关。

 延伸阅读

包装的七种功能说

日本神奈川大学的唐泽丰教授将包装的功能分为以下七种:一是保护功能,即保持质量;二是定量功能(按单位定量),即形成基本单件或与此目的相适应的单件;三是标识功能,即容易识别;四是商品功能,即创造商品形象;五是便利功能,即处理方便;六是效率功能,即便于作业、提高效率;七是促进销售功能,即具备广告效能,唤起购买欲望。

四、包装的分类

(一)根据包装在流通中的作用分类

1. 商业包装

商业包装,又称为"销售包装"或"内包装",是指直接接触商品并随商品进入销售网点,与消费者或客户直接见面的包装,是以促进销售为主要目的的包装。这种包装的特点是外形美观,有必要的装饰,包装上有对商品的详细说明,包装单位的规格大小能适应顾客的购买批量以及商家柜台摆设的要求。一般来说,在物流过程中,商品越接近最终消费者,越要求包装有促进销售的效果。

2. 运输包装

运输包装是指以满足运输、仓储、装卸搬运要求为主要目的的包装,要保证商品在运输、储存、装卸搬运过程中不散包、不破损、不受潮、不受污、不变质、不变味、不变形、不腐蚀、不生锈、不生虫,既要保证商品的数量和质量不变,也要有利于商品的装卸、交接和点验。运输包装要在包装费用和流通损失之间寻找最佳平衡点:如果降低包装费用,则包装的防护性往往随之下降,商品的流通损失必然增加;相反,如果加强包装,则商品的流通损失就会降低,包装费用必然增加。因此,存在一个适度包装问题,在满足物流要求的基础上,费用越低越好。

(二)根据包装的通用性分类

1. 专用包装

专用包装是指根据被包装货物特点进行专门设计、专门制造,只适合于某种专门产品的包装。例如,可口可乐的曲线瓶、水泥袋、部分危险货物的包装等。这类包装可能是为了流通方便,如水泥袋;也可能是为了促销,如可口可乐的曲线瓶。部分企业会为其独特的专用包装申请专利。

2. 通用包装

通用包装是指一种包装能盛装多种商品,被广泛使用的包装容器。通用包装一般不进行专门设计制造,是根据标准系列尺寸制造的,可包装各种无特殊要求的或标准规格的产品。例如,各种瓦楞纸箱、塑料箱、木箱、木桶等,既可装运各种日用百货,也可用于运输各种电器、食品、化妆品等。

(三)根据包装容器分类

1. 按包装容器的抗变形能力可分为硬包装和软包装

硬包装又称为"刚性包装",包装体有固定形状和一定强度,如油桶、木箱等;软包装又称为"柔性包装",包装体有一定程度的变形,有弹性,如各种包装袋。

2. 按包装容器形状可分为包装袋、包装箱、包装盒、包装瓶、包装罐等

3. 按包装容器结构形式可分为固定式包装和拆卸折叠式包装

固定式包装的尺寸和外形固定不变,其最大问题是,空包装回收返运时,空箱占很大的体积,会严重降低运输效率;拆卸折叠式包装可通过折叠拆卸存放起来,既可以缩减体积,减少占用空间,又便于保管和返运。

4. 按包装容器的使用次数可分为一次性包装和多次周转包装

一次性包装在拆装后,包装容器受到破坏不能再次使用,只能回收处理或另作它用;多次周转包装可反复使用,既可以降低商品成本,又可以提高资源的综合利用效率。

(四)根据包装材料分类

常用包装材料有纸、塑料、木材、金属、玻璃等。从各个国家包装材料生产总值的比较来看,使用最为广泛的是纸及纸制品,其次是木材,塑料材料的使用量则在快速增长。包装材料分类如表7-1所示。

表7-1 包装材料分类

材料大类	材料细分	材料特点
纸及纸制品	牛皮纸、玻璃纸、植物羊皮纸、沥青纸、油纸和蜡纸、板纸、瓦楞纸板	质轻、耐摩擦、耐冲击、质地细腻、容易黏合、无味、无毒、价格较低等
塑料及塑料制品	聚乙烯、聚丙烯、聚苯乙烯、聚氯乙烯、钙塑材料	气密性好、易于成型和封口、防潮、防渗漏、防挥发、透明度高、化学性能稳定、耐酸、耐碱、耐腐蚀等
木材及木材制品	原木板材、胶合板、纤维板、刨花板	抗压、抗震、抗挤、抗冲撞等
金属	马口铁、金属箔、铝合金	马口铁坚固、耐腐蚀,容易进行加工,而且防水、防潮、防摔等
玻璃、陶瓷		不怕腐蚀、强度高,能进行装潢装饰
复合材料	纸基复合材料、塑料基复合材料、金属基复合材料	取长补短、协同合作,产生原来单一材料本身所没有的新性能
辅助材料	粘合剂、粘合带、捆扎材料	

第二节　物流包装技术

一、缓冲包装技术

缓冲包装就是指为减缓内装物受到冲击和震动，保护其免受损坏所采取的一定防护措施的包装。商品从生产出来到开始使用，要经过一系列的运输、保管、堆码和装卸过程，并处于一定的环境之中。在任何环境中都会有力作用在商品之上，并可能使商品发生机械性损坏。采用缓冲包装技术，可以减小外力的影响，防止包装内商品遭受损坏。

按照缓冲程度的不同，缓冲包装可进一步分为全面缓冲包装、部分缓冲包装和悬浮式缓冲包装。

1. 全面缓冲包装

全面缓冲包装是指内装物和外包装之间全部用防震材料填满进行防震的包装方法。

2. 部分缓冲包装

对于整体性好的商品和有内装容器的商品，仅在商品或内包装的拐角或局部地方使用防震材料进行衬垫即可。所用包装材料主要有泡沫塑料防震垫、充气型塑料薄膜防震垫和橡胶弹簧等。

3. 悬浮式缓冲包装

对于某些贵重易损的物品，为了有效地保证在流通过程中不被损坏，外包装容器设计得相当坚固，然后用绳、带、弹簧等将被装物悬吊在包装容器内部。在物流过程中，无论什么操作环节，内装物都被稳定悬吊而不与包装容器发生碰撞，从而减少损坏。

二、防破损包装技术

缓冲包装有较强的防破损能力，因而属于防破损包装技术中有效的一类，不过有时也可以采取以下几种防破损保护技术。

1. 捆扎及裹紧

捆扎及裹紧技术的作用是使杂货和散货形成一个牢固整体，以增强整体性，便于处理及防止散堆，从而减少破损。

2. 集装

利用集装，可以减少与货物的接触，从而防止货物破损。

3. 选择高强度保护材料

通过采用高强度的外包装材料，来防止内装物因受外力作用而破损。

三、防霉腐包装技术

在工业包装内装运食品和其他有机碳水化合物货物时，货物表面可能生长霉菌，在物流过程中如遇潮湿,霉菌生长繁殖极快,甚至伸延至货物内部,使其腐烂、发霉、变质,因此,要采取特别防护措施。包装防霉烂变质的措施,通常包括采用冷冻包装、真空包装或高温灭菌方法。

1. 冷冻包装

冷冻包装的原理是减慢细菌活动和化学变化的过程,以延长储存期,但不能完全消除食品的变质。

2. 真空包装

真空包装也称"减压包装"或"排气包装"。这种包装可阻挡外部的水汽进入包装容器内,也可防止在密闭的防潮包装内部存有潮湿空气,在气温下降时结露。采用真空包装时,要注意避免过高的真空度,以防损伤包装材料。

3. 高温杀菌

高温可消灭引起食品腐烂的微生物,可在包装过程中处理防霉。

有些经过干燥处理的食品包装,应防止水汽浸入以防霉腐,可选择防水汽和气密性好的包装材料,采取真空和充气包装;防止工业包装内货物发霉,还可使用防霉剂,防霉剂的种类甚多,用于食品的必须选用无毒防霉剂。

四、防锈包装技术

防锈包装技术的保护对象主要是机电设备、金属制品等容易生锈的物品。包装防锈的措施,通常采用防锈油防锈蚀包装和气相防锈包装。

1. 防锈油防锈蚀包装

大气锈蚀是空气中的氧、水蒸气或其他有害气体等作用于金属表面引起化学作用的结果。如果使金属表面与引起大气锈蚀的各种因素隔绝(即将金属表面保护起来),就可以达到防止金属大气锈蚀的目的。防锈油包装正是根据这一原理将金属涂封防锈油以防止锈蚀的。

2. 气相防锈包装

气相防锈包装技术就是用气相缓蚀剂(挥发性缓蚀剂),在密封包装容器中对金属制品进行防锈处理的技术。气相缓蚀剂是一种能减慢或完全阻止金属在侵蚀性介质中被破坏过程的物质,它在常温下即具有挥发性。它在密封包装容器中,迅速挥发或升华出的缓冲气体能充满整个包装容器内的每个角落和缝隙,同时吸附在金属制品的表面,从而起到抑制大气对金属锈蚀的作用。

五、防虫包装技术

防虫包装技术常用的是驱虫剂,即在包装中放入有一定毒性和气味的药物,利用药物在包装中挥发气体杀灭和驱除各种害虫。常用驱虫剂有茶麸、对位二氯化苯、樟脑精等。此外,还可采用真空包装、充气包装、脱氧包装等技术,使害虫无生存环境,从而防止虫害。

六、危险品包装技术

根据每种危险品的特殊要求采用专业的包装技术,是个性化非常强的包装技术。

对有毒商品的包装必须明显地标明有毒的标志。防毒的主要措施是包装严密不漏、不透气。例如,红矾钾和红矾钠为红色结晶体,有毒,应使用坚固的桶包装,桶口要严密不漏,制桶的铁板厚度不能小于1.2毫米;有机农药一类的商品应装入沥青麻袋,缝口严密不漏,如果用塑料袋或沥青纸袋包装,那外面应再用麻袋或布袋包装;用作杀鼠剂的磷化锌有剧毒,应用塑料袋严封后再装入木箱中,箱内用两层牛皮纸、防潮纸或塑料薄膜衬垫,使其与外界隔绝。

对有腐蚀性的商品,要注意防止商品和包装容器的材质发生化学变化。例如,金属类的包装容器,要在容器壁涂上涂料,防止腐蚀性商品对容器的腐蚀;氢氟酸是无机酸性腐蚀物品,有剧毒,能腐蚀玻璃,不能用玻璃瓶作包装容器,应装入金属桶或塑料桶,然后再装入木箱。

对于易燃、易爆商品,如有强烈氧化性的、遇有微量不纯物或受热即急剧分解引起爆炸的商品,防爆炸包装的有效方法是采用塑料桶包装,然后将塑料桶装入铁桶或木箱中,并配备自动放气的安全阀,当桶内达到一定气体压力时能自动放气。

七、特种包装技术

1. 充气包装

充气包装是采用二氧化碳气体或氮气等不活泼气体置换包装容器中空气的一种包装技术,也称为"气体置换包装"。这种包装方法是根据好氧性微生物需氧代谢的特性,在密封的包装容器中改变气体的组成成分,降低氧气的浓度,抑制微生物的生理活动、酶的活性和鲜活商品的呼吸强度,以达到防霉、防腐和保鲜的目的。

2. 拉伸包装

拉伸包装是依靠机械装置在常温下将弹性薄膜围绕被包装件拉伸、紧裹,并在其末端进行封合的一种包装方法。拉伸包装既可以捆包单件物品,也可用于托盘包装之类的集合包装。

3. 收缩包装

收缩包装就是用收缩薄膜裹包物品(或内包装件),然后对薄膜进行适当加热处理,使薄膜收缩而紧贴于物品(或内包装件)的包装技术方法。收缩包装与拉伸包装原理不同,但效果基本一样。

4. 脱氧包装

脱氧包装是在密封的包装容器中,使用能与氧气起化学作用的脱氧剂与之反应,从而除去包装容器中的氧气,以达到保护内装物的目的。脱氧包装方法适用于某些对氧气特别敏感的物品,尤其适用于那些即使有微量氧气也会使品质变坏的食品包装。

第三节 集装

一、集装的含义

集装(全称集合包装)是指将许多单件物品,通过一定的技术措施组合成尺寸规格相同、重量相近的大型标准化组合体。集装是集装化的结果。根据国家标准《物流术语》(GB/T18354—2021)的定义,集装化是指用集装器具或采用捆扎方法,把物品组成标准规格的货物单元,以便进行装卸、搬运、储存、运输等物流活动的作业方式。

从包装角度来看,集装属于大型包装形态。在多种产品中,小件杂散货物很难像机床、建筑构件等产品那样进行单件处理,因其杂散且体积、重量各异,需要进行一定程度的组合。包装箱、包装袋等都是杂散货物的常见组合状态。

集装是材料科学和装卸技术两个方面取得突破进展之后出现的,用大单元实现组合,是包装技术的一大进展。从运输角度来看,集装的组合体往往又是一个装卸运输单位,可便利运输和装卸,因而在运输领域把集装看成一个运输体(货载),称为"单元组合货载"或"称集装货载"。

二、集装的作用

集装的主要特点是按标准化、通用化要求集小为大,使中、小件散、杂货以一定规模进入流通领域,形成规模处理的优势。集装的效果实际上是一定规模优势的效果。

1. 使装卸合理化

与单个物品逐一装卸处理相比,集装的效果主要表现在缩短装卸时间和降低装卸作业劳动强度上。中、小件大数量散杂货装卸,工人劳动强度极大,由于强度大、装卸速度慢而易出差错、货损、工伤事故。采用集装不但减轻了装卸劳动强度,而且集装的保护作用可有效防止装卸时的碰撞损坏及货物的散失丢失。

2. 使包装大型化、合理化

采用集装成为大型包装,形成规模后便于机械化、自动化操作;物品的单体包装及小包装要求可降低甚至去掉小包装,从而在包装材料上有很大节约;集装的大型化和防护能力的增强,也有利于保护货物。

3. 便于储存保管

在储存保管方面,集装方式是对集装整体进行运输和保管,简化了运输及保管作业,也有效利用了运输工具和保管场地的空间,大大改善了环境。

4. 促进物流系统化

集装的最大效果,还是以其为核心所形成的集装系统,可以将原来分立的物流各环节有效地联合为一个整体,使整个物流系统实现合理化。物流的现代化、系统化进展离不开集装。

三、实施集装的条件

标准化和批量化是社会化大生产必须遵循的两项基本原则。其中,标准化是生产社会化、机械化和自动化的前提,而批量化则是降低生产成本最主要的途径。集装是这两项基本原则在物流领域的具体运用。在现代生产系统中,同一产品在本企业甚至全国范围内比较容易实现标准化和批量化。但当成千上万种不同的产品同时进入物流系统时,对于物流系统而言,它们就是零星和非标准的。集装手段可以促使物流系统实现标准化和批量化,从而像生产系统一样实现社会化、机械化和自动化作业,最终达到降低物流成本的目的。

要实施集装化至少应具备以下三个基本条件:

1. 通用化

集装要与物流全过程的设备和工艺相适应,不同形式的集装方式之间、同一方式下不同规格的集装器具之间都应该具有一定的通用性,以使集装作业的各个环节相互衔接、相互协调。

2. 标准化

在实施集装的过程中,集装的术语,集装器具的外形、尺寸、重量和规格,集装器具的材质、性能、试验方法以及装卸搬运加固规则乃至集装单元的编号和标志等,都必须实现标准化(包括国家标准和国际标准),以便于集装单元在国内和国际的流通与交换。

3. 系统化

集装的手段不仅包括集装器具,还包括物流过程中的各种成套设施设备、工艺等,这些有形要素及其管理方法和理念的总和才是集装。因此,集装是一个联系生产与生产、生产与消费的动态系统,实施集装必须具备系统化条件。

四、集装的方式

(一)集装箱

集装箱,亦称为"货柜",是集装器具的最主要形式。国家标准《物流术语》(GBT/18354—2021)中对集装箱的定义是:具有足够的强度,可长期反复使用的适于多种运输工具而容积在 $1m^3$ 以上(含 $1m^3$)的集装单元器具。图7-1是一种集装箱的图片。

集装箱的主要优点如下:

(1)强度高、保护防护能力强。对内装货物有较强的防护、保护能力,因而货损小。

(2)集装箱具备多项功能,本身还相当于一个小型的储存仓库。使用集装箱,可以不再配置仓库。

(3)可以重叠堆放,提高单位地面的储存数量。在车站、码头等待运处占地面积也较少。

(4)在几种集装方式中,尤其在散杂货集装方式中,集装箱集装量较大,装载量与自重之和最高可达 30 吨。

(5)集装箱还具备标准化装备的一系列优点。例如,尺寸、大小、形状有一定规定,便于对装运货物和承运设备作出规划、计划。以集装箱的标准化为基点,可以在大范围内统一装卸、运输工具,简化装卸工艺,通用性、互换性强。

集装箱也有一些突出缺点,限制了其在更广的范围中的应用,如自重大、造价高、返空难问题。

为了适应不同性质物品的集装化需求,集装箱出现了许多种类。按使用材料划分,可分为铝合金集装箱、钢制集装箱、玻璃钢制集装箱;按结构划分,可分为内柱式与外柱式集装箱、折叠式集装箱、薄壳式集装箱;按使用目的划分,可分为普通集装箱、冷冻集装箱、开顶集装箱、框架集装箱、牲畜集装箱、罐式集装箱、平台集装箱、通风集装箱、保温集装箱、散货集装箱、散装粉状货集装箱、挂式集装箱。

图 7-1　密封集装箱　　　　　图 7-2　硬市托盘

(二)托盘

托盘是为了使物品能有效地装卸、运输、保管,将其按一定数量组合放置于一定形状的台面上,这种台面有供叉车从下部插入并将台板托起的插入口。国家标准《物流术语》(GBT/18354—2021)中对托盘的定义是:在运输、搬运和存储过程中,将物品规整为货物单元时,作为承载面并包括承载面上辅助结构件的装置。图 7-2 是一种托盘图片。

托盘虽小,但其作用却不容忽视。如今,托盘和集装箱一样重要,成为集装系统的两大支柱,且托盘因简单、方便而受到重视。托盘和集装箱在许多方面是优缺点互补,因而往往在难以利用集装箱的地方可利用托盘,而托盘难以完成的工作则由集装箱完成。

托盘的主要优点有:

(1)自重轻。用于托盘本身的劳动消耗较小,无效运输及装卸比集装箱小。

(2)返空方便。托盘造价不高,又容易互相代用、抵补,因而无须像集装箱那样有固定归属,也不会面临像集装箱那样的空返问题,即使需要返运,操作也比集装箱容易。

(3)装盘容易。装卸操作十分方便,装盘后可采用捆扎、紧包等技术处理,简便易行。

(4)装载量较大。虽比集装箱小,但比一般包装的组合量大得多。

托盘的主要缺点是:保护性比集装箱差,货载露天存放困难。

托盘也有一些不同种类。例如：平托盘、柱式托盘、箱式托盘、轮式托盘、特种专用托盘、滑板托盘和植绒内托。

当前，托盘拥有量已成为衡量一个国家物流现代化发展水平的重要标志。

（三）其他形式的集装工具

1. 集装袋

集装袋也称为"柔性集装箱、吨袋或太空袋"，是一种使用韧性材料制成的软质袋形集装容器，自重轻、可折叠、造价低、便于回收复用，主要用于集装易于流动的粒状、粉状和块状货物，如粮食、盐、砂糖、水泥、化肥、石英砂、矿粉等。集装袋一般在顶部设有吊带、底部设有卸料口，卸料时打开卸料口绳索，货物借助重力很快便可卸出。

2. 货捆

货捆是采用各种材料的绳索，将货物进行多种形式的捆扎，使若干件货物汇集成一个单元的集装化方法，主要用于装载木材、钢材、塑料管、毛竹等无包装、长型裸件货物。货捆的物品能更好地利用车辆运输能力和仓库堆场的储存能力。

3. 框架

框架是一种可以根据货物的外形特征选择或特制各种形式的集装框和集装架来集装货物的方法。框架适用于集装易变形的长件产品以及玻璃、陶瓷等易碎产品。有些框架对货物的适应性较广，如门字形框架几乎可以适用于所有的长型材；而有些框架则专用性较强，只适用于某种形状的货物使用。对于一些外观特殊的货物要进行框架集装，往往需要专门设计框架，以适应其要求。

4. 滑板

滑板又称为"薄板托盘、滑片"，是一种由载货平板和翼板组成的板式结构物，是托盘的一种简化形式。配置推拉系统和夹钳装置的叉车可以装卸滑板集装货件，作业时，操作推拉系统使活动夹钳夹住翼板，然后把滑板集装件拉入或推出货叉，即可实现货物的装卸、搬运和堆码。滑板既具有托盘的优势，又具有用料省、成本低、占用空间少、便于回送和回收利用等优点。但与滑板匹配的带推拉器的叉车本身较为笨重，机动性差，效率低，这制约了滑板的应用。

5. 半挂车

半挂车相当于一种带轮的大型集装箱。对于铁路运输来说，半挂车经常是平板车的运输对象；对于水运来说，半挂车经常是滚装船的运输对象；而对于公路运输来说，半挂车本身就是一种运输工具，它既可以单独由牵引车牵引，又可以组合成车列由牵引车牵引进行运输。在铁路运输和水运方式下，半挂车起着集装的作用，是一种集装器具。

第四节　包装合理化

包装合理化就是对商品采用合适的包装。它一方面包括整个包装过程的合理化，做到整体物流效益与微观包装效益的统一；另一方面包括包装材料、包装技术、包装方式的合理组合及运用。

一、包装不合理的表现形式

（一）包装过剩

包装物强度设计过高，如包装材料截面过大，包装方式超过强度要求等，使包装防护性过剩；包装材料水平选择过高，如可以用纸板却采用镀锌、镀锡材料等；包装技术过高，包装层次过多，包装体积过大；包装成本过高，可能使包装成本支出大大超过因减少损失可能获得的收益。

（二）包装不足

包装强度不足，导致包装防护性不足，造成被包装物的损失；包装材料选择不当，水平不足，不能很好地起到运输防护及促进销售的作用；包装容器的层次及容积不足，造成被包装物的损失；包装成本过低，不能保证达到必要的包装要求。

（三）包装污染

包装材料中大量使用纸箱、木箱、塑料容器等，会消耗大量自然资源；商品包装的一次性、豪华性，甚至采用不可降解的包装材料，严重污染环境；包装材料质量不过关，有毒、有菌，对内容物造成污染、损害。

（四）包装失调

存在不必要的包装库存量浪费。例如，库存的包装物数量超过实际需要，库存的包装物不是所需要的包装物；包装作业过程设计不合理或者操作不科学，会导致包装物损坏或利用率低下；运输过程中因包装材料选择、包装设计、包装组合不合理造成的非优化浪费，如包装材料与所包装产品性质不匹配，导致运输损失；仓储过程中因包装设计不合理带来的浪费，如包装不便于放在货架上；包装不便于销售，如一些商品应该使用小包装，而不恰当使用了大包装。

二、影响包装设计的因素

首先,包装是用来包装商品的,商品的性质必然影响包装设计;其次,包装是物流的起点,包装的设计要与物流系统相协调。

(一)商品的性质

商品的性质主要是指商品的化学性质、物理性质、机械性质和生物学性质。要确保商品的包装功能的有效发挥,前提是在包装设计中充分考虑商品的这些性质。例如,圆柱形的金属罐是用于包装气体的一种方法;铁桶可用于液体的包装;新鲜农产品、肉和烤面包用的酵母等易腐品,在从产地到用户的移送过程中,需要特殊防腐包装;热带鱼要保证鲜活,应放入装有足够水并充有氧气的塑料袋中运输。商品的性质不同,包装设计也应该不同。

(二)物流的要求

物流系统的所有要素都与包装有着直接、间接的联系,在这些因素中,影响最大的是装卸、储存和运输。例如:货物是手工装卸还是机械装卸,对包装的外形和尺寸设计要求可能完全不一样,手工装卸一次的规模比机械要小得多;在确定包装时,应根据不同的储存条件和方式而采用与之相适应的包装。采用高垛,就要求包装有很高的强度,否则货物会被压坏。如果采用低垛,包装的强度就可以适当降低,以节约资源和费用;运输工具类型、运输距离长短、道路情况等对包装有影响,航空的直航与中转、铁路快运集装箱、包裹快件、汽车的篷布车等,这些不同的运输方式对包装有不同的要求。

三、实现包装合理化的方法

(一)包装的轻薄化

由于包装只起保护作用,并不增加商品使用价值,在强度、寿命、成本相同的条件下,更轻、薄、短、小的包装,可以节约材料、提高装卸搬运和运输的效率。而且,轻薄短小的包装一般价格比较便宜,如果是一次性包装,则能减少废弃包装材料的数量。

(二)包装的标准化

商品包装必须推行标准化,即对商品包装的包装容(重)量、包装材料、结构造型规格尺寸、印刷标志、名词术语、封装方法等加以统一规定,形成系列化和通用化。这样有利于包装的生产组织、包装的再使用以及包装识别和计量,也有利于保证包装质量和商品安全。

(三)包装的集装单元化

集装化可以提高物流系统的效率,包装要符合集装单元化,要求包装的规格尺寸相一致,要与托盘、集装箱相匹配,要与搬运机械相匹配。因为只有包装规格尺寸一致,才能实现集装化作业,优化装卸搬运、保管和运输流程,提高物流效率,节约费用,进而推动物流实现机械化和自动化。

(四)包装的大型化

随着交易单位的大型化和物流过程中搬运的机械化,单个包装趋向大型化。例如,作为工业原料的粉粒状货物,就使用以吨为单位的柔性容器进行包装。大批量出售日用杂货或食品的商店因为销售量大,只要不是人力搬运,也无须用 20 千克的小单位包装。包装单位大型化可以节省劳力,降低包装成本。与包装大型化同步的是在有些批发商店里,直接将工业包装的货物摆在柜台上,对这种大型化包装应给予足够的重视,由此也可以看出包装的发展趋势。

(五)包装的机械化

为了提高作业效率和包装现代化水平,各种包装机械的开发和应用是很重要的。由于被包装物品种极其繁多,包装材料和包装方法又各不相同,因而出现了各式各样的包装机械。包装机械化从每个商品包装机械化开始,直到装箱、封口、捆扎等外包装作业完成。此外,还有使用托盘堆码机进行的自动单元化包装,以及用塑料薄膜加固托盘的包装等。随着人力成本日益上升和包装大型化需要,包装越来越走向机械化乃至自动化、智能化。

(六)包装的协调化

包装是物流系统的组成部分,需要与装卸搬运、运输和仓储等环节一起综合考虑、全面协调。比如,包装还是不包装?简单包装还是精细包装?大包装还是小包装?这些问题都应该结合物品的运输、保管、装卸搬运以及销售等相关因素综合考虑,只有多种相关因素协调一致,才能发挥整体物流效果。

(七)包装的绿色化

包装是产生大量废弃物的环节,处理不好可能造成环境污染。包装材料最好可反复多次使用并能回收再利用;在选择包装材料时,要考虑不对人体健康产生危害,对环境不造成污染,发展"绿色包装";在保管、运输、装卸搬运等环节中实行集装化作业,也可以减少包装材料的使用;尽量采用简化包装,能不使用包装的就不使用,散装水泥、管道运输都是无包装物流的例子。

本章小结

包装是为在流通过程中保护产品、方便储运、促进销售,按一定技术方法而采用的容器、材料及辅助物等的总体名称。在社会再生产过程中,包装既是生产的终点,又是物流的始点。包装可以按照不同的标准进行分类,不同包装具有不同的特征。物流包装的基本技术包括缓冲包装、防破损包装、防霉腐包装、防锈包装、危险品包装、防虫包装以及特种包装等。集装的主要特点是按标准化、通用化要求集小为大,使中、小件散、杂货以一定规模进入流通领域,形成规模处理的优势。包装不合理的表现在包装过剩、包装不足、包装污染以及包装失调等方面。包装设计既要考虑商品因素,也要考虑物流因素。实现包装合理化的方法有包装的轻薄化、包装的标准化、包装的集装单元化、包装的大型化、包装的机械化、包装的协调化和包装的绿色化等方法。

复习与讨论题

1. 谈谈你对包装定义的理解。
2. 谈谈你对包装在物流中地位的理解。
3. 我们常见的包装材料有哪些?试举例说明。
4. 物流包装技术主要有哪些?
5. 怎样理解集装化?为什么要推广集装箱和托盘的使用?
6. 你是怎样理解包装合理化的?
7. 产品的特性是如何影响物流包装的?
8. 讨论塑料包装有哪些缺陷。
9. 讨论企业可以采用哪些环境友好的包装。

案例分析 7-1

"虚胖"的快递包裹

读者张女士前不久网购了一箱水牛奶。到货后,她打开一看,奶盒只占了快递箱一半空间,另一半全是泡沫等填充物。张女士说,这种"虚胖"的过度包装,并不少见,"前阵子看到新闻,一家食品公司前高管靠盗卖公司废纸箱,从中获利68万元。我也买过这家公司的零食,发现包装很大、东西却很少。他们在包装上消耗之高,真让人吃惊"。

国家统计局陕西省调查总队近日对462位消费者进行调查,数据显示:多数受访者认为存在过度包装问题,其中64.7%认为快递包装胶带缠绕过多,45%认为包装层数多,33.6%认为快递填充物过多。受访者形容,拆包裹像"玩套娃",特别是美妆类礼盒类产品,需解开数层胶带、打开厚厚纸盒,去掉泡沫、气泡膜等才能找到自己买的东西。

资料来源:陈实、孙立.快递过度包装,怎样做减法?[N].人民日报,2021-08-23.

问题讨论

1. 为什么会出现商品过度包装问题?
2. 怎样有效防止商品过度包装?

第八章　装卸搬运

 学习目标

通过本章学习,要求掌握装卸搬运的概念、特点和地位,了解装卸搬运的基本类型及其特点,了解不合理装卸搬运的表现形式,掌握实现装卸搬运合理化的基本方法。

 开篇导问

分拣快递像"抛飞饼"

在海淀区河北村,聚集了多家快递站点。早上7时,快递员们正在站点里忙碌地打包、搬运快递。在几辆印有快递标志的电动三轮车旁,四名分拣员一边聊天一边分拣快递。他们身后的包裹堆积成一人多高的"小山",分拣出的快递在他们身前被分为四五堆,分拣员先查看地址,再扫码,随后将快递扔至不同的快递堆中。

无论是手掌大的小包裹,还是大包裹,都难逃被"扔"的命运。包裹堆离得近,快递便被直接扔至包裹堆中;包裹堆离得远,快递就被甩出一两米开外。扔了一段时间后,一位分拣员索性坐了下来,继续手里的分拣动作。

分拣员们的行为引来了过路市民的侧目。"不管是不是易碎品,这么扔来扔去的,太不负责了,难怪我收到的快递总有破得不成样子的。"路人吴先生气愤地说。

类似的情况不在少数。在不远处的另一家快递站点,七八位身着工服的快递员,正将初步分好的包裹往车里搬运,有快递员直接将货物扔进了车里,每件快递扔进车内时都会发出"咣当"的响声。

"1区10号楼,老马你的,接着啊!"伴随着一名男子的喊声,一件巴掌大的快递像"抛飞饼"一样飞出去两米多高,被扔到了三四米外的快递员身旁,快递在包裹堆上打了好几个滚。没过几分钟,又有一件快递在空中划出抛物线,落入另一位快递员手里。快递员们正在分拣的快递中,有的包装已经变得皱皱巴巴,出现了明显的破损。

问题思考

为什么会出现分拣快递"抛飞饼"现象?

装卸搬运是对运输、仓储、包装、流通加工、配送等物流活动进行衔接的中间环节。

装卸搬运活动工作量大,方式复杂,作业不均衡,占用时间长,易损坏物品,安全隐患多。装卸搬运合理化是提高物流系统运行效率和运行效益的客观要求。

第一节 装卸搬运概述

一、装卸搬运的概念

装卸是指在运输工具之间或运输工具与存放场地(仓库)之间,利用人力或机械方式对物品进行载上载入或卸下卸出的作业过程。其作用的结果是物品从一种支撑状态转变为另一种支撑状态,前后两种支撑状态无论是否存在垂直距离差别,都是以一定的空间垂直位移的变化而得以实现的。

搬运是指在同一场所内,利用人力或机械方式对物品进行空间位置移动的作业过程。搬运使物品在区域范围内,通常指在某一个物流结点,如仓库、车站或码头等,发生以水平方向为主的短距离位移。

装卸搬运就是指在某一物流节点范围内进行的,以改变物料的存放(支撑)状态和空间位置为主要内容和目的的活动,即对物料、产品、零部件和其他物品进行搬上、卸下、移动的活动。在流通领域,人们常把装卸搬运活动称为"物品装卸",而生产企业则把这种活动称为"物料搬运"。

二、装卸搬运的特点

(一)伴生性

装卸搬运活动总是与物流的其他活动密不可分的,如运输、储存、包装等活动,它们一般都以装卸搬运为起始点和终结点。例如,一般而言的汽车运输实际上包含了相随的装卸搬运;仓库中泛指的储存活动,也含有装卸搬运活动。装卸搬运这种性质导致其经常被人们忽视,只被看作其他物流活动的组成部分,得不到应有的重视。

(二)保障性

装卸搬运保障了生产与流通其他环节活动的顺利进行,具有保障性质。但装卸物运的保障性不能理解为被动的。实际上,装卸搬运对其他物流活动有一定的决定性,表现在装卸搬运会影响其他物流活动的质量和速度。例如,装车不当,会造成运输过程中的损失;卸放不当,会导致物品转换成下一步运动的困难。许多物流活动只有在有效的装卸搬运支持下,才能实现高水平、高效率。

(三)衔接性

在任何其他物流活动相互过渡时,一般都以装卸搬运来衔接。因此,装卸搬运往往成为整个物流的瓶颈,是物流各环节之间能否形成有机联系的关键。物流过程中出现"跑在中间、窝在两头"的现象,根本原因是装卸搬运能力跟不上。建立一个有效的物流系统,关键看这一衔接是否有效。

(四)安全性

装卸搬运作业需要人与机械、物品、其他劳动工具相结合,工作量大,情况变化多,作业环境复杂,因而存在较多的安全隐患。实践表明,物流活动中发生的各种货物破失、设备损坏、人身伤亡等事故,相当一部分是在装卸过程中发生的。特别是一些危险品,在装卸过程中若违反操作规程进行野蛮装卸,很容易造成燃烧、爆炸等重大安全事故。装卸搬运作业必须牢固树立安全意识。

三、装卸搬运在物流系统中的地位

(一)连接各种物流功能的桥梁

装卸搬运是伴随运输和仓储而产生的必要的物流活动,与运输产生空间效用、仓储产生时间效用不同,它本身不具有明确的价值。但这并不说明搬运装卸在物流过程中不占有重要地位,物流的主要环节,如运输和存储等,均通过装卸搬运活动紧密联结。运输的起点有"装"的作业,终点有"卸"的作业;仓储的开始有入库作业,最后由出库作业结束。物流活动其他各个阶段的转换也要通过装卸搬运联结起来。

(二)物流成本的重要节约源

装卸搬运不但发生次数频繁,而且属于劳动密集型、耗费人力的作业,作业量往往是货物运量和库存量的若干倍,其所消耗的费用在物流费用中占有相当大的比重。据统计,海运周期的50%为靠港装卸,装卸费用占总运费的30%~60%,铁路运输的装卸费用占总运费的25%。装卸搬运费用占比高,意味着降低成本有较大的操作空间。

(三)提高物流系统效率的关键

物流效率主要表现为运输效率和仓储效率。在完成一次运输循环所需的时间里,在发运地的装车时间和在目的地的卸车时间占有不小的比重,特别是在短途运输中,装卸车时间所占比重更大,有时甚至超过运输工具运行时间。据统计,铁路运距低于500公里时装卸时间将超过实际运输时间。因此,缩短装卸搬运时间,对加速车船和物品周转具有重要作用。在仓储活动中,装卸搬运效率对物品的收发速度和物品周转速度产生直接影响。

(四)造成物品损失的主要环节

装卸搬运过程中货物容易受到各种外力作用,如振动、撞击、挤压等,导致货物包装和货物本身受损,如损坏、变形、破碎、散失、流溢等。进行装卸搬运操作时往往需要接触货物,这种接触是造成物流过程中货物破损、散失、损耗、混合等损失的主要环节。例如:袋装水泥纸袋破损和水泥散失主要发生在装卸过程中;玻璃、机械、器皿、煤炭等产品在装卸时最容易受损。

第二节 装卸搬运的类型

一、按装卸搬运作业的场所分类

根据装卸搬运作业场所的不同,流通领域的装卸搬运基本可分为车船装卸搬运、港站装卸搬运、库场装卸搬运三大类。

(一)车船装卸搬运

车船装卸搬运是指在载运工具之间进行的装卸、换装和搬运作业,主要包括汽车在铁路货场和站台旁的装卸搬运,铁路车辆在货场及站台的装卸搬运,装卸搬运时进行的加固作业以及清扫车辆、揭盖篷布、移动车辆、检斤计量等辅助作业。

(二)港站装卸搬运

港站装卸搬运是指在港口码头、车站、机场进行的各种装卸搬运作业,主要包括码头前沿与后方之间的搬运、港站堆场的堆码、拆垛、分拣、理货、配货、中转作业等。

(三)库场装卸搬运

库场装卸搬运通常是指在货主的仓库或储运公司的仓库、堆场、物品集散点、物流中心等处进行的装卸搬运作业。库场装卸搬运经常伴随物品的出库、入库和维护保养活动,其操作内容多以堆垛、上架、取货为主。

在实际运作中,这三类作业往往是相互衔接、难以割裂的。例如,码头前沿的船舶装卸作业与港口和船舶都有联系,分别对应着港站装卸搬运和车船装卸搬运,因此,作业的内容和方式十分复杂,在具体组织实施的过程中,需要认真对待。

二、按装卸搬运作业的内容分类

根据装卸搬运作业内容的不同,装卸搬运可分为堆放拆垛作业、分拣配货作业和挪动移位作业(即狭义的装卸搬运作业)等形式。

(一)堆放拆垛作业

堆放(或装上、装入)作业是指把物品移动或举升到装运设备或固定设备的指定位置,再按要求的状态放置的作业;而拆垛(卸下、卸出)作业则是其逆向作业。例如,使用叉车进行叉上叉下作业,将物品托起并放置到指定位置场所,如卡车车厢、集装箱内、货架或地面上等;利用各种形式吊车进行吊上吊下作业,将物品从轮船货仓、火车车厢、卡车车厢吊出或吊进。

(二)分拣配货作业

分拣是指在堆垛作业前后或配送作业之前,把物品按品种、出入先后、货流进行分类,再放到指定地点的作业。而配货则是把物品从所定的位置按品种、下一步作业种类、发货对象进行分类的作业。一般情况下,配货作业多以人工进行,但是由于多品种、小批量的物流形态日益发展,对配货速度的要求越来越高,以高速分拣机为代表的机械化作业应用逐渐增多。

(三)挪动移位作业

挪动移位作业,即狭义的装卸搬运作业,包括水平、垂直、斜行搬送,以及几种方式组合的搬送。在水平搬运方式中,广泛应用辊道输送机、链条输送机、悬挂式输送机、皮带输送机以及手推车、无人搬运车等设备。按搬运方式的不同,可分为连续式和间歇式。对于粉体和液体物质,也可以用管道进行输送。

三、按装卸搬运的机械及其作业方式分类

根据装卸搬运机械及其作业方式的不同,装卸搬运可分为吊上吊下、叉上叉下、滚上滚下、移上移下、散装散卸等方式。

(一)吊上吊下方式

吊上吊下方式是指采用各种起重机械从物品上部起吊,依靠起吊装置的垂直移动实现装卸,并在吊车运行的范围内或回转的范围内实现搬运或依靠搬运车辆实现小搬运。由于吊起及放下属于垂直运动,这种装卸方式属于垂直装卸。

(二)叉上叉下方式

叉上叉下方式是指采用叉车从物品底部托起物品,并依靠叉车的运动进行物品位移,搬运过程完全靠叉车本身,物品中途不落地直接送达目的地。这种方式垂直运动不大而主要是水平运动,属于水平装卸。

（三）滚上滚下方式

滚上滚下方式主要是指在港口对船舶物品进行水平装卸搬运的一种作业方式。在装货港，用拖车将半挂车或平车拖上船舶，完成装货作业。待载货车辆（包括汽车）连同物品一起由船舶运到目的港后，再用拖车将半挂车或平车拖下船舶，完成卸货作业。

（四）移上移下方式

移上移下方式是指在两车之间（如火车及汽车）进行靠接，然后利用各种方式，不使物品垂直运动，而靠水平推力从一个车辆上推移到另一车辆上的一种装卸搬运方式。这种方式需要使两种车辆水平靠接，因此，需要对站台或车辆货台进行改变，并配合移动工具实现这种装卸。

（五）散装散卸方式

散装散卸方式是指对散状物品不加包装地直接进行装卸搬运的作业方式。在采用散装散卸方式时，物品在从起始点到终止点的整个过程中不再落地，它是将物品的装卸与搬运作业连为一体的作业方式。

四、按装卸搬运作业的特点分类

根据作业特点的不同，装卸搬运可分为连续装卸搬运和间歇装卸搬运两大类。

（一）连续装卸搬运

连续装卸搬运是指采用皮带机等连续作业机械，对大批量的同种散状物品或小型件杂货进行不间断输送的作业方式。在采用连续装卸搬运时，作业过程中间不停顿，散货之间无间隔，小型件杂货之间的间隔也基本一致。在装卸量较大、装卸对象固定、物品对象不易形成大包装的情况下适合采取这一方式。

（二）间歇装卸搬运

间歇装卸搬运是指作业过程包括重程和空程两个部分的作业方式。间歇装卸搬运具有较强的机动性，装卸地点可在较大范围内变动，广泛适用于批量不大的各类物品，对于大件或已包装物品尤其适合。此外，如果配以抓斗或集装袋等辅助工具，则也可以对散装物品进行装卸搬运。

五、按装卸搬运的对象分类

根据装卸搬运对象的不同，装卸搬运可分为单件作业法、集装作业法、散装作业法三大类。

(一)单件作业

单件作业法指的是对非集装的、按件计的物品逐个进行装卸搬运操作的作业方法。单件作业对机械、装备、装卸条件要求不高,因而机动性较强,可在很广泛的地域内进行而不受固定设施、设备的地域局限。

单件作业可采取人力装卸搬运、半机械化装卸及机械装卸搬运。由于逐件处理,装卸速度慢,且在装卸时要逐件接触货体,容易出现货损,同时反复作业次数较多,也容易出现货差。

单件作业的装卸搬运对象主要是包装杂货,多种类、少批量物品及单件大型、笨重物品。

(二)集装作业

集装作业是指对集装货载进行装卸搬运的作业方法。每装卸一次是一个经组合之后的集装货载,在装卸时对集装体逐个进行装卸操作。它和单件装卸的主要异同在于,都是按件处理,但集装作业"件"的单位大大高于单件作业每件的大小。

集装作业一次作业装卸量大,装卸速度快,且在装卸时并不逐个接触货体,而仅对集装体进行作业,因而货损较小,货差也较小。

集装作业由于集装单元较大,通常不能进行人力手工装卸,虽然在不得已时,可用简单机械偶尔解决一次装卸,但对于大量集装货载而言,只能采用机械装卸。同时,这种作业必须在有条件的场所进行,不仅受装卸机具的限制,也受集装货载存放条件的限制,因而其机动性较差。

(三)散装作业

散装作业是指对大批量粉状、粒状物品进行无包装的散装、散卸的装卸搬运方法。装卸搬运可连续进行,也可采取间断的装卸搬运方式。但是,都需采用机械化设施、设备。在特定情况下,若货物批量不大,则也可采用人力装卸搬运,但是劳动强度会很大。

六、按被装物的主要运动形式分类

根据被装物的主要运动方式,装卸可分为垂直装卸和水平装卸两大类。

(一)垂直装卸

采取提升和降落的方式进行装卸,这种装卸需要消耗较大的能量。垂直装卸是采用比较多的一种装卸形式,所用的机具通用性较强,应用领域较广,如吊车、叉车等。

(二)水平装卸

水平装卸对装卸物采取平移的方式实现装卸的目的。这种装卸方式不改变被装物的势能,因而比较节能,但需配备专门设施,如和汽车水平接靠的高站台、汽车与火车车皮之间的平移工具等。

第三节 装卸搬运合理化

装卸搬运必然消耗物化劳动和活劳动。这种劳动消耗量要以价值形态计入装卸搬运对象的价值,从而增加产品的物流成本。因此,要科学、合理地组织装卸搬运流程,尽量减少用于装卸搬运的劳动消耗,杜绝不合理的装卸搬运,促进装卸搬运的合理化。

一、不合理装卸搬运的表现形式

不合理装卸搬运是在现有条件下可以达到的装卸搬运水平而未达到,从而造成的无效装卸搬运。不合理的装卸搬运形式一般有以下几种。

(一)过多的装卸搬运次数

在物流过程中,货损发生的主要环节是装卸环节,而在整个物流过程中,装卸又是反复进行的,其发生的频率超过任何其他活动,过多的装卸次数必然导致损失的增加。从发生的费用来看,一次装卸费用相当于几十公里的运输费用,每增加一次装卸,费用就会有较大比例的增加。此外,装卸又会大大阻缓物流整体速度,是降低物流速度的重要因素。

(二)过大的包装装卸搬运

若包装过大过重,在装卸搬运时就会反复在包装上消耗较大的劳动,这一消耗不是必要的,从而形成无效装卸搬运。因此,包装要适宜,包装是物流中不可缺少的辅助作业手段。包装的轻型化、简单化、实用化会不同程度地减少作用于包装上的无效劳动。进行包装时,尽量使用比较轻的包装材料,以减少搬运所消耗的劳动。

(三)无效物质的装卸搬运

进入物流过程中的物品,有时混杂着没有使用价值或对用户来讲使用价值不匹配的各种掺杂物,如煤炭中的矸石、矿石中的水分、石灰中的未燃烧石灰及过烧石灰等,在反复装卸搬运时,对这些无效物质反复消耗劳动,形成无效搬运。为减少无效物品的装卸搬运,需要提高物品的纯度。物品纯度越高,装卸作业的有效性就越高;反之,无效作业则相应增多。

二、实现装卸搬运合理化的方法

(一)坚持省力化原则

所谓"省力",就是节省动力和人力。具体而言:应积极利用物品本身的重量和落差原理,设法利用重力移动物品,如在倾斜的辊道运输机上运输物品,或利用滑槽、滑板让物品在重力作用下移动;尽量减少从下往上的装卸搬运,以减轻负重;当不能利用重量和落差时,应尽量采用水平装卸搬运,如确保仓库的作业月台与卡车车厢处于同一高度,以便手推车可以直接进出,再如卡车后面带尾板升降机,仓库作业月台设装卸货物升降装置等。总之,省力化装卸搬运原则是:能往下则不往上;能直行则不拐弯;能用机械则不用人力;能水平则不上坡;能连续则不间断;能集装则不分散。

在不得不采用人工作业时,也要注意重力的影响和作用,应减少人体的上下运动,避免反复从地面搬起重物,避免人力抬运或搬送过重物品。

(二)提高装卸搬运灵活性

装卸搬运灵活性的含义是,物品从静止状态转变为装卸搬运运动状态的难易程度。如果很容易转变为下一步的装卸搬运而无须过多做装卸搬运前的准备工作,则活性就高;如果难以转变为下一步的装卸搬运,则活性低。装卸搬运活性的高低,一般用活性指数来衡量。活性指数分为0—4,共5个等级。指数越高,活性就越大,越容易进入下一步物流过程。物品装卸搬运活性指数说明如表8-1所示。

表8-1 库存物装卸搬运活性指数

物品状态	活性指数
物品杂乱地堆在地面上的状态	0
物品装箱或经捆扎后的状态	1
装在箱子里或被捆扎后的物品,下面放有托盘或其他衬垫,便于叉车或其他机械作业的状态	2
物品被放于台车上或用起重机吊钩钩住,即刻移动的状态	3
被装卸、搬运的物品,已经被置于输送设备上,处于启动或直接作业的状态	4

为提高装卸搬运的灵活性,物品在放置时就要考虑有利于下次搬运。例如,装入容器并垫放的物品与散放于地面的物品相比易于搬运;物品在装载时要考虑便于卸载,入库时考虑便于出库;要创造易于搬运的环境和使用易于搬运的包装。

(三)重视搬运的连接点

物料搬运负责衔接各项不同的作业,即使采用最高活性系数的搬运方式,如采用传送带搬运,两种不同搬运之间仍存在"连接点上的转移",这才是问题的所在。因此,要尽量减少连接点,这样才能筹划在各输送场所的操作,使输送物料像流体一样不停地输送下去。因为在连接点的操作是不会增值的,也对生产无益,还容易"使产品受损""呈不安全状态",所以必须特别留意。

延伸阅读

日本的"六不改善法"

在日本,物流界为了提高商品装卸和整个物流过程的效率,提出了一种名为"六不改善法"的物流原则。

1. 不让等。也就是要求通过合理的安排,使得作业人员和作业机械闲置的时间为零,实现连续的工作,发挥最大的效用。

2. 不让碰。也就是通过机械化、自动化设备的利用,使得作业人员在进行各项物流作业的时候,不直接接触商品,减轻人员的劳动强度。

3. 不让动。也就是说通过优化仓库内的物品摆放位置和自动化工具的应用,减少物品和作业人员移动的距离和次数。

4. 不让想。也就是说通过对物流过程中的装卸作业进行分解和分析,实现作业的简单化、专业化和标准化的 3S 原则,从而使得作业过程更为简化,减少作业人员的思考时间,提高作业效率。

5. 不让找。通过详细的规划,把作业现场的工具和物品摆放在最明显的地方,使作业人员在需要利用设备的时候,不用去寻找。

6. 不让写。也就是通过信息技术以及条码技术的广泛应用,真正实现无纸化办公,降低作业成本,提高作业效率。

(四)推行装卸搬运的单元化

在装卸作业过程中,根据不同物品的种类、性质、形状、重量,确定适宜的装卸作业方式。处理物品装卸方法有三种形式:对普通包装的物品逐个进行装卸,叫作"分块处理";将颗粒状物品不加小包装而原样装卸,叫作"散装处理";将物品以托盘、集装箱、集装袋为单位进行组合后进行装卸,叫作"集装处理"。对于包装的物品,尽可能进行"集装处理",实现单元组合化装卸,以便充分利用机械进行操作。

组合化装卸具有很多优点:装卸单位大、作业效率高,可大量节约时间;能提高装卸搬运的灵活性;操作单位大小一致,易于实现标准化;避免人员用手去触及各种物品,可达到保护物品的效果。

(五)提高装卸搬运的自动化水平

人工装卸搬运是一项繁重的体力劳动,容易引发安全事故,而且受到很多条件的限制。在装卸搬运工作量大的情况下,引入自动化分拣流水线、AVG搬运机器人、电动叉车等自动化和机械化设备,积极利用机器代人,提高装卸搬运作业的自动化水平,有利于把工人从繁重的体力劳动中解放出来,从而大大提高装卸搬运作业效率和作业范围。

(六)创建物流"复合终端"

所谓"复合终端",是指对不同运输方式的终端装卸场所,集中建设不同的装卸设施。例如,在复合终端内集中设置水运港、铁路站场、汽车站场等,这样就可以合理配置装卸搬运机械,使各种运输方式有机地联结起来。复合终端的优点在于:取消了各种运输工具之间的中转搬运,有利于物流速度的加快,减少了装卸搬运活动造成的物品损失;各种装卸场所集中到复合终端,这样就可以共同利用各种装卸搬运设备,提高设备的利用率;在复合终端内,可以利用大生产的优势进行技术改造,大大提高了转运效率;减少了装卸搬运的次数,有利于物流系统功能的提高。

(七)重视改善物流系统的总效果

装卸搬运在某种意义上是运输、保管活动的辅助活动。因此,应着重从物流的全过程来考量装卸搬运的最优效果。如果单独从装卸搬运的角度考虑问题,不但限制了装卸搬运活动的改善,而且容易与其他物流环节发生矛盾,影响物流系统功能的提高。

(八)做到装卸搬运的文明化

装卸搬运是重体力劳动,很容易超过人体的承受限度。如果不考虑人的因素或不够尊重人格,则容易出现野蛮装卸和乱扔乱摔现象。在对搬运的东西进行包装和捆包时,应考虑人的正常能力和抓拿的方便性,也要注重安全性和防污染性等。装卸搬运要建立严格的机械设备的检修制度,作业环境应留有安全作业空间、作业通道畅通、作业场所无障碍、地面防滑,以确保作业安全和作业人身安全。

 延伸阅读

美国物料搬运协会物料搬运原则

美国物料搬运协会提出了10条物料搬运原则,认为运用这些原则会对企业盈利能力、顾客服务和生产率产生正面影响(具体原则见表8-2)。

表8-2 物料搬运原则

1.计划原则	强调积极主动的(而非被动的)物料搬运方法
2.标准化原则	强调物料搬运活动、过程和设备的标准化

续表

3.工作原则	强调更聪明工作而不是更易实现企业生产率和顾客满意的目标
4.人体工效学原则	在设计物料搬运活动和操作物料搬运设备时应考虑人类的局限性和能力
5.单元货载原则	关注单元货载价值的最大化
6.空间利用原则	致力于充分利用现有空间
7.系统原则	强调物料搬运职能将影响其他物流职能,同时会受到其他物流职能和活动的影响
8.自动化原则	在适当的情况下自动化可以提高效率和可靠性
9.环境原则	在设计或选择替代设备或物料搬运系统时,应考虑环境影响和能源消耗
10.生命周期成本原则	应进行彻底的经济分析,考虑所有物料搬运设备及其系统的整个生命周期

本章小结

装卸搬运就是指在某一物流节点范围内进行的,以改变物料的存放(支撑)状态和空间位置为主要内容和目的的活动,即对物料、产品、零部件和其他物品进行搬上、卸下、移动的活动。装卸搬运是连接各种物流活动的桥梁,是物流成本的重要节约源,是提高物流系统效率的关键,是造成物品损失的主要环节。按不同的标志,装卸搬运可以划分为不同的类型,每一种类型都有自己的特点。不合理的装卸搬运形式一般有过多的装卸搬运次数、过大的包装装卸搬运和无效物质的装卸搬运。实现装卸搬运合理化的方法有:坚持省力化原则;提高装卸搬运活性;重视搬运的连接点;推行装卸搬运的单元化;提高装卸搬运自动化水平;创建物流"复合终端";重视改善物流系统的总效果;实现装卸搬运的文明化。

复习与讨论题

1. 简述装卸搬运的概念与其在物流系统中的地位。
2. 装卸搬运有哪些特点?
3. 谈谈你对物料搬运的活性理论的理解?
4. 不合理的装卸搬运表现在哪些方面?
5. 实现装卸搬运合理化的方法有哪些?

6. 为什么要重视搬运的连接点?
7. 讨论为什么装卸搬运环节最容易发生安全事故。

案例分析 ⇨8-1

仓储物流技术的发展趋势

从行业应用看,我国仓储物流技术的发展,已经从"适度自动化＋高度信息化"阶段过渡到"高度自动化＋高度信息化"阶段,并开始向智能化演变。这是大的方向。

从技术发展层面而言,更大的规模,更高的柔性,更高的自动化水平,更高的效率,更低的成本,无疑是发展趋势。自动化、无人化、智能化成为发展的总趋势。

总体而言,物流技术的发展,将会在以下几个方面有较大的突破:

1. 柔性化技术与单元化技术的全面应用

仓储物流中的柔性化技术,如 AGV、kiva、四向穿梭车、子母车、3D 组盘技术等,未来还有可能是可行走的机器人、无人机等。有些是高度柔性化的,有些则是半柔性化(与完全柔性涉及的指标存在差距,如路线不能随意调整等)的。其主要特点表现在:(1)其路径是非固定的;(2)设备数量是可增减的;(3)设备用途是多方面的。以 AGV 为例,最早的 AGV 系统仅用于物料搬运,然而今天的 AGV(包括 kiva),可以用于搬运、输送、储存、拣选等多个方面。未来,AGV 大面积取代叉车和输送机的可能性很高。以周转箱和托盘为载具的"单元",将在整个供应链体系中保持一致的形态,完成快速对接,大幅度提升仓储物流效率。载具的共用体系的建立只是迟早之事。

2. 货到人拣选技术将成为拆零拣选的主流技术

货到人拣选(未来可能是货到机器人拣选)技术在近几年受到广泛重视并快速发展,但还远没有达到普及的水平。这一技术以巨大的优越性,将会在拆零拣选(不仅限于拆零拣选)环节发挥巨大的作用。尤其以多种形式的穿梭车和 kiva 为代表的存取技术取得了突飞猛进的进步。kiva 机器人已经被认为是拣选系统中使用最广泛的自动化技术之一,成为引领世界物流技术发展的潮流。穿梭车技术,包括多层穿梭车和四向穿梭车等多种形式,也是近年来发展最迅速的技术之一,其在大型配送中心,尤其在电子商务配送中心,将起到关键作用。

3. 自然导航和 3D 识别技术在物流系统中普遍应用

自然导航技术广泛应用在自动驾驶技术上,是一种比激光导航更加优越的导航技术。kiva 在电商等众多类型的仓储物流系统中都有应用。但 kiva 基本采用二维码＋磁条导航技术,这是一种成本相对较低的导航技术,缺点是柔性较差。自然导航技术完全克服了过去那种需要预定义系统和环境的思路,可以模拟汽车在一段陌生的公路上行走。当然,由于仓库是一个封闭系统,比起公路来要规范许多,因此,自动导航的难度相对降低很多。3D识别技术之所以重要,主要在于它解决了空间定位问题,使得自动拣选、自动码垛与拆垛、自动装车与卸车变得可能,可以预见,3D技术的全面应用,将对仓储物流技术产生革命性的影响。

4. 传统技术已经不是以前的意义

如AS/RS系统,除了高度、速度等将有重大突破外,立体库的规模将会越来越大。此外,库前区的技术革命也会有重大变化,比如AGV将取代叉车作业和输送机作业就会是一次设计理念上的大突破。未来的AS/RS系统将会变得更加柔性化,系统也会更加简单。

Miniload技术将会有更大的市场。随着拆零业务比例的上升,以箱为单位的作业系统会更加受到重视。穿梭车也是如此。

随着AGV技术的不断成熟,叉车改造为自动叉车具有巨大的市场空间。随着冷链市场的需求增大,适合于−18℃甚至更低环境的自动化系统需求会越来越大,而这一方面的技术目前还非常短缺。此外,高速分拣系统、自动包装系统等都将获得更大的发展。

5. AI技术将得到全面应用

各式各样的机器人参与物流作业的各个环节,将引发一场物流作业的革命。如双足机器人在物流各环节的应用,将对当前难以处理的厢式货车的装卸作业发挥意想不到的作用。未来几十年,将是AI从概念全面走向实用的时期。智能物流的一个显著特征就是AI的全面应用。对于AI技术对于社会和物流技术的巨大推动作用,可能所有的想象和预测都会过于保守,现在仅仅能看到端倪,还无法突破巨大的想象空间。

总而言之,更高的存储效率、更快的作业效率、更准确的拣选作业以及作业更加轻松,是物流系统追求的目标。充分利用空间,提高物流作业效率与客户服务体验,是技术发展的底层动力。所有技术的进步都是为了提高服务水平这样一个共同目标。

资料来源:尹军琪. 中国仓储物流自动化技术发展路径与未来趋势[J]. 物流技术与应用,2020(6).

问题讨论

1. 你认为一个现代化的仓库,可能会涉及哪些现代仓储技术?
2. 你能描绘仓储技术的发展历史和未来趋势吗?

第九章 流通加工

 学习目标

通过本章学习,要求掌握流通加工的概念、流通加工和生产加工的区别,理解流通加工的作用,了解典型的流通加工形式及其特点,了解不合理流通加工的表现形式,掌握实现流通加工合理化的方法。

 开篇导问

惠普的大规模定制

大规模定制是指一个公司向很多不同的顾客提供高度个性化产品和服务,其关键在于将产品差别化的工作推迟到供应网络的最后一点来进行。

惠普公司采用标准组件法来设计其台式打印机,在欧洲和亚洲市场上根据顾客的要求装配成不同风格的产品出售。惠普将产品个性化的程序从生产车间推进到地区分销中心进行。例如,惠普不在其设在新加坡的生产厂进行差异化加工,而在设于德国斯图加特的欧洲分销中心进行,其设计的打印机连电源插头都要因国而异。然而,分销中心不仅进行产品的个性化加工,还自行采购能使产品差异化的材料(如电源、包装、使用手册等)。这种重新设计的结果是,制造成本比在生产车间进行个性化时稍高,但总的制造、运输和存货成本降低了25%。

问题思考

惠普为什么将产品个性化的程序从生产车间推进到地区分销中心进行?

流通的加工是对流通领域产品进行的加工,是物流中的一种特殊形式。随着经济社会的发展,现有生产加工中的部分末端加工还将不断从生产加工中分离出来,进入流通加工领域。流通加工的作用和地位还将不断提升。

第九章 流通加工

第一节 流通加工概述

一、流通加工的概念

流通加工是根据客户的需要，在流通过程中对产品实施的简单加工作业活动的总称。这里简单加工作业活动包括包装、分割、计量、分拣、刷标志、拴标签、组装、组配等。

流通与加工本属于不同的范畴。加工是改变物质的形状和性质、形成一定产品的活动；而流通是改变物质的空间状态与时间状态。流通加工则是为了弥补生产过程加工的不足，更有效地满足用户或本企业的需要，使产需双方更好地衔接，故而将这些加工活动放在物流过程中完成，使其成为物流的一个组成部分。流通加工是生产加工在流通领域的延伸，也可以看成流通领域为了更好地服务而在职能方面的拓展。

流通加工者在生产者和用户之间，起着承上启下的作用。它是把分散的用户需求集中起来，使零星的作业集约化，作为广大终端用户的汇集点来发挥作用。

二、流通加工与生产加工的区别

流通加工和一般的生产加工在加工方法、加工组织、生产管理方面并无显著区别，但在加工对象、加工目的、加工程度等方面存在较大差别，并见表 9-1。

表 9-1 流通加工与生产加工的比较

	流通加工	生产加工
加工对象	进入流通过程的商品	原材料、零配件和半成品
所处环节	流通过程	生产过程
加工范围	有局限性	较大
加工程度	简单的、辅助的、补充的加工	复杂的、专门的、主体性的加工
附加价值	完善使用价值并创造价值	创造使用价值和价值
加工单位	商业或物流企业	生产企业
加工目的	消费、物流	交换、消费

三、流通加工的作用

（一）弥补生产加工的不足

许多产品在生产领域的加工只能到一定程度，这是由于存在很多因素限制了生产领域实现最终的产品加工。例如：玻璃厂的大规模生产只能按标准规格生产，以使产品具备较强的通用性，让生产能有较高的效率和效益；木材如果在产地就完成成品所有制作工序,将会造成运输的极大困难,所以原生产领域只能加工到原木、板方材这个程度,进一步的下料、切裁、处理等工作由流通加工完成。这种流通加工实际是生产的延续,是生产加工的深化,对弥补生产领域的加工不足有重要意义。

(二)预防产品使用价值的下降

有些产品要保证使用价值不下降,需要进行一定的流通加工。例如:水产品、蛋产品、肉产品等要求保鲜、保质的冷冻加工、防腐加工、保鲜加工等;丝、麻、棉织品的防虫、防霉加工等;对金属制品喷漆、涂防锈油等;木材的防干裂、防腐朽加工等;水泥的防潮、防湿加工等;煤炭的防高温自燃加工等。这些流通加工无疑会使产品的使用价值得到妥善保存,延长产品在生产与使用之间的时间距离。

(三)提高原材料的利用率

以流通领域的集中加工代替分散在各个使用部门的分别加工,可以实行合理规划、合理套裁、集中下料的办法,从而大大提高物品的利用率,带来显著的经济效益。集中加工形式可以减少原材料的消耗,提高加工质量,同时可以充分利用加工后的副产品。例如,钢材的集中下料,可充分进行合理下料,搭配套裁,减少边角余料,从而达到加工效率高、加工费用低的目的。

(四)提高社会的加工效率

在流通加工未产生之前,物品满足生产或消费所需要的流通加工活动一般由使用单位承担,使用者不得不安排一定的人力、设备、场地等来完成这些加工活动。用量小或临时有需求的使用单位,往往缺乏进行高效率初级加工的能力。依靠流通加工不但可以省去这些单位进行初级加工的投资、设备及人力,而且流通部门可以利用高效的专业化设备提升加工水平。

(五)促进产品的市场销售

流通加工可以从不同方面起到促进销售的作用。例如:将过大包装或散装物(这是在运输过程中为提高物流效率所要求的)分装成适合一次销售的小包装,进行分装加工;将原以保护产品为主的运输包装改换成以促进销售为主的装潢性包装,以起到吸引消费者、指导消费的作用;将零配件组装成用具、车辆,以便直接销售给消费者;将蔬菜、肉类洗净切块,以满足消费者要求等。这种流通加工不改变"物"的本体,只进行简单改装加工,也有许多属组装、分块等深加工。

(六)优化运输手段的使用

将流通加工环节设置在消费地,从制造厂到流通加工这第一阶段运输距离就比较长,而从流通加工到消费环节的第二阶段距离就比较短。第一阶段是在数量有限的制造厂与流通加工点之间进行定点、直达、大批量的远距离运输;第二阶段则是经过流通加工后的多规格、小批量、多用户的产品运输。这样可以充分发挥各种运输手段的效率,加快运输速度,节省运力运费。例如,铝制门窗框架、自行车、缝纫机等若在制造厂装配成完整的产品,在运输时将产生很高的运输费用。一般都是把这些产品的零部件,如铝制门窗框架的材料、自行车车架和车轮分别集中捆扎或装箱,到达销售地点或使用地点以后,再分别组装成完整的成品,这样使运输方便且经济。

(七)提高物流效率

一些产品由于自身的形态,在运输、装卸作业中的效率较低,难以进行物流操作。例如:鲜鱼的装卸、储存操作困难;气体物的运输、装卸困难等。对这类产品进行加工处理,可以使物流的各环节易于操作,如鲜鱼冷冻、气体液化等。这种流通加工往往改变"物"的物理状态,但并不改变其化学特性,最终仍能恢复产品原来的物理状态。

第二节 典型流通加工形式

一、水泥熟料的流通加工

水泥熟料的流通加工是指在需要长途运入水泥的地区,变运入成品水泥为运进熟料这种半成品,在该地区的流通加工点(磨细工厂)磨细,并根据当地资源和需要的情况掺入混合材料及外加剂,制成不同品种及标号的水泥供应给当地用户。

水泥熟料的流通加工可以省去添加剂的运力和运费,更好地满足当地的实际需求,降低使用成本,以较低成本实现大批量、高效率的输送,大大减少水泥的输送损失,能更好地衔接产需,方便用户。

二、商品混凝土的流通加工

商品混凝土的流通加工是指将以往向用户供应粉状水泥、由用户在建筑工地现场搅拌成混凝土后使用的习惯做法,改变为将粉状水泥输送到使用地的流通加工点(集中搅拌混凝土工厂或商品混凝土工厂),在该地搅拌成商品混凝土后供给各个工地或小型构件厂使用。它的技术经济效果优于直接供应或购买水泥在工地现制混凝土的效果,在发达国家得到普遍重视。

这种流通加工形式的主要优点是:将水泥的加工从小规模的分散状态转变为大规模的集中形态,有利于实现加工的规模经济;有利于提高混凝土质量,减少水泥消耗量;有利于提高搅拌设备利用率;有利于简化工地的材料管理工作,节省施工用地。例如,制造每立方米混凝土的水泥使用量,采用集中搅拌一般能比分散搅拌减少20~30千克。

三、钢卷剪切流通加工

汽车、冰箱、冰柜、洗衣机等生产制造企业每天需要大量的钢板,除了大型汽车制造企业外,一般规模的生产企业若自己单独剪切,则难以解决因用料高峰和低谷差异而引起的设备忙闲不均和人员浪费问题,而如果委托专业钢板剪切加工企业,则可以较好地解决这个矛盾。

专业钢板剪切加工企业能够利用专业设备,按照用户设计的规格尺寸和形状进行剪裁加工,剪切加工精度高、速度快、废料少、成本低;专业钢板剪切加工企业还可以出售加工原材料和加工后的成品以及提供配送服务。采用委托加工方式,用户可省心、省力、省钱。

四、木材的流通加工

(一)磨制木屑压缩输送

木材是造纸材料,需求量巨大。木材容重轻,在运输时往往面临车船空间满装但重量不足的问题,装车、捆扎也比较困难。从林区外送的原木中,有相当一部分是造纸材。根据美国的经验,可在林木生产地就地将原木磨成木屑,然后压缩成容重较大、容易装运的形状,再运至靠近消费地的造纸厂。采取这种办法相较于直接运送原木,可节约一半运费。

(二)集中开木下料

在流通加工点将原木锯截成各种规格锯材,同时将碎木、碎屑集中加工成各种规格板,甚至还可进行打眼、凿孔等初级加工。用户直接使用原木不但加工复杂、加工场地大、加工设备多,而且资源浪费严重,木材平均利用率不到50%,平均出材率不到40%。实行集中下料按用户要求供应规格料,可以使原木利用率提高到95%,出材率提高到72%左右,有相当好的经济效果。

五、平板玻璃的流通加工

平板玻璃的运输货损率较高,运输难度比较大。在消费比较集中的地区建立玻璃流通加工中心,按照客户的需要对平板玻璃进行套裁和开片,可以使玻璃的利用率从62%~65%提高到90%以上;可以节约大量包装用木材,防止玻璃在流通中出现大量破损;可以使用专用设备进行裁制,降低切裁玻璃的劳动强度;可以减少废玻璃产生的数量,集中处理废玻璃;可以满足用户的个性化需要,提高服务水平。

六、煤炭及其他燃料的流通加工

(一)除矸加工

除矸加工是以提高煤炭纯度为目的的加工形式。矸石有一定发热量,煤炭中混入一些矸石是允许的,也是较为经济的做法。但在运力十分紧张的地区,为充分利用运力,要求多运"纯物质",少运矸石。在这种情况下,可以采用除矸的流通加工排除矸石。

(二)煤浆加工

煤炭的运输主要采用容器载运的方式,运输中损失浪费较大,又容易发生火灾。管道运输是近代兴起的一种先进物流技术,在流通的起始环节将煤炭磨成细粉,再用水调和成浆状,使之具备流动性,就可以像其他液体一样利用管道进行输送。这种输送方式连续稳定,速度也较快,是一种比较经济的运输方式。

(三)配煤加工

在使用地区设置集中加工点,将各种煤及一些其他发热物质,按不同配方进行掺配加工,生产出不同发热量的燃料,这一过程称为"配煤加工"。这种加工方式可以按需要发热量生产和供应燃料,防止热能浪费和"大材小用",也防止因发热量过小而不能满足使用要求。工业用煤经过配煤加工还可以起到便于计量控制、稳定生产过程的作用,在经济上和技术上都具有价值。

(四)气体的液化加工

由于气体输送、保存比较困难,天然气及石油气往往只能在产地使用。如果当地资源充足用不完,则气体往往就地燃烧掉,这会造成资源浪费和环境污染。天然气及石油气的输送可以采用管道,但因投资大、输送距离有限而受到制约。在产出地将天然气或石油气压缩到临界压力之上,使之由气体变成液体,就可用容器装运,使用时机动性较强。

七、机电产品的组装加工

机电设备储运困难较大,主要原因是不易进行包装,包装成本过高,并且运输装载困难,装载效率低,流通损失严重。这些货物有一个共同特点,即装配较简单,装配技术要求不高,装配后不需进行复杂检测及调试。因此,为解决储运问题,降低储运费用,采用半成品(部件)高容量包装出厂,在消费地拆箱组装的流通加工方式。

八、生鲜食品的流通加工

(一)冷冻加工

冷冻加工是指为解决鲜肉、鲜鱼在流通中保鲜及搬运装卸问题而采取低温冻结方式的加工。这种方式也用于某些流体商品、药品等。

(二)分选加工

农副产品离散情况较为严重,为获得一定规格的产品,常采取人工或机械分选的方式进行加工。分选加工广泛应用于果类、瓜类、谷物、棉毛原料等。

(三)精制加工

精制加工是对农、牧、副、渔等产品,在产地或销售地设置加工点,去除无用部分,甚至可以进行切分、洗净、分装等加工。这种加工不仅大大方便了购成买者,还可对加工的淘汰物进行综合利用。比如,鱼类的精制加工所剔除的内脏可以制成药物或饲料,鱼鳞可以制成高级粘合剂,头尾可以制成鱼粉等;蔬菜的加工剩余物可以制成饲料、肥料等。

(四)分装加工

许多生鲜食品零售起点较小,而为保证高效输送,出厂包装则较大;也有一些是采用集装运输方式运达销售地区。这样,为便于销售,在销售地区按所要求的零售起点进行新的包装,即大包装改小包装、散装改小包装、运输包装改销售包装,这种流通加工方式称为"分装加工"。

九、垃圾减量流通加工

垃圾处理是非常大的问题,也是世界性的难题。通过适当的流通加工,能对垃圾减量化作出积极贡献。

(一)回收利用

回收利用是指通过物理转换、化学转换(包括化学改性及热解、气化等热转换)和生物转换(包括微生物转换、昆虫转换和动物转换等),实现垃圾的物质属性的重复利用、再造利用和再生利用。它包括传统的物质资源回收利用和易腐有机垃圾转换成高品质物质资源。

(二)压缩处理

垃圾的一大问题是数量大,它的处理要投入人力、物力、财力。压缩处理是指通过压缩手段来缩减垃圾的体积,从而减少处理的数量。

(三)垃圾焚烧

垃圾焚烧是将城市生活垃圾中的可燃成分与空气中的氧气进行燃烧反应,使其变成无机物,焚烧处理可使垃圾减容80%～90%。但是,垃圾焚烧由于会造成空气污染,只有在不得已的情况下才应用,不值得提倡和推广。

第三节 流通加工合理化

流通加工是在流通领域中对生产的辅助性加工,从某种意义来讲它不仅是生产过程的延续,实际上还是生产本身或生产工艺在流通领域的延续。这个延续可能有正、负两方面的作用,即可能有效地起到补充完善的作用,但也必须估计到另一个可能性,即对整个过程的负效应。各种不合理的流通加工都会产生抵消效益的负效应。

一、不合理流通加工的表现形式

(一)流通加工地点选择不合理

一般而言,为衔接单品种大批量生产与多样化需求的流通加工,只有将加工地设置在需求地,才能实现大批量的干线运输与多品种末端配送的物流优势(图9-1是流通加工地点选择示意图)。如果将流通加工地点设置在生产地或接近生产地,则会出现下列明显的不合理:

第一,当产品需求多样化时,必然出现多品种、小批量由生产地向需求地的长距离运输,从而形成不合理。

第二,在生产地或接近生产地增设了一个加工环节,同时增加了近距离运输、装卸、储存等一系列物流活动。在这种情况下,不如由原生产单位完成这种加工,这样还可以免去设置专门的流通加工环节。

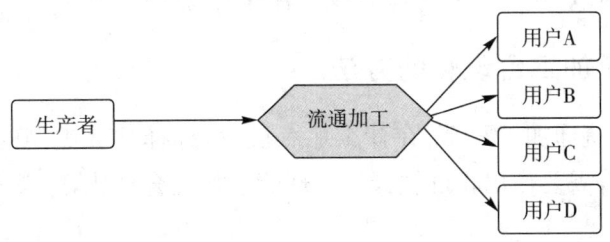

图9-1 流通加工地点选择

(二)流通加工方式选择不当

流通加工方式包括流通加工对象、流通加工工艺、流通加工技术、流通加工程度等。流通加工方式的确定实际上是与生产加工的合理分工。流通加工不是对生产加工的代替,而是一种补充和完善。本来应由生产加工完成的,却错误地由流通加工完成,而本来应由流通加工完成的,却错误地由生产过程所承担,这些都会造成分工不合理。

一般而言,产品工艺复杂,技术装备要求较高,或加工可以由生产过程延续即可轻易解决,都不宜再设置流通加工点,尤其不宜与生产过程争夺技术要求较高、效益较高的最终生产环节,更不宜利用一个时期市场的压力;使生产者变成初级加工或前期加工者。如果流通加工方式选择不当,就会出现与生产夺利的恶果。

(三)流通加工作用不大,形成多余环节

部分流通加工过于简单,对生产者和消费者作用不大,甚至有时因流通加工的盲目性而未能解决品种、规格、质量、包装等问题,反而增加了环节,这也是流通加工不合理的重要形式之一。

(四)流通加工过度,导致加工浪费

流通过度加工的浪费也称为"加工本身的浪费",是指在品质、精度及加工过程中的主动投入超过下道工序或客户的需求,且不产生价值的产品或服务。我国有些粮食加工企业,加工 100 斤稻谷仅产出 30 多斤米,精加工面粉有的出粉率仅为 20%。这种过度加工造成了粮食"餐桌外浪费",且过多食用这种"细粮"对消费者健康并不是好事。

(五)流通加工成本过高,效益不好

流通加工之所以具有生命力,重要原因之一是具备较大的产出投入比,从而能有效地起着补充完善的作用。如果流通加工成本过高,则不能达到以较低投入实现更高使用价值的目的。除了一些必需的以及从政策要求出发即使亏损也应进行的加工,如果流通加工成本过高,效益不好,则都应看成不合理的。

二、实现流通加工合理化的方法

对于是否设置流通加工环节,在什么地点设置,选择什么类型的加工,采用什么样的技术装备等问题,需要作出正确抉择。实现流通加工合理化,应考虑以下几个问题:

(一)加工和配送结合

加工和配送结合是指将流通加工设置在配送点中,一方面按配送的需要进行加工,另一方面加工是配送业务流程中分货、拣货、配货中的一环,加工后的产品直接投入配

货作业,这就无须单独在配送点之外设置一个加工的中间环节,使流通加工有别于独立的生产,从而使流通加工与中转流通巧妙地结合在一起。同时,由于配送之前进行加工,可大大提高配送服务水平,这是对流通加工进行合理选择的重要形式,这种方式已经在生活资料领域广泛地采用,并且在煤炭、水泥等产品的流通中表现出较大的优势。

(二)加工和配套结合

在对配套要求较高的流通活动中,配套的主体来自各个生产单位,但是完全配套有时无法全部依靠现有的生产单位。适当进行流通加工,可以促成更广泛领域内社会资源的配套,更有效地发挥流通的桥梁与纽带作用。

(三)加工和运输结合

流通加工能有效衔接干线运输与支线运输,促进两种运输形式的合理化。支线运输转干线运输或干线运输转支线运输是本来就必须停顿的环节,在停顿过程中,不进行一般的支转干或干转支,而是按下一步干线或支线运输的合理的要求进行适当加工,从而能大大提高运输及转载水平。

(四)加工和商流结合

通过加工有效促进销售,使商流合理化,也是流通加工合理化的考虑方向之一。将加工与配送相结合,通过加工提高配送水平和增强销售能力,是加工与商流合理化相结合的成功范例。此外,通过简单地改变包装加工,形成方便的购买量,通过组装加工解除用户使用前进行组装、调试的难处,都可以有效促进商流。

(五)加工和节约结合

节约能源、节约设备、节约人力、节约费用是流通加工合理化的重要考虑因素。对于流通加工合理化的最终判断,首先在于其是否能实现物流为用户服务的本质要求,同时还要看其是否能实现社会和企业本身两个效益。

(六)实行延迟制造

延迟制造是指企业在整个生产流程中将不同产品需求中相同程序制作过程尽可能最大化,而将定制需求或最终需求的差异化制作过程尽可能延迟。通过这种方式,能在控制物流成本的同时,实现产品多样化,满足个性化的需要。

(七)实施绿色流通加工

绿色流通加工主要通过两大途径实现:一是转变消费者分散加工为专业集中加工,利用规模作业方式提高资源利用效率,以减少环境污染;二是集中处理消费品加工过程中产生的边角废料,以减少消费者分散加工所造成的废弃物污染。

本章小结

流通加工是根据客户的需要,在流通过程中对产品实施的简单加工作业活动的总称。这里简单加工业活动包括包装、分割、计量、分拣、刷标志、拴标签、组装、组配等。流通加工和一般的生产加工在加工对象、加工目的、加工程度等方面却存在较大差别。流通加工具有弥补生产加工不足,预防产品使用价值下降,提高原材料利用率,提高社会加工效率,促进产品销售,优化使用运输手段,提高物流效率等积极作用。流通加工存在不同形式,每一种形式都有自己的特点。不合理的流通加工主要表现在:流通加工地点选择的不合理;流通加工方式选择不当;流通加工作用不大;流通加工出现过度现象;流通加工成本过高。实现流通加工合理化需要做到:加工和配送结合;加工和配套结合;加工和运输结合;加工和商流结合;加工和节约结合;实行延迟制造;流通加工绿色化。

复习与讨论题

1. 什么是流通加工？流通加工和一般的生产加工的区别是什么？
2. 流通加工的作用是什么？
3. 流通加工形式有哪些？
4. 不合理的流通加工主要表现在哪些方面？
5. 如何实现流通加工的合理化？
6. 讨论实施延迟制造的产品有哪些特点。
7. 讨论怎样开展垃圾减量流通加工。
8. 有人认为"流通加工是生产的智慧补充和完善",你认同这一认识吗？为什么？

案例分析 ⇨9-1

京东物流"送装拆收"一体化服务

仅仅是送货上门还不够,继"送装一体"之后,京东物流又推出了业内首创的"送装拆收"一体化服务。

据了解,家电作为京东的核心品类之一,有着很高的末端履约和售后服务需求。尤其在618这一大促节点,家电品类的订单量达到高峰期,也就对服务能力产生了更高的要求。像电视、冰箱、洗衣机等家电，由于体型大、拆装复杂，无论是新机的配送、安装，还是旧机的拆卸、回收，都需要专业团队上门服务。而按照行业惯例，很多商家的配送、安装、拆卸、回收最终都会由不同的团队负责。消费者不得不多次预约上门服务，导致整个周期较长、服务体验较差。

注意到这一点的京东物流，从2010年就开始搭建大件物流网络，提供大件家电家居的配送、安装、售后全链路一体化服务。过去十余年的时间里，京东物流也一直在坚持提供"送装一体"服务，目前在全国范围内已有超过1万名接受过专业训练的送装师傅。但服务的改进和完善是没有止境的，只要存在需求，就有进一步优化的可能。就比如解决完新机的送装以后，旧机的拆卸和回收又成了新的问题。

为此，京东物流这次推出了业内首创的"送、装、拆、收"一体化增值服务，由专业团队一次性完成新机的配送、安装和旧机的拆卸、回收服务，将家电售后服务由多次上门升级为一次上门，全面提升消费者体验。据悉，目前该服务已经覆盖电视、洗衣机、冰箱等多个品类，未来还有望进一步扩大范围。

可以看到，在618大促的节点上，除了"送装拆收"一体化服务以外，京东物流还围绕消费者需求进行了一系列服务升级。比如为了保障配送时效，京东物流持续扩大预售前置规模，在超过300个城市实现预售前置，待消费者支付尾款后，快递小哥可立即进行"最后一公里"配送，最快可实现分钟级送货。同时，京东物流还宣布将增派配送人员、增加夜间配送，保障服务时效。

快递行业的季节性特征，决定了每年的大促都是一场大考。只有在业务高峰期依旧保证甚至提高服务能力，才能在日常运营中更加游刃有余。

资料来源：李松月. 京东物流首创"送装拆收"一体化服务[N]. 现代物流报 2023-06-05.

问题讨论

1. 京东物流"送装拆收"一体化服务中有流通加工吗？
2. 为什么物流企业越来越重视物流增值服务和物流服务升级？
3. 京东物流提供"送装拆收"一体化服务自身会有效益吗？为什么？

第十章　信息处理

  学习目标

通过本章学习,要求掌握物流信息的概念、特点及功能,了解物流信息的基本类型、物流信息基本技术及其特点,了解物流信息平台的类型与作用,理解物流信息系统的概念、功能与结构,了解物流信息系统规划的基本步骤和主要开发内容,掌握物流信息不合理的表现以及实现合理化的途径。

  开篇导问

平台经济内涵与特征

平台经济是以互联网平台为主要载体,以数据为关键生产要素,以新一代信息技术为核心驱动力,以网络信息基础设施为重要支撑的新型经济形态。而平台是一种虚拟或真实的交易场所,并通过本身不生产产品,但可以促成双方或多方供求之间的交易,并通过收取恰当的费用或赚取差价而获得收益。

平台经济的主要特征简要来说包括以下几点:

一是属于典型的双边市场。平台企业一端连接消费者,一端连接商家,平台上的众多参与者有着明确的分工。平台运营商负责聚集社会资源和合作伙伴,通过聚集交易,扩大用户规模,使参与各方受益,进而实现平台价值、客户价值和服务价值最大化。但是,平台企业也可能利用在双边市场中的优势地位,实施垄断定价、捆绑销售等行为。

二是存在较强的规模经济性。当某一平台企业率先进入一个领域,或者因技术、营销优势占据这一领域较大市场份额时,由于交叉网络外部效应和锚定效应的存在,这家企业的规模将会越来越大,呈现出强者愈强的局面。同时,市场集中度高有利于降低商家和消费者的交易成本,平台企业往往具有较强的规模经济性。

三是具备一定的类公共属性。当前,平台经济涉及的领域多为事关人们衣食住行的民生领域,其作为公共服务提供者的属性特征突出。平台还具有非排他性和非竞争性的特征,呈现出一定的公共基础设施属性。因此,平台企业虽然大多由私人资本建设运营,但具有较为显著的公共属性。

四是数据要素的重要性较为显著。平台经济根植于互联网,是在新一代信息技术高速发展的基础上,以数据作为生产要素或有价值的资产进行资源配置的一种新型经济模式,其运行过程中自然会产生大量数据。与此同时,平台企业之间的竞争越来越多地表现为数据资源与算力算法的竞争。因此,各平台企业极为注重数据要素的积累与关联,以提升平台价值、赢得竞争优势。

问题思考

如何用平台经济的思维推动现代物流的发展?

物流界有一句格言:"物流管理,信息先行"。物流是一种由信息引导并伴随大量信息交换的经济活动。信息化是现代物流的基本特征,也是物流发展的重要趋势。物流信息技术在物流信息化进程中发挥着关键作用,是现代物流的基础和灵魂。物流信息平台为物流信息化提供了基础性支撑条件。提高物流生产力和物流效率,需要建设高质量的物流信息系统。

第一节　信息与物流信息

一、信息的概念与特征

信息普遍存在于自然界、人类社会和思维认识过程中,是人们在生产生活中相互交流的一种客观存在。它与物质、能量一起被称为"人类社会的三个最基本要素"。缺少物质的世界是空虚的世界,缺少能量的世界是死寂的世界,缺少信息的世界是混乱的世界。

(一)信息的概念

信息一般是指能够反映事物内涵的知识、资料、情报、图像、数据文件、语言、声音等,它是事物的内容、形式及其发展变化的反映。信息可以从以下两个方面来理解:

一是信息能反映客观世界各种事物的特征。客观世界中的事物总在不停地运动和变化,呈现出不同的特征。信息因反映这些特征而广泛存在,例如,气温变化属于自然信息,遗传密码属于生物信息,企业报表属于管理信息等。

二是信息可以形成知识。所谓知识,就是反映各种事物的信息进入人们大脑,对神经细胞产生作用后留下的痕迹,是对客观世界规律性的总结。千百年来,人们正是通过获得信息来认识世界和改造世界的。

(二)信息的特征

信息作为一种资源,具有自己的价值性,其价值大小是相对的。要充分实现和挖掘信息的价值,需深入理解信息的特征。

1. 依附性

物质是具体的、实在的资源；而信息是抽象的、无形的资源。信息必须依附于物质载体，而且只有具备一定能量的载体才能传递。信息不能脱离物质和能量而独立存在。

2. 存储性

信息是可以存储的。人类不仅用大脑记忆信息，还利用其他的载体存储信息，一切可记录信息的介质，如纸张、磁带、光盘和 U 盘等都是信息载体。

3. 传递性

信息是可以传递的。传递性是信息的本质特征。信息的传递可以分为时间传递和空间传递。在信息传递的同时，也伴随着物质和能量的传递。

4. 扩散性

信息是可以通过各种介质向外扩散的。信息的扩散具有正负两种效应：正效应有利于信息的传播，扩大信息的使用范围；负效应造成信息的贬值，不利于信息的保密。

5. 共享性

信息是可以共享的。信息的传递性和扩散性决定了信息资源可以供多用户共同使用。共享性是信息与物质、能源的主要区别。物质和能源在交换时，一方得到的正是另一方所失去的，而信息可以被不同的使用者同时使用，信息的提供者并没有丢失信息。

6. 不对称性

信息是不对称的。由于各种原因，在市场中交易的各方所掌握的信息是不对等的，这就形成了信息的不对称性。

7. 时效性

信息是有时效性的。有些信息的价值体现在时效性上。一条及时的信息会价值连城，而一条过时的信息则分文不值。信息是有自己的生命周期的，信息的生命周期是指信息从产生、搜集、加工、传输、使用到失效的全过程，一旦超出生命周期，信息就失去了存在的价值。

二、物流信息的概念与特点

（一）物流信息的概念

物流信息是反映物流各种活动内容的知识、资料、图像、数据和文件的总称。物流信息包含的内容可以从狭义和广义两个层面进行讨论。

从狭义上看，物流信息来源于客观物流活动的各个环节，与物流活动紧密有关。物流活动的管理和决策，如运输工具的选择、运输路线的确定、仓库的有效利用和最佳库存数量的确定等，都需要详细和准确的物流信息，这些信息与物流过程中的运输、仓储、装卸和包装等各种职能有机结合，保障整个物流活动的顺利进行。

从广义上看，物流信息不仅包括与物流活动相关的信息，还包括大量与其他流通活动有关的信息,如商品交易信息和市场信息等。商品交易信息是指与买卖双方的交易过程有关的信息,如销售、购买、订货、发货和收款信息等;市场信息是指与市场活动有关的信息,如消费者的需求信息、竞争者或竞争性商品的信息和促销活动信息等。

广义的物流信息不仅对物流活动具有支持保证的功能,还能起到连接整合从生产厂家,经过批发商和零售商最终到消费者的整个供应链的作用,并且通过应用现代信息技术实现整个供应链活动的效率化。例如,零售商根据市场需求预测和库存情况制定订货计划,向批发商或生产厂家发出订货信息;批发商收到订货信息后,在确认现有库存水平能满足订单要求的基础上,向物流部门发出配送信息,如果发现库存不足,则马上向生产厂家发出订单;生产厂家视库存情况决定是否组织生产,并按订单上的数量和时间要求向物流部门发出发货配送信息。

(二)物流信息的特点

物流信息除了具有一般信息的特征,还具有自身的一些特点。

1. 信息量特别大

物流信息随着物流活动以及商品交易活动的展开而大量发生。以一家拥有数万种商品的大型超市为例,每个商品从下订单开始,就包含价格、数量、条码、批次、物流模式、尺码、包装规格等物流信息;到了配送中心,又涉及验收、整理、上架、补货、拣货、配车、盘点、退换货等业务流程,每一步业务流程又会产生新的物流信息;再加上现在多频次、小批量的作业越来越多,记录物流活动的物流信息数量快速增长。预计随着物流作业越来越精细,这一趋势将一直延续。以上所述只是狭义概念的物流信息,广义概念的物流信息包含的信息量更是惊人。

2. 信息来源广、种类多

物流产业属于服务产业,物流活动的发生必须依赖其他活动的产生。物流信息不但包括企业内部的物流信息,而且包括企业间的物流信息,企业竞争优势的获得需要各参与企业之间相互协调合作,而协调合作的手段之一就是信息的及时交换和共享。另外,物流活动往往利用道路、港湾、机场等基础设施。因此为了高效率地完成物流活动,必须掌握与基础设施有关的信息。

3. 信息更新快

有价值的信息第一个要求就是快,能迅速反映业务的最新动态。没有时效性,信息就会变得一文不值,在物流活动中更是如此。市场在随时变化,运输中的商品位置在不断变化,配送中心里的库存状况、门店的销售情况也在不断变化,还存在大量的突发情况,因此,物流信息处于一个不断更新、不断变化的状态,这要求物流信息系统具备非常强大的实时性和高效性。

延伸阅读

大数据时代

最早提出"大数据"时代到来的是全球知名咨询公司麦肯锡。麦肯锡指出:"数据已经渗透到当今每一个行业和业务职能领域,成为重要的生产因素。人们对于海量数据的挖掘和运用,预示着新一波生产率增长和消费者盈余浪潮的到来。"大数据是继云计算、物联网之后 IT 行业的又一场颠覆性技术革命。云计算主要为数据资产提供了保管、访问的场所和渠道,而数据才是真正有价值的资产。企业内部的经营交易信息,互联网世界中的商品物流信息,物联网世界中的人与人交互信息、位置信息等,其数量将远远超越现有企业 IT 架构和基础设施的承载能力,且实时性要求也将大大超越现有的计算能力。如何盘活这些数据资产,使其为国家治理、企业决策乃至个人生活服务,是大数据的核心议题,也是云计算内在的发展和必然的升级方向。

三、物流信息的类型

物流的分类有很多种,信息的分类更是有很多种,因此,物流信息的分类方法也就很多。物流信息可以按不同的分类标准进行分类。

(一)按管理层次不同分类

按管理层次不同,物流信息可以分为战略管理信息、战术管理信息、知识管理信息和操作管理信息。

1. 战略管理信息

战略管理信息是企业高层管理决策者制定企业全年经营目标和企业战略决策所需要的信息,如企业全年经营业绩综合报表、企业盈利状况、市场动向和国家有关政策法规。

2. 战术管理信息

战术管理信息是部门负责人制定局部和中期决策所需要的信息,如销售计划完成情况和库存费用等。

3. 知识管理信息

知识管理信息是知识管理部门相关人员对企业自己的知识进行收集、分类、存储和查询,并进行知识分析得到的信息,如专家决策知识和物流企业相关业务知识等。

4. 操作管理信息

操作管理信息产生于操作管理层,用于反映和控制企业的日常生产和经营工作,如用户订货合同和供应厂商原材料信息等。这类信息通常具有量大、发生频率高等特点。

（二）按功能不同分类

按功能不同，物流信息可以分为计划信息、控制及作业信息、统计信息和支持信息。

1. 计划信息

计划信息指的是尚未实现但已作为目标确认的一类信息，如仓库进出量计划、车皮计划和与物流活动有关的国民经济计划等。掌握了计划信息，有助于对物流活动本身进行战略思考和安排，这对物流管理有非常重要的意义。

2. 控制及作业信息

控制及作业信息是物流活动过程中发生的信息，如库存种类、在运量、运输工具状况和运费等，这类信息动态性强，更新速度快，时效性很高。掌握了控制及作业信息可以控制调整正在发生的物流活动以及指导即将发生的物流活动，借此实现对过程的控制和对业务活动的微调。

3. 统计信息

统计信息是物流活动结束后，对整个物流活动的一种总结性和归纳性的信息，如上年度或月度发生的物流量、运输工具使用量、仓储量和装卸量等。这类信息的特点是恒定不变，具有很强的资料性。掌握了统计信息，可以正确掌握过去的物流活动和规律，以指导物流战略发展和制订计划。

4. 支持信息

支持信息是指对物流计划、业务和操作产生影响的文化、科技、法律和教育等方面的信息，如物流技术革新和物流人才需求等。这些信息不仅对物流战略发展具有价值，还对控制操作物流业务起到指导和启发的作用，属于从整体上提高物流水平的一类信息。

（三）按来源不同分类

按信息的来源不同，物流信息可以分为外部信息和内部信息。外部信息是发生在物流系统外部供物流活动使用的信息，如供货人信息、客户信息、订货信息、交通运输信息，以及来自企业内生产、财务等部门的与物流有关的信息；内部信息是来自物流系统内部的各种信息的总称。

（四）按加工程度不同分类

按加工程度不同，物流信息可以分成原始信息和加工信息两类。原始信息是指未经加工的信息，它是信息处理的基础，具备权威性和凭证性，是加工信息可靠性的保证；加工信息是指对原始信息进行各种方式和各个层次处理后的信息，是原始信息的提炼、简化和综合，它可以压缩信息存量并将信息整理成有使用价值的数据和资料，便于使用。

四、物流信息的作用

物流信息贯穿于物流活动的整个过程,并通过其自身对整体物流活动进行有效的控制,因此,称物流信息为物流的中枢神经。在整个物流系统的运行过程中,物流信息主要起到以下几方面的作用。

(一)衔接作用

物流系统是由多个行业、部门以及众多企业构成的复杂大系统,系统内部通过各种指令、计划、文件、数据、报表、凭证、广告、商情等物流信息,建立起各种联系,沟通生产厂、批发商、零售商、物流服务商和消费者,满足各方需要,物流信息发挥了桥梁纽带的作用。

(二)控制作用

通过移动通信、计算机信息网、电子数据交换(EDI)、全球定位系统(GPS)、短信平台(GMS)、物流一卡通等技术,实现物流活动的电子化,如货物实时跟踪、车辆实时跟踪、库存自动报警、代收款实时查询等,用信息化代替传统的手工作业,实现物流运行、服务质量和成本等的管理控制。

(三)决策作用

信息是制定决策方案的基础和关键。物流管理决策过程的本身就是对物流信息进行深加工的过程,是对物流活动的发展变化规律性认识的过程。物流信息可以协助物流管理者鉴别、评估经比较物流战略和策略后的可选方案,如车辆调度、库存管理、设施选址、流程设计以及成本——收益分析等,都要在物流信息的支持下才能作出合适决策。

第二节 物流信息技术

一、物流信息技术的内涵

物流信息技术是以计算机和现代通信技术为主要手段,实现对物流各环节中信息的获取、处理、传递和利用等功能的技术总称。物流信息技术是现代物流区别于传统物流的根本标志。

物流信息技术作为现代信息技术的重要组成部分,本质上都属于信息技术范畴,只是因为信息技术应用于物流领域而使其在表现形式和具体内容上存在一些特性,但其基本要素仍然与现代信息技术一样。物流信息技术可以分为以下四个层次:

1. 基础技术，即有关元器件的制造技术，它是整个信息技术的基础。例如，微电子技术、光子技术、光电子技术、分子电子技术等。

2. 系统技术，即有关物流信息的获取、传输、处理、控制的设备和系统的技术，它建立在信息基础技术之上，是整个信息技术的核心。其内容主要包括物流信息获取技术、传输技术、处理技术及控制技术。

3. 安全技术，即确保物流信息安全的技术，主要包括密码技术、防火墙技术、病毒防治技术、身份鉴别技术、访问控制技术、备份与恢复技术和数据库安全技术等。

4. 应用技术，即基于管理信息系统技术、优化技术和计算机集成制造系统技术而设计出的各种物流自动化设备和物流信息管理系统。例如，自动识别技术、电子数据交换技术、自动化分拣与传输设备、自动导引运输车（AGV）、集装箱自动装卸设备、仓储管理系统（WMS）、运输管理系统（TMS）、配送优化系统、全球定位系统、地理信息系统等。

二、常见的物流信息应用技术

（一）条码（Bar code）

条码是在计算机的应用实践中产生和发展起来的一种实现快速、准确数据采集和自动识别的技术。条码是一种信息代码，由一组宽度不同、反射率不同的条和空，按规定的编码规则组合而成，用以表示一定的字符、数字及符号组成的信息，是一种通过光电扫描设备的识读将数据输入到计算机的特殊代码。

条码按使用目的分为商品条码和物流条码。

商品条码是以直接向消费者销售的商品为对象，以单个商品为单位使用的条码。它由13位数字组成，最前面的2个数字表示国家或地区的代码，中国的代码是69，紧接着的5个数字表示生产厂家的代码，其后的5个数字表示商品品种的代码，最后的1个数字用来防止机器发生误读错误。例如，商品条码6902952880041中，69代表中国，02952代表贵州茅台酒厂，88004代表53%（V/V），106PROOF，500ml的白酒。

物流条码是物流过程中的以商品为对象，以集合包装商品为单位使用的条码。标准物流条码由14位数字组成，除了第1位数字，其余13位数字代表的意思与商品条码相同，物流条码的第1位数字表示物流识别代码。以贵州茅台酒为例，在物流识别代码中，1代表集合包装容器装6瓶酒，2表示装24瓶酒，物流条码26902952880041代表该包装容器装有中国贵州茅台酒厂的白酒24瓶。商品条码与物流条码的区别如表10-1所示。

表 10-1　商品条码与物流条码的比较

	应用对象	数字构成	包装形状	应用领域
商品条码	向消费者销售的商品	13 位数字	单个商品包装	POS 系统、补充订货管理
物流条码	物流过程中的商品	14 位数字（标准物流条码）	集合包装（纸箱、集装箱等）	出入库管理、运输保管、分拣管理

条码技术实现了信息的自动扫描，是快速、准确、可靠地识别、采集和处理数据的有效手段，解决了过去在数据录入和数据采集方面存在的"瓶颈"问题。条码技术在现代物流业的应用最为广泛、有效，尤其是在商品的入库、搬运、销售跟踪方面，为现代物流的顺畅运作提供了强有力的技术支持。条码技术是实现物流业自动化管理的有力工具，有助于进货、销货、仓储管理一体化，促进物流效率的提高；是实现物流电子数据交换、节约资源的基础；是及时沟通产、供、销的纽带和桥梁，便于及时捕捉到消费者的需要以扩大商品销售额；是提高市场竞争力的有效手段。

（二）射频识别（RFID）

射频识别（Radio frequency identification, RFID）作为一种非接触式自动识别技术，是指利用射频信号通过空间耦合（交变磁场或电磁场）实现无接触信息传递，并借助所传递的信息达到识别目的的技术。作为条形码的无线版本，RFID 具有条形码所不具备的防水、防磁、耐高温、使用寿命长、读取距离大、标签上数据可以加密、存储数据容量更大、存储信息更改自如等优点。表 10-2 是 RFID 与条码识别特性的一个简单比较。

RFID 可以同时识别多个标签，且识别的速度很快，对需要频繁改变数据内容的场合最为适用。RFID 是物流管理领域的一次革命，常用于物料跟踪、货架识别、运载工具等要求进行非接触数据采集和交换的场合。在仓储管理方面，RFID 可以提高入库、出库的效率。入库时，只需操控设备对产品进行扫描，就可以获得大量的产品信息，不需要对每一个产品包装逐个进行扫描。目前，RFID 技术广泛应用于仓库、港口、运输场站、收费站等物流作业环节。

表 10-2　RFID 与条码识别的比较

项目	条码识别	射频识别
信息载体	纸或物质表面	存储器
信息量	小	大
读写性	只读	读/写
读取方式	CCD 或激光扫描	无线通信
识别速度	低（约 4 秒）	快（约 0.5 秒）
识别距离	近	远
读取数量	一次一个	可同时读取多个

续表

项目	条码识别	射频识别
成本	低	高
使用寿命	一次性	长
方向位置影响	很小	无
受污染/潮湿影响	严重	无

（三）全球定位系统（GPS）

全球定位系统（Global positioning system，GPS）是一种具有全方位、全天候、全时段、高精度的卫星导航系统，能为全球用户提供低成本、高精度的三维位置、速度和精确定时等导航信息，是卫星通信技术在导航领域的应用典范。在物流领域，应用GPS能够实现以下功能：

1. 进行车辆、船舶的跟踪。地面计算机终端可以实时显示车辆、船舶的实际位置，位置精度以"米"计算。对于重要的车辆和船舶，必须随时掌握其动态，目前只能依靠这个系统来解决。

2. 信息传递和查询。该系统支持双向的信息交流，既可以向车辆、船舶提供相关的气象、交通、指挥等信息，也可以将运行中的车辆、船舶的信息传递给管理中心。

3. 紧急救援。通过GPS，可掌握运输装备的异常情况。接收求助信息和报警信息，迅速传递到管理中心实施紧急救援。

4. 支持管理。管理中心可以根据GPS所提供的信息，实施运输指挥、监控、路线规划和选择、向用户发出到货预报等，有效支持大跨度物流系统管理。

（四）地理信息系统（GIS）

地理信息系统（Geographic information system，GIS）是一套用于电脑辅助空间资料输入、储存、寻取、分析和展示的系统，通常由计算机硬件软件环境、地理空间数据、系统维护和使用人员四个部分组成。该系统可对整个或部分地球表层（包括大气层）空间中有关地理分布数据进行采集、储存、管理、运算、分析显示和描述。

GIS主要由两部分组成：一部分是桌面地图系统；另一部分是数据库，用来存放与地图上的特征点、线、面相关的数据。点取地图上的相关部位，可以立即得到相关的数据；反之，通过已知的相关数据，也可以在地图上查询到相关的位置和其他信息。图10-1是GIS信息传递示意简图。

GIS具有强大的地理数据功能，物流领域可以借助这个系统，开展线路的选择和优化，进行物流网点的合理布局，对运输车辆实施监控，向司机提供有关地理信息等。一些企业已开发出利用GIS为物流活动提供专门分析的工具软件，具体如下：

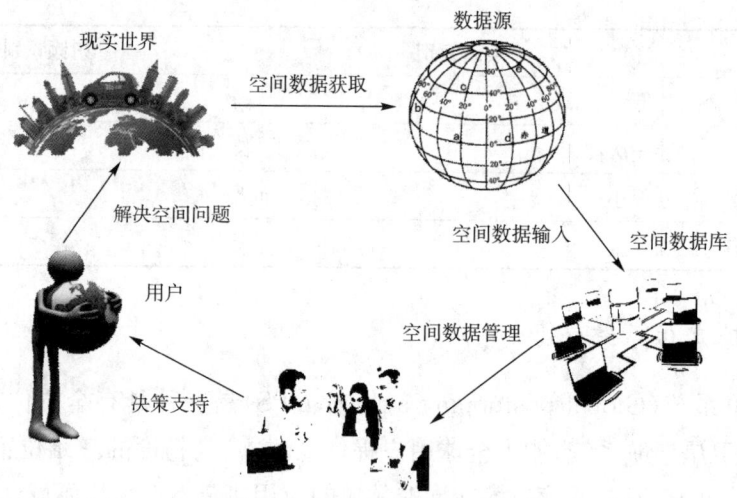

图 10-1　GIS 信息传递示意

1.车辆路线模型。它主要用于解决在一个起始点、多个终点的货物运输中,如何降低物流作业费用并保证服务质量的问题,包括决定使用多少辆车以及每辆车的路线等。

2.网络物流模型。它主要用于解决最有效地分配货物路径的问题,即物流网点布局问题。例如,将货物从 N 个仓库运往 M 个商店,每个商店都有固定的需求量,此时需要确定由哪个仓库提货送给哪个商店,以使运输代价最小。

3.分配集合模型。根据各个要素的相似点,把同一层上的所有或部分要素分为几个组,主要用于解决和确定服务范围、销售市场范围等问题。

4.设施定位模型。它主要用于确定一个或多个物流设施的位置。在物流系统中,物流中心、仓库和运输线路共同组成物流网络,物流中心和仓库处于网络的节点上,节点决定着线路。如何根据供求的实际需要并结合经济效益等原则,在既定区域内设立多少个物流中心和仓库,确定每个物流中心和仓库的位置、规模以及物流中心和仓库之间的物流关系等问题,运用此模型可轻松解决。

(五)电子数据交换(EDI)

国际标准化组织(ISO)将电子数据交换(Electronic data interchange,EDI)定义为:将商业或行政事务处理按照一个公认的标准,形成结构化的事物处理或信息数据格式,从计算机到计算机的数据传输。作为一种新颖的电子化贸易工具,EDI 能将贸易、运输、保险、银行和海关等行业的信息,采用一种国际公认的标准格式,通过计算机通信网络在各有关部门、公司与企业之间进行数据交换与处理,以完成以贸易为中心的全部业务过程。

EDI 是一种信息管理和处理的有效手段。它在物流领域的应用,主要表现在货主、物流企业以及其他相关单位之间。通过 EDI 系统进行物流数据的传输和交换,无须人为的数据重复输入,能以此为基础实施物流作业活动。也就是说,数据在物流企业的应用程序和货主企业的应用程序之间实现了电子化转移,没有另外的人为干预和重复输入。同时,在每个物流企业和货主企业内部的应用程序之间,数据也是电子化流通的,同样无须重新从键盘输入。例如,当物流企业的订单被录入货主企业的订单输入系统后,同样的数据就会传递到货主企业的仓储、运输、加工、财务等应用程序,并由各程序自动相应生成加工安排表、库存记录更新、货运单、发票等。

物流领域使用EDI,一方面能大大提高信息传递的速度和可靠性,使物流能流得更快、更顺畅;另一方面能有效地减少直到最终消除物流作业过程中的纸面单证,实现"无纸贸易",使物流能流得更经济、更环保。

(六)电子订货系统(EOS)

电子订货系统(Electronic ordering system,EOS)是指不同组织间利用通信网络和终端设备,以在线联结方式进行订货信息交换的体系。即通过计算机通信网络连接的方式,将批发商、零售商发生的订货数据输入计算机后传送至总公司、批发商、商品的供货商或制造商处。EOS能处理从新商品资料的说明直到会计结算等所有商品交易过程中的作业,可以说EOS涵盖了整个物流。EOS在物流中的作用主要表现在以下方面:

1. 相较于传统的订货方式,如上门订货、邮寄订货电话、传真订货等,EOS可以缩短从接到订单到发出订货的时间,缩短订货商品的交货期,减少商品订单的出错率,节省人工费。

2. 有利于减少企业的库存量,提高企业的库存管理效率,也能防止商品特别是畅销商品出现缺货现象。

3. 生产厂家和批发商通过分析零售商的商品订货信息,能准确区分畅销商品和滞销商品,有利于企业调整商品生产和销售计划。

4. 有利于提高企业物流信息系统的效率,使各个业务信息子系统之间的数据交换更加便利和迅速,丰富企业的经营信息。

(七)销售时点信息系统(POS)

销售时点信息系统(Point of sale,POS)是指通过自动读取设备(如收银机),在销售商品时直接读取商品销售信息(如商品名、单价、销售数量、销售时间、销售店铺、购买顾客等),并通过通信网络和计算机系统传送至有关部门进行分析加工,实现销售业务的自动化和商品交易各项信息的实时掌握,为企业分析经营成果、制定经营方针提供依据。

POS是整个商品交易活动或物流活动信息传输的最基本环节,具有以下优点:

1. 提高数据采集效率。由于采用自动读取设备进行数据的采集和读入,POS可以大大提高工作效率,尤其是当数据比较大时,POS优势就更加突出,它可以在瞬间读取和采集复杂的数据。

2. 提高管理水平。POS可以使管理工作从分类管理上升到单个产品管理。尤其对于精细物流系统而言,后续的仓储管理、自动存取货物的管理等都要以这种单品的信息采集为基础。

3. 提高统计效率。通过计算机网络、利用智能化的信息处理手段,POS可以使非常烦琐的统计工作、统计分析工作由计算机自动完成。这样就使得过去物流过程中经常出现差错和容易造成时间延误的环节变得准确、通畅。

4. 向管理领域延伸。采用POS,不仅可以管理物流对象,还能管理物流环节和工作人员。

(八)物联网

物联网是通过射频识别(RFID)、红外感应器、全球定位系统、激光扫描器、气体感应器等信息传感设备,按约定的协议,把任何物品与互联网连接起来,进行信息交换和通信,以实现智能化识别、定位、跟踪、监控和管理的一种网络。简而言之,物联网就是"物物相连的互联网"。物联网在物流行业的集成应用主要体现在以下几个方面:

1. 产品的智能可追溯网络系统。目前,在农产品、食品、医药、烟草等行业领域,产品追溯体系在货物跟踪、识别、查询、信息采集和管理等方面发挥着重要作用,已经有很多成功的应用案例。

2. 物流过程的可视化智能管理网络系统。这是基于卫星定位技术、RFID、传感器技术等多种技术于一体,在物流活动过程中实现车辆定位、运输物品监控、在线调度与配送的智能管理系统,目前应用层次还不深,有待进一步发展。

3. 智能化企业物流配送中心的建设。这是基于传感、RFID、声、光、机、电、移动计算等各项先进技术建立的全自动化物流配送中心,借助配送中心的智能控制和自动化操作,可以实现商流、物流、信息流、资金流的全面协同运作。

三、物流信息技术的发展趋势

(一)射频识别技术将成为未来物流领域的关键技术

将RFID应用于物流行业,可大幅提高物流管理与运作效率,同时降低物流成本。另外,从全球发展趋势来看,随着RFID相关技术的不断完善和成熟,RFID产业将形成一个新兴的高技术产业群,成为国民经济新的增长点。因此,RFID有望成为推动现代物流加速发展的新助力。

(二)物流动态信息采集技术将成为物流发展的突破点

在全球供应链管理的趋势下,及时掌握货物的动态信息和品质信息已成为企业盈利的关键因素。但是,由于受到自然、天气、通信技术、法规等方面的影响,物流动态信息采集技术的发展一直受到很大制约,远远不能满足现代物流发展的需求。借助新的科技手段,完善物流动态信息采集技术,将成为物流领域下一个技术突破点。

（三）物流信息安全技术将日益受到重视

借助网络技术发展起来的物流信息技术，在享受网络飞速发展带来巨大益处的同时，也有可能遭受攻击，例如，网络黑客无孔不入的恶意攻击，病毒的肆虐，信息的泄密等。应用安全防范技术，保障企业的物流信息系统或平台安全、稳定地运行，是企业要长期面临的一项重大挑战。

第三节　物流信息平台

现代物流运作和现代物流信息平台是互相依存的关系，若没有现代物流信息平台，物流运作的现代化、信息化、数字化就不可能全面实现。

一、物流信息平台的概念

信息平台是指某个领域、某个区域或某个组织为信息化的建设、应用和发展而营造的环境。物流信息平台是专门服务于物流活动的信息平台，是使物流信息在现代网络信息技术条件下充分发挥作用的环境和条件，涵盖硬件、软件、网络、网站、标准、协议等信息技术和信息流动基础。

一般认为，一个能够进行或者支持物流服务供需信息的交换或交互网站就是一种物流信息平台。例如，一家物流企业为方便与客户联系设计了一个信息交换系统，这个信息系统就具备了物流信息平台的性质。一个专业的物流信息服务网站可以说是一个典型的物流信息平台，如中国物通网、亿顺物流网、物流全搜索等。

物流活动往往涉及很多不同主体，为保障物流活动平滑、经济、高效进行，要求涉及的主体之间有一个共同的信息中心和信息共享与交换平台。这个平台就是一种物流信息平台。图 10-2 是物流信息平台的一个简单示意图。

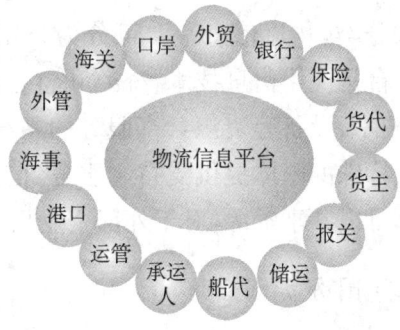

图 10-2　物流信息平台示意图

二、物流信息平台的类型

(一)按平台服务的区域范围分类

按平台服务的区域范围分类,物流信息平台可分为地方性的物流信息平台和区域性的物流信息平台。地方性物流信息平台服务的空间范围比较窄,提供的信息服务内容更简单,往往由地方政府或地方物流信息企业建设。与地方性物流信息平台不同,区域性物流信息平台服务的空间范围更广,服务内容更为复杂,与行政区划没有必然联系。有些区域性物流信息平台甚至可以超越一国界限,具有世界性。

(二)按平台运营方的性质分类

按平台运营方的性质分类,物流信息平台可分为主体自营物流信息平台和第三方物流信息平台。主体自营物流信息平台是为地方或企业自身物流效率提升服务,由地方政府和物流企业投资建设的物流信息平台,它提供的信息针对性强,并有一定的封闭性。第三方物流信息平台的投资者把建设性能优良的物流信息平台作为自己的经营基础,专门为物流服务供给方和需求方提供信息服务,其运营方一般不参与物流服务的具体运作。

(三)按平台开放的限定性分类

按平台开放的限定性分类,物流信息平台可分为封闭式平台系统和公共物流信息门户。封闭式平台系统模式稳定,服务于特定的目标服务群体。公共物流信息门户以平台模式出现,属于门户类的物流信息平台,具有较高的开放性。同时,在服务范围上更趋向多样化,能提供更大范围的信息交互。

(四)按平台使用的利益追求分类

按平台使用的利益追求分类,物流信息平台可分为公用物流信息平台和共用物流信息平台。公用物流信息平台是应用信息技术,统筹和整合物流行业相关信息资源,并向社会主体提供物流信息、技术、设备等资源共享服务的系统。共用物流信息平台仅对有共同利益的一些具体的或特殊的团体提供支持和服务,信息资源具有一定的保密性,即只有使用平台的企业内部可以共享资源,对于外部企业只能共享公开的资源。

(五)按平台服务内容范围分类

按平台服务内容范围分类,物流信息平台可分为专业性物流信息平台和综合性物流信息平台。专业性物流信息平台主要是提供特定类型物流信息服务的平台,其专用性强。综合性物流信息平台是提供多种不同类型的物流信息的平台,能为物流企业提供综合性、多样化物流信息服务。综合性物流信息平台影响面广,建设复杂,大型综合性物流信息平台能为用户提供一揽子信息服务。

三、物流信息平台的作用

(一)整合物流信息资源

物流信息平台能整合各物流信息系统的信息资源,完成各系统之间的数据交换,实现信息共享。物流信息平台可以担负信息系统中公用信息的中转功能。各个承担数据采集的子系统按一定规则将公用数据发送给信息平台,由信息平台进行规范化处理后加以存储,根据需求规划或者各物流信息系统的请求,采用规范格式将数据发送出去。

(二)整合社会物流资源

物流企业通过物流信息平台可以加强与上下游企业之间的合作。当上下游企业提出物流请求时,物流企业可以通过物流信息平台迅速建立供应链接,为合作企业提供相应的物流服务。这不但有利于提高大量闲置在社会中的物流资源的利用率,调整社会物流资源,优化社会供应链管理,而且会产生很好的社会效益。

(三)推动电子商务的发展

物流信息平台的建设,有利于实现与电子商务 B2B 或 B2C 系统的对接。物的转移或服务的提供是任何一种交易行为的最终目的,而电子商务作为一种交易模式也不例外。随着电子商务的蓬勃发展,如何为其配置电子化的物流系统便成了关键问题。物流信息平台的建设,可以为电子商务物流的发展提供良好的服务,从而促进电子商务的发展。

(四)管理物流作业功能

借助物流信息平台不仅可以直接对企业内部以及供应链中的资源进行规划管理,还可以对物流过程中的各项作业作出合理安排。企业内部资源管理的范围包括库存控制、车辆调度、财务管理、库区规划等;供应链中的资源管理则包括物资采购、货物配送等业务。当客户需求变动时,通过物流信息平台可以作出快速反应。

(五)支撑决策功能

物流信息平台经过长期、全面的数据信息积累,可以为企业提供大量科学、可靠的决策支持资料。例如,可以通过数据和信息的分析、挖掘,为客户的目标预测、方案制定和评估提供有效的数据和信息支持。物流信息平台海量信息来源有助于提高政府物流管理部门工作的协同性以及物流行业规划、管理和发展的科学性。

第四节 物流信息系统

一、物流信息系统的概念

物流信息系统（Logistics information system，LIS）是由人员、计算机硬件、软件、网络通信设备及其他办公设备组成的人机交互系统，通过对物流信息进行收集、存储、传输、加工整理、维护和输出，为物流管理者提供物流战略、战术及运作决策支持，以实现对物流运作的有效控制和管理。

物流信息系统始于物流管理者对信息的请求，终于管理者收到定期、定制化的物流信息报告。一个物流信息系统的有效性在于能否及时、准确、全面向物流管理者提供所需的信息。所谓"及时"，一方面是指信息要新鲜，能反映企业内外不断变化的物流实际；另一方面是指信息提供要快速，确保管理者能及时收到信息。所谓"准确"，是指信息要有质量，错误的、误传的或不清楚的信息会导致物流管理人员作出拙劣的决策。所谓"全面"，是指信息要有宽度，确保管理者能收到所需的各种信息。

二、物流信息系统的功能

物流信息系统作为整个物流系统的指挥和控制系统，可以分为多种子系统或者多种基本功能，通常其基本功能可以归结为以下几个方面。

（一）信息的收集和输入

物流信息的收集和输入，首先是通过收集子系统从系统内部或者外部将信息收集到预处理系统中，并整理成系统要求的格式或形式，然后通过输入子系统将其输入到物流信息系统中。这一功能是物流信息系统其他功能发挥作用的前提和基础。

在评价一个物流信息系统的性能时，下列问题是十分重要的：收集信息的手段是否完善，准确程度如何，具有哪些校验能力，对于工作人员的失误或其他各种破坏因素的预防及抵抗能力如何，录入手段是否方便易用，对于信息收集人员和录入人员的技术水平要求如何，整个信息收集和录入的组织是否严密完善等。

（二）信息的存储

物流信息进入系统之后，在得到处理之前，必须在系统中存储下来。在信息得到处理之后，如果还没有完全丧失价值，则往往也要将结果保存下来以供使用。物流信息系统的存储功能就是保证已得到的物流信息不丢失、不走样、不外泄，且整理得当、随时可用。无论哪一种类型的物流信息系统，在涉及信息的存储问题时，都要考虑存储量、信息格式、存储方式、使用方式、存储时间、安全保密性等问题。信息的存储必须考虑数据的组织问题,其目的是便于信息的处理和检索。

物流信息系统的不同层次对信息存储的要求有所不同。一般情况下,作业层需要存储的信息格式往往比较简单,存储的时间相对较短,但信息的数量很大;控制层与管理层的信息格式比较复杂,存储的时间也较长,要求的检索方式比较灵活。

（三）信息的传输

物流系统中的各种信息和数据,必须及时准确地传输到各个物流作业环节才能发挥其功效,因此,良好的物流信息系统应该具备克服空间障碍进行信息传输的能力。开发物流信息系统时,必须充分考虑所要传递信息的种类、数量、频率和可靠性要求。现代化的信息传输是以计算机为中心,通过通信线路与近程终端或远程终端相连接形成的联机系统,或者通过通信线路将中、小、微型计算机联网形成的分布式系统。衡量信息传输速度的基本指标是传输速度和误码率。

（四）信息的处理

收集到的物流信息大都是零散、相互孤立且形式各异的,这些不规范的信息要变成有用的信息,需要经过一定的整理加工程序。采用科学的方法对收集到的物流信息进行精心筛选、分类、比较、计算、存储,使之条理化、有序化、系统化、规范化,才能成为综合反映某一物流现象特征的真实、可靠、适用的且富有价值的信息。信息处理能力是衡量物流信息系统能力的一个极其重要的方面。

（五）信息的输出

物流信息的输出必须采用便于人或计算机理解的形式,在输出形式上要力求易读易懂、直观醒目。这是评价物流信息系统的重要指标之一。

目前,物流信息系统正在向数据采集的在线化、数据存储的大型化、信息传输的网络化、信息处理的智能化以及信息输出的多媒体化方向发展。

三、物流信息系统的结构

物流信息系统是物流领域的神经网络,遍布物流系统的各个层次、各个方面。物流信息系统结构可以从垂直和水平两个方向进行考察,如图10-3所示：

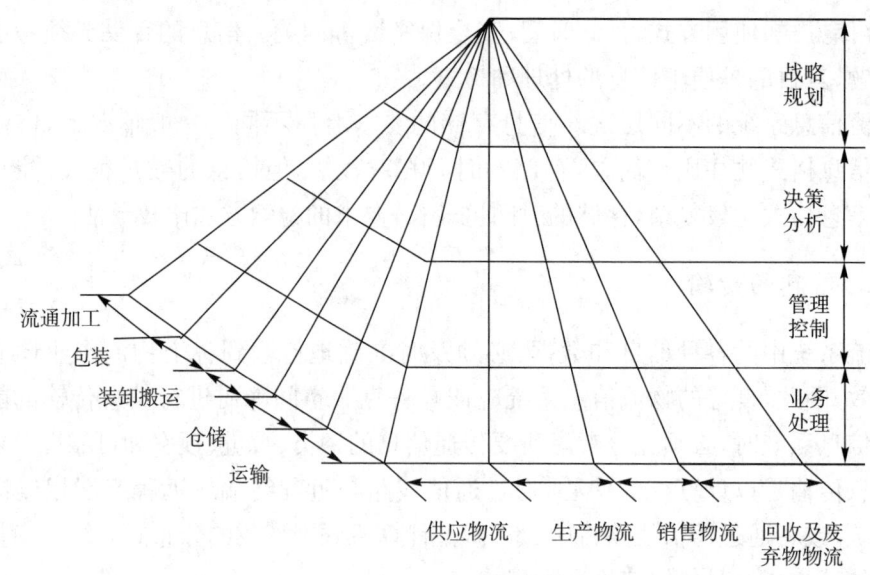

图 10-3 物流信息系统的结构

从垂直方向看,物流信息系统由以下四个不同层次功能模块组成:业务处理系统、管理控制、决策分析和战略规划。

第一层次:业务处理系统功能。在最基础的层次,业务处理系统发起单个物流活动,并且记录其运作情况和功效。典型的业务活动通常包括订单录入、库存分配、订单拣选、发货、定价、结算及提供客户查询服务等。其主要特点包括:有正式的规则、制式的程序以及标准化的沟通模式;注重日常操作,拥有庞大的业务处理量。业务处理系统的结构化的运作与庞大的业务处理量,使其运作效率在整个物流信息系统中具有基础性的影响。

第二个层次:管理控制功能。其重点是对物流运作的绩效进行评估和汇报,帮助企业了解物流绩效及资源的使用情况。绩效评估的指标,通常包括成本、客户服务、生产能力和资产管理等。例如,可以运用单位重量货物的运输和仓储成本、存货周转率、订单完成率、单位劳动力每小时的工作效率以及客户服务水平等指标来完成特定的绩效评估。

第三层次:决策分析功能。决策分析有利于企业对多种战略和策略进行分析、评价和比较,从而选择出最合适的战略,提高运作效率。典型的分析包括供应链设计、库存管理、资源配置、路径安排以及计算各种运作的利润率。与管理控制类似,决策分析同样也涉及一些运作层面的考虑,如运输路径规划及仓储计划。此外,决策分析还能用于管理客户关系,帮助企业进行有效权衡、使客户满意,并帮助客户取得成功。

第四层次:战略规划功能。战略规划是物流信息系统的最高层次,它收集各种业务处理数据,然后将它们集成起来形成一个关系型数据库,用以辅助企业战略的制定和评估工作。从本质上来说,战略规划关注的重点是各种信息,它不断地利用信息对企业的供应链和物流战略进行评价,并加以完善。建立战略联盟、提高和改善服务能力以及提升客户关系管理能力等,都是企业进行战略规划决策的典型内容。

信息系统贯穿供应物流、生产物流、销售物流、回收及废弃物物流等物流形式的运输、仓储、装卸搬运、包装、流通加工等各个物流作业环节。也可以说，从水平方向看，物流系统可分为运输子系统、仓储子系统、装卸搬运子系统、包装子系统、流通加工子系统等。

四、物流信息系统规划与开发

（一）物流信息系统的规划

建立物流信息系统，不是单项数据处理的简单组合，必须有系统规划。因为它涉及传统管理思想的转变、管理基础工作的改善，以及现代化物流管理方法的应用等许多方面，是一项范围广、协调性强、人机紧密结合的系统工程。

物流信息系统规划是系统开发最重要的阶段，一旦有了好的系统规划，就可以按照数据处理系统的分析和设计持续进行工作，直到系统的实现。物流信息系统规划一般分为以下四个基本步骤：

1. 定义管理目标。确立各级管理的统一目标，局部目标要服从总体目标。
2. 定义管理功能。确定管理过程中的主要活动和决策。
3. 定义数据分类。在定义管理功能的基础上，把数据按照支持一个或多个管理功能分类。
4. 定义信息结构。确定信息系统各个部分及其相互数据之间的关系，导出各个独立性较强的模块，确定模块实现的优先关系，即划分子系统。

（二）物流信息系统的开发

有了系统规划以后，还要进行非常复杂的开发过程。物流信息系统的开发主要包括以下内容：

1. 系统分析。对现行系统和管理方法以及信息流程等有关情况进行现场调研，给出有关的调研图表，提出信息系统设计的目标以及达到目标的可能性。
2. 系统逻辑设计。在全面深入调研的基础上，从整体上构造出物流信息系统的逻辑模型，对各种模型进行选优，确定最终的方案。
3. 系统物理设计。以逻辑模型为框架，利用各种编程方法，实现逻辑模型中的各个功能块，如确定并实现系统的输入、输出、存储及处理方法。此阶段的重要工作是程序设计。
4. 系统实施。将系统的各个功能模块进行单独调试和联合调试，对其进行修改和完善，最后得到符合要求的物流信息系统软件。
5. 系统维护与评价。在信息系统试运行一段时间以后，根据现场要求与变化，对系统进行一些必要的修改，进一步完善系统，最后和用户一起对系统的功能、效益作出评价。

第五节 信息处理合理化

一、信息处理不合理的表现

(一)信息数量不当

物流各环节要想实现无缝对接,需要一定数量的信息支撑。信息的数量是信息发挥作用的基础。当然,信息数量有一个度的问题:信息数量过剩,会导致信息处理复杂,处理时间延长,处理成本过高;信息数量不足,又会导致一些重要信息漏损,影响信息作用的充分发挥。因此,在物流信息搜集过程中,要有量的概念,量要适度。

(二)信息质量不高

信息的生命是质量。只注重质量而忽视数量不可行;只注重数量而忽视质量也不可行。导致物流信息质量不高的原因有:信息搜集的数量不足,寥寥几条信息,不足以支撑决策;信息搜集的空间不广,缺乏对物流活动的全程信息跟踪;信息搜集的针对性不强,比较宽泛,不能很好地支撑物流活动决策;信息搜集的时间性不强,出现滞后性问题,时过境迁,信息价值大幅下降;信息搜集的连续性不高,难以判断物流活动的时间轨迹。

(三)信息成本过高

信息是为决策服务的,信息工作的目的是带来价值。信息的搜寻、处理、传递过程要发生成本,只有信息的价值高于成本,物流信息工作才有意义。物流信息成本过高,主要是在物流信息的搜集、处理、传递过程中发生了比较高昂的成本。物流信息的作用没有得到充分挖掘和发挥,比如该共享的信息没有共享,也会导致物流成本相对增大。

(四)信息手段落后

物流信息的搜寻、处理、传递需要技术手段的支持。若技术手段落后,大数据、海量的信息就难以及时处理,重要的信息就难以及时搜集到,信息的交流沟通就会出现障碍,就很难实现信息共管共享。信息手段落后表现在现代信息技术使用少、信息平台建设滞后、信息网络不发达、信息合作有效机制缺乏等方面。目前,信息技术在一些物流企业的应用主要局限于办公自动化和日常事务处理方面,不少物流企业运用现代信息技术处理物流信息的能力还比较低。

(五)信息安全性低

信息安全是指信息系统(包括硬件、软件、数据、人、物理环境及其基础设施)受到保护,不会因偶然的或者恶意的原因而遭到破坏、更改、泄露,能连续、可靠、正常地运行,保证业务连续性。物流活动是一个复杂的系统,物流主体和外界有大量的互动关系,涉及大量信息交往,信息不安全可能会给物流主体造成重大损失。

二、信息处理合理化的途径

（一）运用现代物流信息技术

物流信息技术是运用于物流各环节中的信息技术。现代物流信息技术包括计算机技术、网络技术、信息分类编码技术、自动识别、条码技术、射频识别技术、电子数据交换技术、全球定位系统、地理信息系统、大数据处理技术、区块链等。积极运用现代物流信息技术搜集、处理、储存、传递物流信息,可以大幅度提高物流信息工作效率、质量和安全性。

（二）加快公共物流信息平台建设

物流信息平台通过对数据的采集,为物流企业的信息系统提供基础支撑信息,满足系统对信息的需求,支撑企业信息系统各种功能的实现。现代物流运作和现代物流信息平台是互相依存的关系,若没有现代物流信息平台,物流运作现代化、信息化就不可能全面实现。

（三）构建现代物流信息系统

物流信息系统是物流系统的神经中枢,是整个物流系统的指挥和控制系统。积极构建信息分类集成化、系统功能模块化、信息采集在线化、信息存储大型化、信息传输网络化、信息处理智能化以及信息处理界面图像化的现代物流信息系统,充分发挥好物流信息系统的神经中枢功能。

（四）推动物流信息共享

物流信息共享是节约企业物流资源投入,提高物流信息资源利用率,避免企业在信息搜集、存贮和管理上重复浪费的一个重要手段。物流信息共享有利于物流全流程平滑顺畅运转,使物流企业与交通、公安、海关、民航、铁道等和物流活动相关的管理部门更好地实现无缝对接。

 本章小结

物流信息是反映物流各种活动内容的知识、资料、图像、数据和文件的总称。物流信息具有信息量大、来源广、种类多、更新快等特点。物流信息为物流的中枢神经,主要起到衔接、控制和决策作用。常见的物流信息应用技术有条码、射频识别、全球定位系统、地理信息系统、电子数据交换、电子订货系统、销售时点信息系统等技术。现代物流运作和现代物流信息平台是互相依存的关系,没有现代物流信息平台,物流运作的现代化、信息化、数字化不可能全面实现。物流信息系统是由人员、计算机硬件、软件、网络通信设备及其他办公设备组成的人机交互系统,通过物流信息的收集、存储、传输、加工整理、维护和输出,为物流管理者提供物流战略、战术及运作决策支持,以实现对物流运作的有效控制和管理。物流信息不合理表现在信息数量不当、质量不高、成本过大、手段落后以及安全性低等方面。实现物流信息合理化要:积极使用现代物流信息技术,加快公共物流信息平台建设,构建现代物流信息系统以及推动物流信息共享。

复习与讨论题

1. 物流信息为什么是物流的"中枢神经"?
2. 简述物流信息的功能及特点。
3. 物流信息的基本技术有哪些?各有什么特点?
4. 怎样正确理解物流信息系统结构?
5. 阐述物流信息系统的功能。
6. 简述实现物流信息合理化的途径。
7. 讨论为什么全球定位系统在运输管理中作用突出。
8. 讨论如何保证物流信息安全。
9. 讨论为什么没有现代物流信息平台,物流运作的现代化、信息化、数字化不可能全面实现。
10. 有人说物流"是新型信息技术应用与创新最活跃、应用场景最多的服务业。"你认同这一观点吗?为什么?

 案例分析 ⇨10-1

畅通农产品上行和工业品下行渠道

"今日新增用户82个""总车辆70253辆"……莹蓝色的大屏幕上,一个个数字在不停更新。叮咚一声,"司机用户卢润有已装货电煤40吨"的提醒闪烁在屏幕上。

"看!人在山西朔州,服务却在福建福州,一个平台,勾连起了相距千里的人、车、货,资源全国调配不再是难点!"站在福建省福清市平台经济产业园办公区,大道成物流科技有限公司负责人林顺钦说。"平台经济打通了过去货运信息不畅、无效运输的'堵点',节约资源、提升效率。"福清市运输服务中心主任叶修姜表示。

"过去县域物流主要以原料输入和工业产品输出为主,公路港作用突出,随着现代物流产业转型升级,'网络货运'成为业态新方向,'平台经济+货运调配'打破空间和种类限制,为车、货两方降本提效。我们正在加快推进公路港物流平台建设,让更多物流企业依托互联网向供应链上下游延伸,获得更大发展。"福清市商务局副局长陈碧琴说。

拓展物流信息平台功能,优化车、船、仓等分散物流资源供需对接,提升物流规模化组织水平;搭建供应链服务平台,提供信息、物流等综合服务……近年来,一系列新技术、新业态、新模式正在加快落地应用,助推县域物流行业供给侧结构性改革。

平邑县,地处山东省南部,金银花、劳保手套、果蔬罐头等产品的传统产业市场占有率位居全国前列。走进京东物流平邑数智物流产业园内,扑面而来的是满满的科技感。在总建筑面积超过4.2万平方米的空间里,设有自动化立体仓库、箱式多层穿梭车立体库、货到人搬运机器人、分拣智能搬运机器人等先进智能设备,在功能上也是集仓储、分拣、办公为一体。这座智慧物流园投入运营后,当地厂家可以实现就近入仓,配送时效提升1天以上,物流成本下降50%以上,大幅缩短了平邑县内农产品上行、工业品下行距离,实现鲁南、苏北64个县市区12小时内配送到位和长三角地区24小时以内到达,业务量从1000单涨到了最高峰期的10万单。

资料来源:齐志明,等.县域物流畅通农产品上行和工业品下行渠道[N].人民日报,2022—07—28.

问题讨论

1. 谈谈你对物流信息平台性质的认识。
2. 有人说"信息化是现代物流的灵魂",你认同这一观点吗?
3. 你认为未来物流信息化会向哪些方向发展?为什么?

第十一章 物流企业

通过本章学习,要求了解物流企业的类型与组织结构,掌握物流战略内涵及影响战略选择的因素,掌握物流服务内涵、类型和物流服务能力的度量,掌握物流成本的构成内容和控制的基本方法,了解物流安全问题的产生领域、产生原因及管理措施。

菜鸟的物流联盟战略

菜鸟物流以淘宝、天猫每年创造的庞大的快递量为基础,与其他大型物流企业达成战略合作协议,在自身没有大型物流节点的情况下,构建起富有影响的物流网络。

菜鸟物流采用的物流联盟战略,是通过菜鸟网络对物流资源进行管理的,由其他物流企业完成实际的运输和配送服务,使菜鸟在运输环节上的成本大大降低。此外,联盟内部企业达成信息共享协议,依托阿里云网络的大数据技术,菜鸟网络能整合所有企业的信息资源,达成对车辆运行情况的实时监控以及车辆运载量的合理分配,让每一台货车都尽可能地实现满载运输,提高车辆运载空间资源的利用率。

作为阿里巴巴集团的子品牌,淘宝、天猫这种自有大型电商平台所带来的快递量是菜鸟物流的重要业务来源之一。在如此大的订单量的支撑下,菜鸟物流能够不断地进行运作。菜鸟的不断发展也能为电商品牌的发展提供更好的声誉以及更充沛的物流资源,形成相互联系、相互扶持、共同发展的局面。

问题思考

菜鸟的物流联盟模式会存在哪些风险?怎么去防范这些风险?

物流企业是物流市场的主体,社会化物流服务主要由物流企业提供。物流企业要想生存和发展,需要合理选择企业组织形态,重视物流战略管理,提供优质物流服务,强化物流成本控制,抓好物流安全生产。

第一节 物流企业形态

一、物流企业的概念

国家标准《物流术语》(GB/T18354—2021)将物流企业定义为:从事物流基本功能范围内的物流业务设计及系统运作,具有与自身业务相适应的信息管理系统,实行独立核算、独立承担民事责任的经济组织。

物流企业一般具有以下特点:

第一,物流企业既包括向客户提供运输、储存、装卸搬运、包装、流通加工、配送、物流信息等物流业务的企业,也包括向客户提供基于这些物流基本职能进行物流业务优化设计的企业、提供一体化物流管理解决方案的企业。

第二,物流企业要具有与自身业务相适应的信息管理系统。物流企业向客户提供的物流服务要做到比客户自己提供的物流服务有更高的性价比,物流企业既要深入了解客户企业物流需求情况,也要充分了解市场物流资源提供情况,还要动态掌握物流业务具体运作情况,这些需要有良好的物流信息系统来支撑。

第三,物流性质上尽管是一种服务,但是物流企业有自己经济利益追求,是一种实行独立核算、独立承担民事责任的盈利性经济组织。

二、物流企业的类型

物流企业在产权结构、经营方向、服务方式、组织形式、技术基础、资本规模等方面具有多样性,按照不同的标准,可以把物流企业划分为很多不同的类型(见图11-1)。

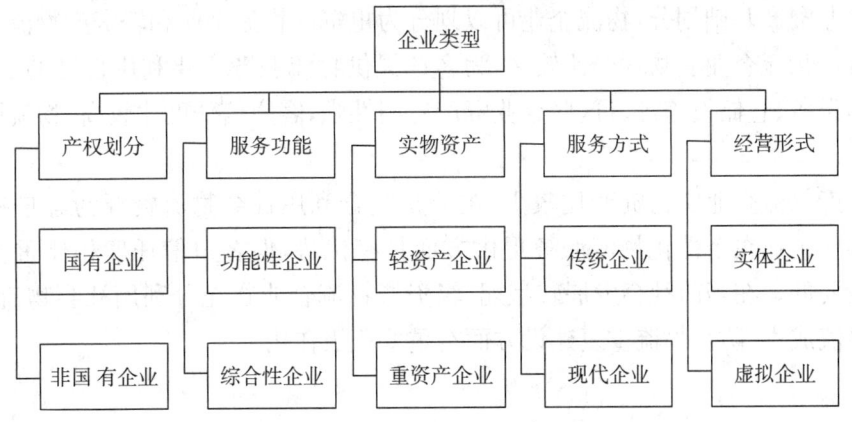

图11-1 物流企业的类型划分

（一）国有物流企业和非国有物流企业

根据产权结构划分，物流企业可以划分为国有物流企业和非国有物流企业。

国有物流企业根据国有产权占有情况，还可以进一步划分为国有独资物流企业和国有控股物流企业。

非国有物流企业也可以细分为私营物流企业、外商独资物流企业和中外合资物流企业。

作为企业，国有物流企业和非国有物流企业一样要追求经济效益，但国有物流企业在维护整个社会物流秩序、保障社会物流基本需求、推动经济社会发展、促进社会物流进步方面具有基础性和引领性作用。

（二）功能性物流企业和综合性物流企业

按企业服务功能范围划分，物流企业可以划分为功能性物流企业和综合性物流企业。

功能性物流企业也可称为"单一性物流企业"，是指仅从事仓储、运输、包装、装卸等一项或几项物流服务的物流企业，具有专业化优势。

综合性物流企业能够承担多项甚至所有物流功能，为客户提供一揽子物流服务，具有多元化优势。这些企业一般规模大、资金雄厚，物流服务信誉比较高。例如，日本日通公司，它是全球最大的综合物流服务商之一，除了空运、海运之外，还提供卡车运输、搬家、小包装递送、铁路运输、国内海运、重物托运、仓储、艺术品运输等业务。中国远洋海运集团有限公司就是一个超大规模综合性物流企业。

（三）重资产物流企业和轻资产物流企业

按企业资产基础划分，物流企业可以划分为重资产物流企业和轻资产物流企业。

重资产物流企业实物资产比较多，为客户提供物流服务主要利用自己的实物资产，例如运输设备、仓储设施等。这些企业资产专用性强，客户信任度比较高，物流服务风险比较小。

轻资产物流企业实物资产比较少，主要是整合利用社会物流资源为客户提供物流服务。这些企业在个性化物流服务提供方面具有优势，但客户信任度相比重资产物流企业一般要低。在当前社会发展转型期，轻资产物流企业在充分利用社会物流资源、降低社会物流成本、防止物流重复建设方面有重要积极作用。

延伸阅读

中国远洋海运集团有限公司

中国远洋海运集团有限公司是一家关乎国计民生和国民经济命脉的特大型中央企业,拥有总资产8800亿元人民币,员工11.8万人。

截至2022年12月31日,中国远洋海运集团经营船队综合运力达11382万载重吨/1394艘,排名位居世界第一。其中,集装箱船队规模为302万TEU/487艘,居世界前列;干散货船队运力为4514万载重吨/437艘,油、气船队运力为2918万载重吨/228艘,杂货特种船队运力为587万载重吨/175艘,均位列世界第一。

中国远洋海运集团,航运、码头、物流、航运金融、修造船等上下游产业链形成了较为完整的产业结构体系。集团在全球投资码头56个,集装箱码头49个,集装箱码头年吞吐能力达1.32亿TEU,位居世界第一。全球船舶燃料销量超过2830万吨,位居世界第一。集装箱租赁业务保有量达391万TEU,位居世界第三。海洋工程装备制造接单规模以及船舶代理业务也稳居世界前列。

(四)传统物流企业与现代物流企业

根据物流企业服务层次不同,物流企业可以划分为传统物流企业和现代物流企业,现代物流企业又分为第三方物流企业和第四方物流企业。目前,这种分类方法用得比较普遍。

传统物流企业是指从事运输、仓储等单一物流服务的企业,对生产企业和流通企业的依附性很强,主要依靠自己硬件(车辆、仓库等)投入来提供物流功能性服务。这种类型的企业市场竞争力缺乏,但目前在物流企业中占比依然比较高。

第三方物流企业为客户提供的不是一次性的运输或配送服务,而是一种具有长期契约性质的综合物流服务,其最终职能是保证客户物流体系的高效运作和不断优化供应链的管理。与传统储运企业相比,第三方物流的服务范围不仅仅限于运输、仓储业务,它更加注重客户物流体系的整体运作效率与效益。供应链的管理与不断优化是它的核心服务内容。它的业务深深地触及客户企业销售计划、库存管理、订货计划、生产计划等整个生产经营过程,这远远超越了与客户一般意义上的买卖关系,形成了一种战略合作伙伴关系。第三方物流企业的服务领域还将进一步扩展,甚至会成为客户销售体系的一个组成部分,与客户形成相互依赖的市场共生关系。

第四方物流企业主要从事协调第三方物流企业和其他服务供应商的运营,也有人把它们称为"牵头的物流服务供应商"。就物流服务来说,总承包人就是第四方物流企业,分包商就是第三方物流企业、运输企业、货代企业、报关行或其他公司。第四方物流是一个供应链集成商,它调集和组织管理自己的、客户的,以及具有互补性的服务提供商的资源、能力、资金和技术,以提供一个综合的供应链解决方案,而这种方案仅仅通过上述联盟中的一方是难以解决的。要想进入第四方物流领域,企业必须在某个或某些方面已经具备很强的核心能力,并且有能力通过战略合作伙伴关系进入其他领域。

(五)其他类型物流企业

还可以根据业务内容不同,将物流企业划分为物流作业企业和物流信息企业;根据企业经营形式不同,将物流企业划分为实体物流企业和虚拟物流企业;根据物流业务的承担者不同,将物流企业分为物流自理企业和物流代理企业;等等。

三、物流企业的组织结构

(一)直线职能式结构

直线职能式结构的主要特点是设置两套系统,一套是直接参与和负责组织物流经营业务的业务执行机构,它包括从事物流活动的各个业务经营机构,担负着整个物流活动过程的作业实现。例如,直接从事商品物资的购销、仓储、运输、整理加工、品质检验、配送等部门。另一套是按专业管理的职责和权限设置的职能管理机构,它是专门为物流经营业务活动服务的管理工作机构,直接担负着物流活动的计划、指导、信息服务、监督调节及其他配套管理服务,如计划统计、财务会计、劳动工资、信息支持、市场开发等部门。

物流运营的业务执行机构是物流组织机构的主体,它们的主要任务、职责和权限是直接从事物流的运营作业,其机构的规模和分工程度直接影响着其他部门的设置以及职能的划分。物流运营的职能管理机构不直接参与物流作业,而作为物流运营的参谋和保障机构。

典型的直线职能式物流组织结构模型如图 11-2 所示。

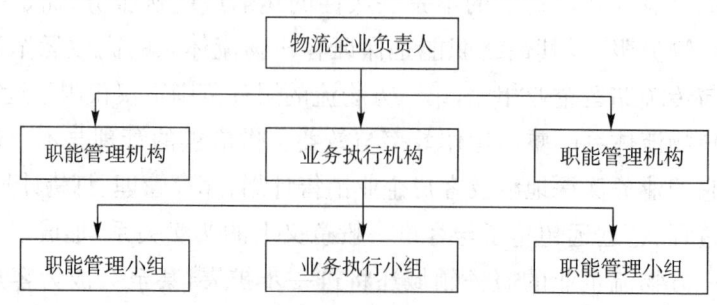

图 11-2 直线职能式物流组织

直线职能式结构的优点在于既能保证集中统一指挥管理,又能充分发挥专业人员的才能、智慧和积极性，比较适合现代物流企业发展需要。直线职能式结构的缺点是过于正规化，权力集中于高层，机构不够灵活，横向协调性较差，特别是物流运营的业务执行部门缺乏自主性，很难有效地调动业务执行部门的主观能动性。

直线职能式结构在企业规模相对不大，物流服务业务范围相对稳定，以及市场不确定性相对较小的情况下，能够显示出其优点。随着企业规模的扩大，业务范围的拓展，市场不确定性的增加，这种结构适应性会不断下降。

（二）事业部制结构

事业部制结构特点是"集中政策，分散经营"。一般是按物流服务类别分别成立若干个事业部，这些事业部在公司的统一领导下实行独立经营、单独核算、自负盈亏。公司高层管理部门实行有限的控制，以便摆脱行政管理事务，集中力量研究和制订经营方针，并通过规定的经营方针，控制绩效和统一调度资金，对各事业部进行协调管理。事业部制物流组织机构模式如图11-3所示。

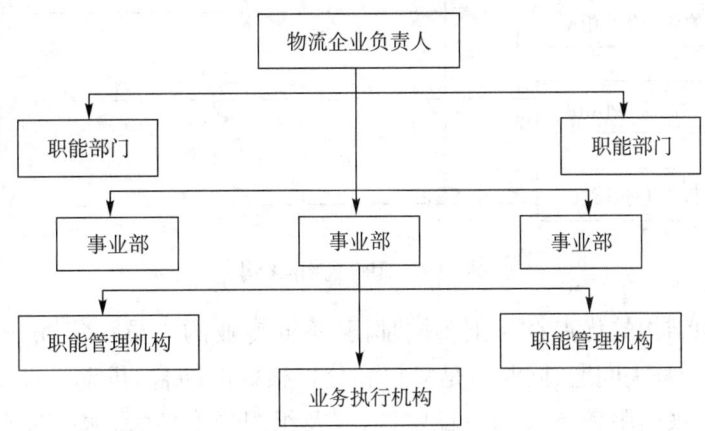

图 11-3　事业部制物流组织

事业部制结构是直线职能式结构中分权趋势的一种体现。实际上，随着企业规模的扩大，直线职能式结构过分集权的劣势就会体现出来。事业部制结构可以弥补这种缺陷，同时又有利于提高各个事业部门（分公司）的主观能动性。因此，事业部制结构正被越来越多的大中型物流企业所采用。

事业部制结构的主要优点在于：各事业部职权分明，拥有相当的自主权，可以有权及时应对市场或内部环境的变化，积极灵活地开展物流经营管理业务。而企业总部也可以摆脱事务性的行政管理，而专心致力于企业重大经营方针和重大决策。这种结构也存在一定的缺点，主要体现在当各个事业部是一个利益中心时，往往会只考虑到自己的利益而影响相互协作，同时，由于各事业部的权力增大，如果事业部经理不适当地运用权力，有可能导致整个企业职能机构的作用削弱，不利于企业统一决策和领导。

(三) 矩阵式结构

矩阵式结构一般是为了达到一定的目标或完成一个项目，在已有的直线职能结构中，从各个职能部门中抽调专业人员，组成临时的或者长期的专门机构，这种专门机构领导人有权指挥参与机构的成员，并同有关部门进行横向联系和协调，如图11-4所示。参与专门机构的成员同自己原来的部门保持隶属关系，即各部门既同垂直的指挥系统保持联系，又与按服务项目划分的小组保持横向联系，形成一个矩阵形式，借用数学术语，称之为"矩阵式结构"。

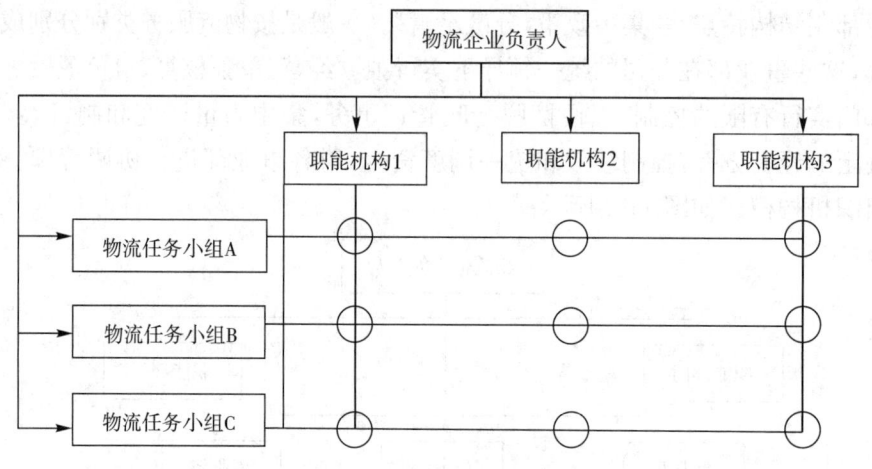

图11-4　矩阵式物流组织

矩阵式组织结构的优点在于把不同部门、不同专业的人员汇集在一起，密切协作，互相配合，有利于解决问题，同时也是集权和分权很好的结合，机动性和响应性强，能适应市场竞争所带来的服务市场的不稳定性，以及组织规模庞大、服务复杂、技术要求高的物流服务业务。其缺点是如果纵横向关系处理不当，就会造成意见分歧，工作上出现问题也难以分清责任，并且人员工作的不断流动使得管理上出现困难。

在物流运营中，矩阵结构往往适用于货代企业承接大规模货代业务，物流企业承接临时性重要物流业务的运营组织，以及工商企业物流部门组织临时性的重大采购供应或销售物流业务。如果物流企业的业务受市场变化的影响不确定性高时，也可以采用这种结构。

以上介绍的几种组织结构形式是在实践中逐步形成发展起来的，也是比较典型的形态。实际应用中它们也常常是相互交叉的。例如，在一个物流系统中，可能同时存在事业部制和职能制，或职能制与矩阵制等。各种组织结构各有优缺点，不存在适应一切环境条件的最佳组织模式。为了适应复杂多变的企业内外部环境，应根据需要组织自身的物流运营体系，也可以在这些基本模式的基础上，创造出更好的适合自身需求的结构。当然，物流组织的形式一旦确定，也不是一成不变的，随着市场环境的变化以及内部运营的发展，要对已有的组织结构进行适时的调整，这对于物流的运营管理来说，也是非常重要的。

延伸阅读

非物流企业的物流部门设置

1. 临时性物流部门

临时性物流部门是企业从内部不同部门临时抽调人员组成的,为完成某项物流任务而设置的部门。当这项任务结束后,临时性物流部门解散,人员一般回到原有岗位。

2. 专门性物流部门

专门性物流部门也称为"专业性物流部门",这是大多数企业最常用的物流部门设置的方式。专门性物流部门具有独立开展业务和管理的能力,是企业中的主要部门之一。它在企业中直接向总经理或主管总经理负责。

3. 隐性物流部门

隐性物流部门实际上是一种虽有物流活动但不形成独立机构的部门设置方式。大型企业的各个组成部分,如各个事业部一般都各自有物流部门来从事自己经营中的实际物流工作,这些物流部门和各自所属主体的经营活动密不可分。它们不可能脱离自己的主体而独自组成专门的物流部门,这使得企业的物流分散在各个组成部分(如事业部)当中,形成了所谓的隐性物流部门,企业对此只能实行分散管理。

4. 物流子公司

物流子公司是大型企业在总公司之下将物流部门从专门的职能部门中分离出来,成立单独的物流子公司。这个子公司成为企业集团中的一员,不但在该企业集团中承担物流的任务和责任,而且还可以同集团以外其他企业建立各种经济关系,接受其他企业的物流活动委托,从事物流经营业务活动。

第二节　物流战略

一、物流战略的概念

物流战略是物流企业为寻求可持续发展,就发展目标以及达成目标的途径与手段作出的长远性、全局性的规划与部署。在动态和不确定的环境下,面对激烈的市场竞争和客户日益挑剔的服务需求,物流企业要想发展壮大,需要运筹帷幄,制定物流战略。

二、物流企业的环境

物流战略的制定总是在一定的环境下进行的,而物流战略的实施应该使企业能更好地适应环境。物流企业的环境包括三个层次:一是宏观环境;二是中观环境;三是微观环境。图11-5是物流企业环境层次示意图。

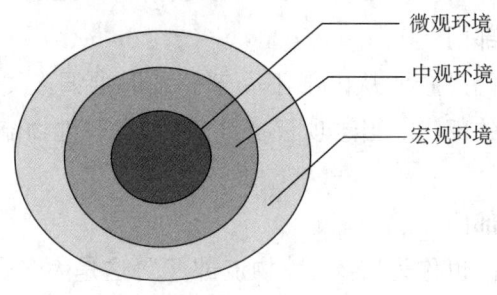

图11-5　物流企业环境结构

(一)宏观环境

宏观环境是物流企业面临的一般环境,包括政治、经济、技术、社会、自然环境等,也称间接环境。宏观环境对物流企业来说是不可控的,物流企业要适应宏观环境。

1. 政治环境

政治环境是指一个国家或地区的意识形态、政治制度、体制、方针政策、法律法规等方面。政治环境影响物流企业的经营行为,尤其是影响企业的长期投资行为。国际物流还会受到国际政治和国际物流法律法规影响。政治法律环境对物流企业的影响具有直接性、难以预测性和不可逆转性特点。

2. 经济环境

经济环境是指一个国家的经济制度、经济结构、产业布局、资源状况、经济发展水平以及未来经济走势等,涉及国家、社会、市场及自然等多个领域。经济环境对一个地区和国家的物流的流量、流向、流速和物流模式等有着直接乃至决定性影响。在一个经济不发达、社会分工缺乏的国家,社会物流总量规模不可能很大。

3. 技术环境

技术环境是指科技水平、技术手段、技术队伍、技术发展速度及技术发展趋势。变革性的技术一方面给物流企业创造了新的发展机遇,另一方面又可能带来严峻的挑战。对物流系统最具影响力的技术因素是信息、运输、物料管理及包装技术的革新,如计算机、大数据、云计算、物联网等技术均对企业及时准确地掌握信息,监管物料运动、工作程序以及存货,改进实时控制及决策具有革命性的影响。

4. 社会环境

社会环境包括一个国家或地区的社会性质、价值观、人口状况、教育程度、风俗习惯、宗教信仰等各个方面。社会文化是人们的价值观、思想、态度、社会行为等的综合体,影响着人们的购买决策和企业的经营行为。公众的价值观同人们的工作态度一起对企业的工作安排、作业组织、管理行为以及报酬制度等产生很大的影响。人口统计特征包括人口数量、密度、结构分布、地区分布、收入水平、教育程度等,影响着劳动力的供给以及市场的需求。

5. 自然环境

自然环境是指一个国家自然资源和生态环境。具体包括自然资源禀赋、地形地貌、气候、能源、自然灾害、生态平衡、环境保护等。

(二)中观环境

根据美国管理学家迈克尔·波特的观点,一个行业中的竞争,存在着五种基本的竞争力量:潜在的行业新进入者、替代品的竞争、买方讨价还价的能力、供应商讨价还价的能力以及现有竞争者之间的竞争。这五种基本竞争力量的状况及综合强度,决定着行业的竞争激烈程度,从而决定着行业中最终的获利潜力以及资本向本行业的流向程度,如图11-6所示。物流企业作为一类企业,同样面临着这五种竞争,这五种竞争力量构成了企业战略的中观环境。

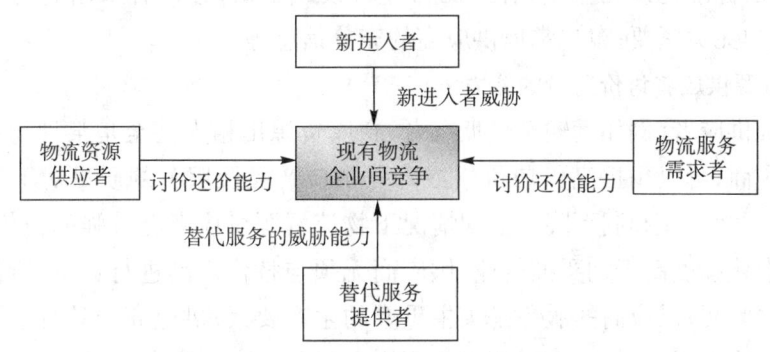

图 11-6　物流行业的五种竞争力

1. 行业新加入者的威胁

新进入者的加入会导致行业物流能力的扩大,在需求未见增长的情况下必然引起与现有物流企业的激烈竞争,使物流服务价格下跌。新进入者要获得进行物流活动的资源必然导致对有限资源的竞争,使行业经营成本升高。新进入者威胁的强度取决于进入障碍和原有企业的反击程度,如果进入障碍高,原有企业反击有力,潜在的进入者就难以进入该行业,进入者的威胁就小。决定进入障碍大小的主要因素有规模经济、服务差异、资金需求、品牌认同以及与规模经济无关的成本优势等。

2. 现有竞争者之间的竞争程度

在行业增长缓慢、行业具有非常高的固定成本或库存成本、行业的产品差别小或行业转换成本低、行业中的总体物流服务能力过剩、行业对企业兴衰至关重要而且取得成功的可能性大、有众多势均力敌的竞争者、退出行业的障碍很大等情况下,现有物流企业之间会进行激烈的竞争。一般来说,现有竞争者之间多采用价格战、广告战、服务战等手段开展竞争。如果一个企业的行动对其对手有显著威胁,就会招致报复或抵制。如果竞争行动和反击行动逐步升级,行业中所有物流企业都可能受到伤害。

3. 替代物流服务产品的威胁

替代物流服务产品是指那些与本行业的产品有同样功能的其他产品。较低的替代产品价格会压低本行业产品的价格水平,使本行业的收益受到限制。替代产品的价格越有吸引力,这种限制作用就越大,对本行业构成的压力也就越大。因此,本行业与替代产品提供行业的竞争,常常需要本行业所有企业采取共同措施和集体行动。在物流服务中,铁路、公路、水路等运输方式彼此之间就有一定的替代性,并且有些还有很高的替代性,这些不同运输方式提供企业之间就存在比较激烈的竞争。

4. 物流服务需求者讨价还价的能力

物流服务需求者,亦即客户,可能要求较低的购买价格,高质量的物流服务,结果使得行业的竞争者们互相残杀,导致行业利润下降。下列情况下客户有较强的讨价还价能力:客户相对集中且大量购买;购买的服务产品占其全部费用或全部购买量中很大的比重;服务产品标准化或无差别;客户的行业转换成本低;客户有采用后向一体化的倾向;产品对客户无关紧要;客户掌握供应商的充分信息等。

5. 物流资源供应者讨价还价的能力

物流资源供应者(例如运输车辆拥有者、仓库资源出租人甚至是某种物流服务提供者),亦即供应商,可以用提高供应价格或降低供应产品及服务的质量对下游行业进行威胁,从而使下游行业利润下降。下列情况下物流资源供应者有较强的讨价还价能力:供应行业集中化程度高于购买商行业;供应商无须与替代产品进行竞争;所供应的行业对供应商无关紧要;供应商的服务是买主重要的生产要素;供应商产品有较大差别并且购买者的转换成本很高;供应商对买主行业构成前向一体化的威胁。

(三)微观环境

微观环境也就是物流企业内部环境,是指企业能够加以控制的内部因素,这是物流经营的基础,是制定物流战略的出发点和依据,是竞争取胜的根本。对内部环境进行分析的目的在于掌握企业目前的状况,明确企业具有的优势和劣势,以便有效利用资源,制定能够发挥企业优势的物流战略,实现确定的战略目标。

一般说来,企业内部环境分析包括九方面内容,对每一方面的分析和评价都需要回答一系列问题才能明确企业所具备的优势和劣势。

1. 财务状况

财务优势和劣势,财务指标的变化趋势,利润结构是否合理?是否有提高投资收益率的规划?有无筹措短期资金和长期资金的能力和渠道?财务管理制度是否完备?运行是否有效？成本控制是否有效？

2. 产品线及竞争地位

本企业服务的优势和劣势是什么？企业是否具有能够获得竞争优势的某些专利？本企业服务目前拥有多大的市场占有率？稳定程度如何？这个市场占有率集中还是分散？变化趋势如何？本企业的产品或服务是否容易受到经济周期变化的影响？现在的和潜在的客户怎样评价本企业的服务？

3. 物流设施与设备状况

物流设施与设备是否有效率？是否先进？构成怎样？有无过剩的能力和扩充的可能。

4. 市场营销能力

本企业市场营销人员是否充足？素质如何？营销方式是否有效？本企业的定价策略是什么？市场调研的能力及水平如何？是否充分了解顾客需求？是否具备开拓新市场的能力？本企业的促销及广告活动是否有效？客户对售前和售后服务如何评价？

5. 研究与开发能力

各类研发人员的数量、构成、知识结构如何？研究能力如何？是否已经开发出重要的新型物流服务？研究试验设备的数量、构成及装备程度如何？经费是否充足？能否满足市场需要？研发工作的组织管理能力如何？

6. 管理人员的数量及素质

高层管理人员的构成？他们的知识结构和年龄结构？采用怎样的管理模式？高层管理者中占统治地位的价值观是什么？在战略实施和控制方面，中层和基层管理人员的数量及素质如何？

7. 员工的数量及素质

员工的数量是否充足？员工的技能和熟练程度怎样？这些技能是否能充分满足当前和未来的需要？员工的工作态度如何？出勤率怎样？员工的激励水平如何？

8. 组织结构

现有组织结构的类型？能否有效运转？组织中的责权关系是否明确？分权与集权关系处理是否得当？

9. 过去的目标和战略

企业过去几年中的主要目标是什么？是否都已达到？这些目标是否适合企业自身？企业已采用了什么战略？是否取得了成功？

三、物流战略 SWOT 分析

SWOT 分析是将与物流企业战略制定相关的各种主要内部优势（Strengths）、内部劣势（Weaknesses）和外部的机会（Opportunities）和外部威胁（Threats），通过调查列举出来，并依照矩阵形式排列，然后用系统分析的思想，把各种因素相互匹配起来加以分析，为企业制定相应战略提供依据。

1. 内部优势。例如，企业在物流人才、物流成本、技术创新、物流管理、物流设备、物流规模、财务资源、物流策略和市场口碑等方面的优势所在。

2. 内部劣势。例如，没有明确的物流政策、物流设备老化、缺乏专业物流人才、技术创新乏力、竞争地位下降、管理不善、服务范围狭窄、营销能力低下、物流成本明显高于主要竞争者等。

3. 外部机会。例如，市场增长迅速、有进入新的市场或市场面的可能、能够争取到新的客户群、可以拓展服务空间满足客户其他需要、在同行业中业绩优良、对手企业的裹足不前等。

4. 外部威胁。例如，市场增长缓慢、不利的政府政策、竞争压力增大、成本较低的国外物流服务商的介入、主要竞争对手物流成本的大幅度下降、整个市场的不景气、客户需求和兴趣的改变等。

SWOT分析法可以为企业提供四种战略选择，即SO战略、WO战略、ST战略和WT战略，如图11-7所示。

		内部优势(S) 1.…… 2.…… 3.……	内部劣势(W) 1.…… 2.…… 3.……
外部机会(O)	1.…… 2.…… 3.……	SO战略 依靠内部优势 利用外部机会	WO战略 利用外部机会 克服内部劣势
外部威胁(T)	1.…… 2.…… 3.……	ST战略 依靠内部优势 回避外部威胁	WT战略 减少内部劣势 回避外部威胁

图11-7 基于SWOT分析的物流战略选择

SO战略就是依靠内部优势去抓住外部机会的战略。如一个资源雄厚（内在优势）的物流组织发现某一国际市场未饱和（外在机会），那么它就可以采取SO战略去开拓这一国际市场。

WO战略就是利用外部机会改进内部弱点的战略。如一个面对物流规划服务需求增长的物流组织（外在机会），却十分缺乏规划技术专家（内在劣势），那么就应该采用WO战略培养或外聘规划技术专家，或购入一个提供物流规划服务的公司。

ST战略就是利用物流组织的优势，去避免或减轻外部威胁的打击。如一个物流组织的销售渠道（内在优势）很多，但是由于各种限制又不允许它经营其他商品（外在威胁），那么就应该采取ST战略，走集中型、多样化的道路。

WT战略就是直接克服内部弱点和避免外部威胁的战略。如一个物流服务质量差（内在劣势），供应渠道不可靠（外在威胁）的物流组织应该采取 WT 战略，强化物流组织管理，提高服务质量，稳定供应渠道，或走联合、合并之路以谋生存和发展。

SWOT 方法的基本点，就是物流组织战略的制定必须使其内部能力（强处和弱点）与外部环境（机遇和威胁）相适应，以获取经营的成功。

四、物流战略的选择

(一)物流企业的宗旨

物流企业的宗旨是指该企业在社会经济发展中所承担的责任或主要目的，即物流企业存在的理由和价值。例如：中国外运股份有限公司以"降低客户的经营成本为目标"作为自己服务宗旨；圆通速递有限公司以"客户要求，圆通使命"作为自己服务宗旨。制订物流企业的宗旨是明确物流企业战略目标的前提，是拟定物流战略的依据、配置物流资源的指南。

确定物流企业宗旨既要避免过于狭隘，又要避免过于空泛。狭隘的宗旨束缚管理人员的经营思路，可能丧失许多发展机会，而空泛的宗旨又使企业难以确定明确的目标。企业宗旨不仅要在企业建立之初就予以明确，而且在遇到困难或机遇时也需要经常地予以调整。竞争地位、高层管理者、新技术、资源供给、人口统计特征、政府法规以及消费者需求等方面的变化，都可能导致企业宗旨的改变。

(二)物流企业的目标

物流企业的目标是在企业宗旨的引导下，可在一定时期内实现的量化成果或期望值，主要包括服务水平目标、物流成本目标、经济效益目标、社会责任目标和技术应用目标等内容。

物流企业在制定战略目标的过程中，应当注意：突出关键性、全局性问题；既有可行性，又有先进性；目标必须定量化，具有可衡量性，以便检查和评价；目标组合中的各分目标之间、战略目标和战术目标之间以及战略经营单位和职能部门之间的目标应相互协调，相互支持，形成系统；目标必须相对稳定，不可朝令夕改，如果经营环境变化必须调整战略目标，则所有经营单位及职能部门的分目标也要及时作出相应调整。

(三)物流企业一般性战略

迈克尔·波特将企业竞争战略分为成本领先、差异化和聚焦三种一般性战略，与此相类似，物流战略可划分为成本最低、服务最优、利润最高、竞争力最强和资产占用最少五种一般性物流战略。

1. 成本最低战略

成本最低战略的核心是要设计一个固定成本与可变成本最低的物流系统。采用成本最低战略有利于形成行业进入障碍，增强物流企业的讨价还价能力，降低替代服务的威胁，保持自身领先的竞争地位。实施成本最低战略必须将目标确定为满足较为集中的客户需求，向客户集中的地区提供快速服务，通过储运资源和库存政策的合理搭配使物流成本达到最小化。物流系统的基本服务能力受到系统中的仓库数目、工作周期、运营速度或协调性、安全库存政策等诸多因素的影响，其中安全库存政策和仓库与客户的距离决定了物流系统的基本能力。为满足客户的基本需求，要按照有效库存和系统目标对物流系统进行整合，以求在成本最低的条件下达到最佳的服务水平。

2. 服务最优战略

服务最优战略的核心在于追求最佳的物流服务水平，系统设计的重点要从成本优化转移到系统有效性和运输绩效上来。要为客户提供最优的服务就必须充分利用服务设施，认真规划线路布局，尽量缩短运输的时间。提供最优服务的同时也必须能够得到与之相适应的收益，否则，这种战略就得不偿失。同时，什么是最优的服务对不同的客户来说也是不同的，这就要求企业必须认真分析客户的需求，针对客户的不同需求提供差别化的优质服务，从而构筑起企业的差别竞争优势。

3. 利润最高战略

利润最高是大多数物流企业制定战略的最终目标。这种战略需要对每一种物流设施所带来的利润进行认真的分析，构建起能够以最低成本得到最高利润的物流系统。以仓库为例，每一个仓库的服务区域是由向距仓库不同距离的客户提供服务所得到的最小利润所决定的，客户距离服务区域中心越远，物流成本就越高，原因不仅在于距离远，还在于距仓库越远的地区客户密度越低。如果在某一位置上，服务于周围客户的成本已是最小可接受的毛利，那么进一步延伸服务区域就无利可图，服务能力就达到了极限。如果为客户提供附加的服务可能使客户购买更多的产品进而带来更多的利润，就可以对附加服务进行成本和利润的分析，如果这将带来更多的收益，就可以为此增加服务设施。

4. 竞争力最强战略

竞争力最强战略是对以上几种战略的优化，它不单纯追求某一方面的最优，而是力争达到整体的竞争力最强，寻求最大的竞争优势，这种优势可以采用针对性的服务改进和合理的市场定位两种方法来获得。

一种获得竞争优势的方法是服务改进。企业管理层必须保证最能为企业带来利润的客户能得到最好的服务，如果发现有重要的客户没有得到优质服务，就必须改进服务水平或增加服务能力来适应这些客户。另一种获得竞争优势的方法是确立更加合理的市场定位。这特别适合小企业。大公司僵化的运营机制和价格政策使它们易于忽视地域性市场上的个性化需求，也几乎不可能调整市场营销和物流系统去适应这些需要。但小公司的灵活性使它们能够调整市场定位，在物流服务能力上进行重要投资去占领本地市场，提供个性化的服务。

5. 资产占用最少战略

资产占用最少战略是追求以最少的资产投入物流系统，以此降低物流系统风险，增加总体的灵活性。这种战略更有利于企业集中优质资产开展主业经营，提高运营效率和资产回报。

一个要保持最大灵活性的企业可能不愿自行投资建设物流设施或设立物流部门，因为这些资产一旦成为实物形态就难以灵活变现，使企业资产灵活性大为下降。为此，企业经常利用外界的物流服务和资源，如公共仓库、运输、配送服务等。但同时企业也必须考虑自行满足关系企业正常运营的关键性物流需求，完全依赖外界服务有可能在环境急剧变化或竞争空前激烈时威胁企业的经营稳定性，造成竞争的被动或成本的上升。

第三节 物流服务

一、物流服务的概念与特性

（一）物流服务的概念

国家标准《物流术语》(GB/T18354－2021)将物流服务定义为：为满足客户物流需求所实施的一系列物流活动过程及其产生的结果。货主企业将物流业务活动的全部或部分委托给物流企业去承担的时候，物流企业便成为货主企业的物流服务提供者。站在物流活动委托方的角度看，物流企业提供的是一种服务，这种服务同时也构成了制造企业或商业企业顾客服务的一部分。

物流企业和货主企业的关系是服务与被服务的关系，货主企业面向顾客的物流服务目标的实现，也有赖于物流企业为货主企业提供高质量的、稳定的物流服务。面对物流服务市场的激烈竞争，物流企业要树立以货主为中心的服务理念，根据货主企业的需求变化调整服务内容和服务方式，将物流服务融入被服务企业的物流系统中去，通过品牌、价格、促销、客户服务等手段和战略，提升自身服务产品的竞争力。

延伸阅读

货主企业的物流服务

从货主企业的角度看物流，输出的服务不是具体的运输或仓储服务产品，而是作为从市场营销的客户服务中派生的物流服务，是面向(购买企业产品的)顾客的物流服务，是促进产品销售的战略型物流，如配送频次、批量大小、与顾客交易前承诺的与物流相关的各种条件等。作为客户服务一部分的物流服务,也称之为物流客户服务。企业物流系统是一个面向市场的商品供应保障系统,这个系统的输出就是物流客户服务,保证客户在需要的时间、需要的场所获得所需要的商品,是物流客户服务的目标。随着消费需求的多样化、个性化,客户对于商品供应保障在时间的及时性、品种的多样性、批量的灵活性等方面提出了更加苛刻的要求,作为直接体现商品供应保障程度的物流客户服务水平也就成为影响货主企业市场竞争力的一个重要因素。因此,可以说企业的物流服务已成为企业竞争力的一部分。仅仅把产品做好,仅仅能销售出去还不行,如果物流跟不上,同样会影响客户的满足感和满意度,使客户体验下降,最终影响产品的顺畅销售。

(二)物流服务的特性

1. 从属性

由于货主企业的物流需求是以商流为基础,伴随商流而发生,因此物流服务从属于货主企业物流系统,表现在流通货物的种类、流通时间、流通方式、提货配送方式都是由货主选择决定,物流企业只是按照货主的要求,提供相应的物流服务。

2. 不可存储性

物流服务是属于非物质形态的劳动,它生产的不是有形的产品,而是一种伴随销售和消费同时发生的即时服务,不可储存。

3. 移动性和分散性

物流服务是以分布广泛、多数不固定的客户为对象,所以,具有移动性以及面广、分散的特性,它的移动性和分散性会使产业局部的供需不平衡,也会给经营管理带来一定的难度。

4. 需求波动性

由于物流服务是以数量多而又不固定的客户为对象,它们的需求在方式上和数量上是多变的,有较强的波动性,为此容易造成供需失衡,成为在经营上劳动效率低、费用高的重要原因。

5. 差异性

差异性是指物流服务的构成成分及其质量水平经常变化,很难统一界定。物流企业提供的服务不可能完全相同,物流企业难以制定和执行服务质量标准,不易保证服务质量。

6. 可替代性

站在物流活动承担主体的角度看,产生于货主企业生产经营的物流需求,既可以由货主企业自身采用自营运输、自营保管等自营物流的形式来完成,也可以委托给专业的物流企业来完成。因此,对于专业物流企业,不仅有来自行业内部的竞争,也有来自货主企业的竞争。如果物流企业的服务水准难以达到货主要求,货主企业就会以自营物流的形式拒绝物流企业的服务,物流企业的市场空间的扩展就会面临困难。

二、物流服务的分类

不同的物流企业,提供物流服务的方式、内容、手段和价值诉求等方面存在差异。按照不同的标准,物流企业提供的物流服务,可以划分为不同类型:

(一)利用自有资源提供服务与利用社会资源提供服务

按照物流企业提供物流服务的资源基础不同,可以分为利用自有资源提供的物流服务和利用社会资源提供的物流服务。

1. 利用自有资源提供服务

物流企业利用自有资源,如车辆资源、仓库资源等,提供物流服务的优势在于:企业为客户提供物流服务比较稳定可靠,客户信任性高;不足在于:资本占用比较多,资源难以充分利用,存在资产专用性问题。

2. 利用社会资源提供服务

物流企业利用社会资源提供物流服务优势在于:服务灵活性比较强,能为客户提供量身定做的服务,使社会闲置物流资源得到有效利用;不足在于:客户对物流企业的信任因物流企业缺乏实物资产受到影响,为客户提供物流服务的可靠性受到牵制。

(二)普遍服务与增值服务

根据物流服务形态不同,物流服务可分为普遍服务和增值服务。

1. 物流普遍服务

物流普遍服务是物流服务形态的主体,例如运输、仓储、配送、包装等物流服务。普遍物流服务数量大、物流对象复杂而且分布广,需要一定的规范性,对物流需求、物流时间、物流费用、物流距离、物流损耗等都要作出一定的规定。

2. 物流增值服务

物流增值服务在完成物流基本功能的基础上,根据客户需求提供的各种延伸业务活动。物流增值服务是有条件的,要以更大的投入来创造这些条件,是一种有成本的增值。某些增值服务在广泛应用一定时期之后就可能固化成确定的模式,变成广泛应用的物流普遍服务。

(三)核心服务、形式服务、期望服务、附加服务和潜在服务

按照服务产品层次不同,物流服务可分为核心服务、形式服务、期望服务、延伸服务和潜在服务。

1. 核心服务

核心服务是客户真正所购买的基本服务或利益,体现为货物的位移和储存。

2. 形式服务

形式服务是核心服务借以实现的形式，主要体现在物流企业利用运输工具、搬运设施、仓库和站场等实现货物位移的基本活动。

3. 期望服务

期望服务是客户购买服务时期望得到的与物流服务密切相关的一整套属性和条件，例如在交货方便、较低的损失以及适当的售后支援等方面服务。

4. 附加服务

附加服务是指客户购买形式服务和期望服务时附带获得的各种利益的总和，例如在货物行程的追踪查询、物流技术咨询、设备安装调试、较高的安全系数保证等方面服务。

5. 潜在服务

潜在服务是指客户在购买物流服务后，又会发现该服务供求双方可能未曾发现的利益和价值增减。

（四）行业服务、项目服务、定制服务与咨询服务

按照企业物流服务模式不同，物流服务还可以分为行业服务、项目服务、定制服务、咨询服务等不同模式。

1. 行业服务

物流行业服务模式是指物流企业通过使用现代技术和专业管理方法，在拥有丰富的经验和对客户需求的深刻理解的目标行业，为客户提供全部或部分专业的物流服务模式，这是企业发展的一种目标聚集战略。例如，企业专门提供冷链物流服务、电子物流服务等。

2. 项目服务

物流项目服务模式是指物流企业围着一个特定的项目提供全程物流服务。例如，物流企业为重大基础设施、综合性展览、大型比赛等提供一揽子物流服务。

3. 定制服务

定制物流服务是指将物流服务具体到某个客户，为该客户提供从原材料采购到产成品销售过程中各个环节的全程物流服务，涉及储存、运输、加工、包装、配送、咨询等全部业务，甚至还包括订单管理、库存管理、供应商协调等在内的其他服务。

4. 咨询服务

物流咨询服务是指物流企业利用专业人才优势，深入到客户企业内部，为其提供市场调查分析、物流系统规划、成本控制、企业流程再造等相关服务的经营模式。

延伸阅读

美国凯利伯物流公司的服务内容

美国凯利伯物流公司，为了满足客户的需要，设立专门为客户服务的公共型物流中心，提供的物流服务既有传统服务又有增值服务，服务内容主要包括如：

1. JIT物流计划。该公司通过建立先进的信息系统、为供应商提供培训服务及分享管理经验，优化了运输路线和运输方式、降低了库存成本、减少了收货人员及成本，并且为货主提供了更多更好的信息支持。

2. 合同制仓储服务。该公司推出的此项服务减少了货主建设仓库的投资，同时通过在仓储过程中执行劳动标准、实行目标管理和作业监控来提高劳动生产率。

3. 全面运输管理。该公司开发了一套计算机系统专门用于为客户选择最好的承运人，使用该系统客户可以得到如下利益：使运输方式最经济，在选定的运输方式中选择最佳的承运人，可以获得凯利伯运输会员公司的服务，对零星分散的运输作业进行控制，减少回程车辆放空，可以进行电子运单处理，可以对运输过程进行监控等。

4. 生产支持服务。该公司可以进行如下加工作业：简单的组装、合并与加固、包装与再包装、JIT配送和粘贴标签等。

5. 业务流程重组。该公司使用一套专业化业务重组软件，可以对客户的业务运作过程进行诊断，并提出专业化的业务重组建议。

6. 专业化合同制运输。该公司的此项功能可以为客户提供的服务有：根据预先设定的成本提供可靠的运输服务，提供灵活的运输管理方案，提供从购车到聘请司机直至优化运输路线的一揽子服务，降低运输成本，提供一体化的、灵活的运输方案。

7. 回程集装箱管理。该公司提供的服务包括：回程集装箱的跟踪、排队、清洗、储存等，可以降低集装箱的破损率，减少货主的集装箱管理成本，保证货物的安全，对环保也有好处。

三、物流企业的服务能力

物流企业的服务能力包括服务可得能力、作业完成能力以及服务可靠能力等。图11-8是物流企业服务能力构成示意图。

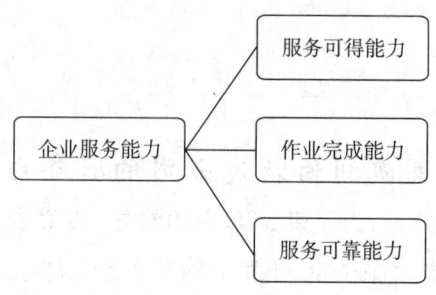

图 11-8 物流企业服务能力构成

(一)服务可得能力

可得能力是指当客户需要物流服务时物流企业提供服务的能力。可得能力可以通过不同方式实现,最普遍的做法就是物流企业根据对客户物流服务需求预期做好运输、仓储等不同种类物流服务资源的准备工作。一旦客户有物流服务需求,物流企业立即就能利用自有物流资源提供个性化物流服务;此外,物流企业也就可以通过整合利用社会物流资源为客户提供个性化物流服务,当然这要求企业具有比较高的社会物流资源组织能力、有发达的物流资源整合利用信息系统。

物流企业要具有高的服务可得能力,需要对客户物流需求有很好的把握和预测。物流企业如果通过大量购置物流设施和设备来提高服务可得能力,就可能带来很高的资产沉没成本,所以物流企业实现高的可得能力要有取舍,要对客户进行选择,对企业核心客户服务需求尽可能满足,而对一些非核心客户不是所有物流需求都一定要去满足。

衡量物流企业服务可得能力要考虑以下三个性能指标:服务缺供率、服务满足率和完美订单率。

1. 服务缺供率

服务缺供是指客户订购物流服务而物流企业却没有合适服务能够提供。服务缺供的次数与客户订购物流服务次数的比率就是服务缺供率。物流企业服务缺供的统计数据是衡量企业在兑现服务可得性承诺方面的实际效果如何的指标之一。

2. 服务满足率

满足率是用来衡量服务缺供的程度及其影响的指标。只有当客户急需购买的物流服务发生缺供时,才会真正影响到服务水平。因此,判定某种服务是否发生了缺供以及客户的需求量有多少是非常重要的。例如,如果客户对仓库货物需求是 100 个单位,而物流企业只有 97 个单位可以提供,服务满足率就是 97%。如果这 100 个单位的仓库货物对客户都是至关重要的,那么 97% 的满足率会导致货物不够用,使客户产生严重不满。如果 100 个单位的货物到货速度相对比较缓慢,那么 97% 的满足率可以使客户满意,客户会接受另外 3% 延期货物供给。

3. 完美订单率

对可得能力最准确的绩效衡量指标就是客户发出订购服务的完成状况。它把完成客户订购的所有服务看作是可接受的绩效水平。如果订单中有一种服务未能及时有效提供，就只能说这张订单在服务订购完成方面记录为零。

(二) 作业完成能力

作业完成能力涉及物流活动对所期望的完成时间和可接受的变化所承担的义务。作业完成能力可以从运作速度、一致性、灵活性以及故障的补救等几个方面来衡量。

1. 运作速度

运作速度是指物流企业接受客户订购物流服务到完成为客户提供物流服务所需的时间。大多数的客户都希望运作速度快，这一点是很自然的。由于高的运作速度可以加速资本周转，提高供应链效率，因此，许多即时制和快速响应机制的物流战略都将速度看作是基本的因素。与运行速度相对应的是成本，提供快速的服务通常会造成成本的增加，所以，不是所有的客户都需要这种快速的服务运作。寻求恰当的服务速度与适宜的成本相协调才是具有积极意义的取舍，也就是说，拥有一套用以评估服务速度的相关价值体系才是客户的期望所在。

2. 一致性

一致性是物流作业最基本的问题，可用运行周期按计划所规定的时间运行完毕的次数来衡量。绝大多数客户在重视服务速度的同时，更加强调运作一致性的重要性，因为它直接影响着客户对自身业务活动进行计划和实施的能力。实际上，在运行周期中，在许多环节都有产生运作不连贯的可能。

3. 柔性

柔性指的是物流企业是否具备应对特殊情况，满足始料未及的客户需求的能力。例如，物流企业与客户基本服务协议内容的修改，发送目的地发生变更，这就要物流企业作出灵活响应。从很多方面来讲，卓越的物流运作本质在于它所具有的柔性能力。

4. 故障的补救

不管物流运作是多么顺畅、良好，运作故障都在所难免。对企业来说，日复一日连续地提供服务是一项非常艰难的工作。理想的情况是，企业有能力采取调整措施应对特殊情况，防止运作故障的发生。在许多情况下，运作的故障会影响客户的正常运作。这时，要求物流企业的客户服务系统能够预见可能出现的故障或者服务中断，并有相应的应急计划来实施补救。

(三) 服务可靠能力

可靠能力反映在正常情况下物流企业提供稳定物流服务的能力。服务的可靠性体现了物流的综合特征，关系到企业是否具备实施与提供物流服务相关的所有业务活动的能力,同时还涉及企业向客户提供有关物流运作和物流状态等重要信息的问题。除了服务可得能力和作业完成能力以外,服务可靠能力还表现为以下特征:完好无损的到货;货物准确地运抵目的地;到货货物的数量完全符合客户的要求。

四、提高物流服务水平的途径

(一)提供差异化物流服务

物流企业根据客户的不同要求提供个性化的需求服务。差异化服务是物流企业对市场柔性反应的集中体现,也是物流企业综合素质和竞争能力的体现。一般情况下,它将为物流企业带来比普通物流服务更高的利润回报。物流企业如果能根据市场需求和自身实际开发出更多适销对路的差异化物流服务产品,便可确保获得更多的收入与利润,并在激烈的市场竞争中处于有利地位。尤其是在市场环境瞬息万变的今天,不但要强调物流服务的差异化,更应该将其上升到关系物流企业发展的战略性问题来对待。

(二)提供物流增值服务

增值物流服务的内容主要包括:增加便利性的服务;加快反应速度的服务;降低成本的服务以及延伸服务。增值服务是竞争力强的物流企业区别于一般企业的重要方面。有时,在基本服务的基础上也能够实现增值服务。例如丰田汽车公司提出一个星期的交货期,在基本服务的基础上为客户提供了其他公司无法做到的增值服务;摩托罗拉公司可以根据客户的要求生产出定做的产品,这也为客户提供了增值服务。增值服务的特征就是,在提供基本服务的基础上,满足更多的客户期望,为客户提供更多的利益和不同于其他企业的优质服务,它是企业的闪光点。

(三)提供一体化物流服务

物流企业根据客户物流需求提供的全过程、多功能的物流服务。一体化物流服务不是对物流功能的简单组合,它体现的是"一站式服务",体现的是以顾客为中心的物流服务理念。客户只需在一个物流服务点办理一次手续,其物流业务就可得到全部办理。"一站式服务"的最大优点是方便客户。其追求的目标是:让客户找的人越少越好,让客户等的时间越短越好,让客户来企业的次数越少越好。

(四)提供物流创新性服务

物流创新性服务是物流企业运用新的物流生产组织方式方法或新的技术,开辟新的物流服务市场或为物流服务需求者提供新的物流服务内容。创新是现代企业生存与发展的永恒主题,离开了创新,现代企业的发展就无从谈起。目前美国的物流业所提供的服务内容已远远超过了仓储、分拨和运送等服务,物流公司提供的维修服务、电子跟踪和其他具有附加值的服务日益增加。物流企业正在变为客户服务中心、加工和维修中心、信息处理中心和金融中心,根据客户需要而增加新的服务是一个不断发展的观念。

(五)完善客户关系管理

客户关系管理是企业基于"以客户为中心"理念的商业模式,为了实现企业的长期发展所运行的一整套管理机制。它指企业通过系统化的客户研究,优化企业的组织体系和业务流程,实现电子化、自动化运营,以改善企业与客户之间的关系,并鉴别、获得、留住和发展能为企业带来利润的客户。作为服务性企业,因为服务有从属性,这就要求物流企业要重视和货主企业建立相对稳定的良好协作关系,要最大限度服务于货主企业的发展。

第四节 物流成本

一、物流成本的概念

物流成本是物流活动中所消耗的物化劳动和活劳动的货币表现,包括货物在运输、储存、包装、装卸搬运、流通加工、物流信息、物流管理等过程中所耗费的人力、物力和财力的总和以及与存货有关的流动资金占用成本、存货风险成本和存货保险成本。

按照物流的功能,物流成本可以划分为以下几个方面:

(1)运输费用。主要包括人工费用,如运输人员工资、福利等;营运费用,如营运车辆燃料费、折旧、公路运输管理费、运输过程中合理消耗(如商品损耗)等等;其他费用,如差旅费等。

(2)仓储费用。主要包括建造、购买或租赁等仓库设施设备的成本和各类仓储作业带来的成本,还包括存货有关的流动资金占用成本、存货风险成本和存货保险成本等其他费用。

(3)流通加工费用。主要有流通加工设备费用、流通加工材料费用、流通加工劳务费用及其他费用。

(4)包装费用。主要包括包装材料费用、包装机械折旧费、包装技术费用、包装人工费用、包装中合理损耗、能源消耗费以及其他费用。

(5)装卸与搬运费用。主要包括装卸与搬运人工费用、装卸与搬运资产折旧费、维修费、能源消耗费以及其他相关费用。

(6)物流管理和信息费用。包括企业为物流管理所发生的人员工资和福利、行政办公费、差旅费、会议费、物流方案设计费、物流信息费用(如硬件费用、软件费用、维护费、网络费等)以及其他杂费。

企业物流成本有流通企业物流成本、制造企业物流成本和物流企业物流成本。对于物流企业来讲,流通企业与制造企业是货主企业,可以说物流企业整个运营成本和费用实际上是货主企业物流成本的转移。物流企业的全部运营成本费用都可以看成广义上的物流成本。

 延伸阅读

降低物流成本的社会意义

降低物流成本可以提高国家经济竞争力。国民经济中物流成本普遍下降,会导致产品成本的普遍下降,在保证获得同样效益的情况下,出口商品的价格可以有相应幅度的下调,这会提高一国产品在国际市场上的竞争力。

降低物流成本可以相对提高国民购买力。如果某一行业物流成本普遍下降,在社会平均利润规律作用下,该行业产品价格也会出现一定幅度下降,这就相对地提高了国民购买力水平。同样数量的货币可以购买更多的产品。

降低物流成本可以提高社会财富产出率。物流成本虽然是一种必要的消费,但它不创造任何使用价值。因此,物流成本是社会财富的一种扣除。物流成本的下降对于全社会而言,意味着创造同等数量的财富,在物流领域所消耗的物化劳动和活劳动得到节约,也就是以较少的资源投入,创造了较多的物质财富。

降低物流成本可以促进社会分工的深化。社会分工的深化有利于提升整个社会的生产力水平。物流成本是企业分工外部化需要考虑的一个重要因素:如果社会物流成本很高,企业就会向一体化发展;反之,则反之。波音飞机的零部件之所以能在世界各地组织生产,应该说与整个世界范围内的物流成本降低是分不开的。

二、影响物流成本的因素

(一)物流网络

全部物流活动都是在线路和节点上进行的。在线路上进行的活动主要是运输,物流功能要素中的其他所有功能要素,如包装、装卸、保管、分货、配货、流通加工等,都是在节点上完成的。物流网络布局如果不合理,会使运输不合理、仓储不合理、配送不合理、流通加工不合理长期存在,导致物流成本居高不下。

(二)运输方式

运输方式是运输中由于使用不同的运输工具、设备线路,通过不同的组织管理形成的运输形式。货物的规模不同,密度不同,价值不同,运距不同,性质不同,运输方式也应该不同。不同的运输工具,成本高低不同,运输能力大小不等。运输工具的选择,一方面取决于所运货物的体积、重量及价值大小,另一方面又取决于货主企业对某种物品的需求程度及工艺要求。

(三)仓储管理

对仓库存货实行控制,严格掌握进货数量、次数和品种,开展仓库金融活动,可以减少资金占用,降低库存、保管、维护等成本。良好的货物保管、维护、发放制度,可以减少物品的损耗、霉烂、丢失等事故,从而降低物流成本。相反,若在保管过程中,出现物品的损耗、霉烂、丢失等,物流成本必然会提高。

(四)产品性质

产品性质有物理、化学、生命等方面自然性质,也有价值方面社会性质。不同种类产品的物流成本占产品销售价格的比重不同。例如,金属产品一般占比高于化工产品;产品的密度影响物流成本。产品密度越大,仓储与运输成本占销售价格的比重越低;产品的价值影响物流成本。例如,国际物流中海运运费率一条重要原则就是,高价值商品的运费率要高于低价值商品的运费率;产品风险性(包括易燃性、易损性、易腐性等)影响物流成本。风险大的产品,物流成本会增大。

(五)服务水平

物流服务水平和物流成本一般呈正向关系。客户对物流服务水平要求越高,物流成本就越高;反之,则反之。例如,客户要求货物运输速度快,需要企业对运输管理有更高的水平,可能需要采用高速运输设备,这会导致运输成本上升。

(六)管理水平

对于物流企业来说,利用自身的物流资源或者整合利用社会物流资源为各种不同的货主企业提供差别化的物流服务,这对企业管理有很高的要求。如果管理水平不高,会导致物流资源无法充分利用,资源使用效益就很低下,物流成本就会居在高位;当然,如果企业管理水平高,物流成本就会相应下降。

延伸阅读

物流成本消减的乘法效应

物流成本消减的乘法效应是指物流成本下降后引起销售额成倍增长。当一个企业的销售额是1000万元时,物流成本约占销售额的10%,即100万元。

这意味着,只要降低10%的物流成本,就可以增加10万元的利润。如果该企业的销售利润率为2%,则创造10万元的利润需要增加500万元的销售额。也就是说,降低10%的物流成本所起的作用,相当于增加50%的销售额。这个理论类似于物理学中的杠杆原理,物流成本的下降通过一定的支点,可以使销售额获得成倍的增长。

三、物流成本管理的内容

（一）成本预测

成本预测是对企业未来成本水平及其变动趋势作出科学的估计,有利于提高成本管理的科学性和预见性。在物流成本管理的许多环节都存在成本预测问题,如仓储环节的库存预测、流通环节的加工预测、运输环节的货物周转量预测等。物流服务的从属性特征使得物流企业的成本预测较一般生产制造企业成本预测难度更大、作用更重要。

（二）成本决策

成本决策是以成本预测为基础,尽力挖掘潜力,开展价值分析,提出降低成本的各种可行性方案,然后根据有关决策理论,采取适当的决策方法,对各方案进行分析、比较、筛选、择优,并据以制定目标成本的过程。如仓库中心各货架投入的决策,配送中心新建、改扩建决策,装卸搬运设备、设施投入决策,流通加工合理下料的决策。

（三）成本计划

成本计划是根据成本决策所确定的方案、计划期的生产任务、降低成本的要求以及有关资料,通过一定的程序,运用一定的方法,以货币形式规定计划期物流各环节费用水平和成本水平,并提出保证成本计划顺利实现所采取的措施。成本计划对于增强成本意识,控制物流环节费用,落实成本责任制有着积极作用。

（四）成本控制

成本控制是根据计划目标,对成本发生和形成过程以及影响成本的各种因素和条件施加主动的影响,以保证实现物流成本计划的一种行为。从企业经营过程来看,成本控制包括成本的事前控制、事中控制和事后控制。通过成本控制,可以及时发现存在的问题,采取纠正措施,保证成本目标的实现。

（五）成本核算

成本核算是通过对成本的确认、计量、记录、分配、计算等一系列活动,确定成本控制效果。其目的是为成本管理的各个环节，提供准确的信息。只有通过成本核算，才能全面准确地把握企业生产经营管理的效果。企业劳动生产率的高低、固定资产的利用程度、能源的消耗情况、业务单位的管理水平，等等，都直接或间接地会表现在成本上。

（六）成本分析

成本分析主要是运用成本核算所提供的信息，通过同行比较和关联分析，包括对成本指标和目标成本的实际完成情况、成本计划和成本责任的落实情况，上年的实际成本、责任成本，国内外同类服务成本的平均水平、最好水平，进行比较，分析确定导致成本目标、计划执行差距的原因，以及可挖潜的空间。

（七）考核奖惩

成本考核奖惩是把成本的实际完成情况与应承担的成本责任进行对比，考核、评价目标成本计划的完成情况。其作用是对每个成本责任单位和责任人，在降低成本上所做的努力和贡献给予肯定，并根据贡献的大小，给予相应的奖励，以稳定和提升员工进一步努力的积极性。同时对于缺少成本意识，成本控制不到位，造成浪费的单位和个人，给予处罚，以促其改进改善。

图 11-9 是物流成本管理的基本内容。

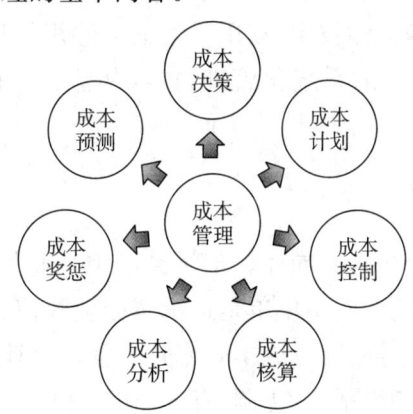

图 11-9　物流成本管理的内容

四、降低物流成本的措施

（一）追求物流合理化

物流合理化就是使一切物流活动和物流设施使用趋于合理，以尽可能低的成本提供尽可能好的物流服务。物流合理化是降低物流成本的关键因素。物流合理化要根据实际的流程来设计、规划，不能单纯地强调某环节的合理、有效、节省成本，而更多的是要从整个系统上考虑。

(二)加强物流质量管理

物流质量管理是指科学运用先进的质量管理方法、手段,以质量为中心,对物流活动全过程进行系统管理,包括保证和提高物流产品质量和工作质量而进行的计划、组织、控制等各项工作。加强物流质量管理既有利于充分发挥物流资源使用效益,也有利于提高物流企业的市场竞争力。

(三)加强物流环节管理

物流环节的多少、物流时间的长短直接影响物流成本的大小。一般来说,对于物流环节,原则上是中间的环节尽可能少,在中间环节停留的时间也尽可能短,运输总的距离尽可能短,运输的速度尽可能提高。例如,如果物流速度慢,商品在运输、储存、保管等环节时间长,必然会相应增加储运、保管等费用以及商品的自然损耗等,增加物流成本支出。

(四)重视物流技术选择

先进的物流技术和物流手段有利于提高物流速度,增加物流流量,减少物流损失。例如,实施物流作业的机械化、自动化和智慧化,采用集装、单元化装载、大吨位厢式货车、甩挂运输、网络化运输等运输技术,利用科学的运输规划技术和库存控制手段,运用现代信息技术,进行物流活动的系统化管理,这些物流技术的使用都有利于降低物流成本。

(五)树立供应链管理思想

供应链上的企业是一个命运共同体。市场经济中企业都是供应链上的企业。对于一个物流企业来讲,控制物流成本不单单是追求本企业物流的效率化,而应该考虑从产品制造到最终客户整个供应链的物流成本效率化。物流企业要成为供应链的积极参与者和管理者,供应链各环节如果平衡、协调、有序、高效,供应链上的物流成本就能得到有效控制。

第五节 物流安全

物流过程是一个极其复杂的过程,所涉及的内部和外部因素众多,而安全问题是影响物流链畅通运行的一个重要问题。相对于生产领域,物流领域安全问题更为复杂多发,物流企业要时刻绷紧安全生产这根弦。

一、物流安全问题的含义

物流安全问题是物流企业在提供物流服务过程中可能造成的人、财、物的伤害和损失问题。

物流服务过程是物流服务人员运用物流劳动资料作用于物流对象以提供客户所需要的物流服务产品的过程。从物流服务这一过程来看,物流安全问题主要存在于四个方面:

(1)物流服务人员的安全问题;

(2)物流对象的安全问题,如出现损失、损坏;

(3)物流劳动资料的安全问题;

(4)物流服务提供过程中对物流系统外部带来的安全问题,如出现交通事故、危化产品发生泄漏。

二、物流功能的安全问题

物流企业提供运输、储存、配送、包装、流通加工、装卸搬运、信息处理等物流服务,这些物流功能都可能发生物流安全问题。实践中,运输、装卸搬运、储存等是物流安全问题易发高发环节。

(一)运输环节

运输是物流活动覆盖面最广的、频度最高的活动,是安全事故发生频度最高、破坏性很大的一个环节。运输安全事故造成的损失主要表现在人员伤亡、物流对象的损坏以及物流设施的损毁,进而事故可能延续到其他领域,造成交通中断、物流活动停顿乃至社会经济活动受到严重损失。这个环节的安全事故有一个非常重要的特点,即不仅是本身的物流工具和物流对象遭到损失,更严重的是可能造成社会危害,例如人员伤亡、环境污染、交通严重阻塞乃至瘫痪等。运输环节的安全事故几乎是必然的,可以防止、减少、减轻危害,而不可能根除。

(二)装卸搬运环节

由于装卸搬运是反复进行的一项物流活动,安全事故的概率也比较高。多次反复的装卸搬运,就很难在每一次装卸搬运操作的时候都进行严格的防护和加固处理,必然会出现一定概率的事故造成物流对象的损毁。这不但会使物流对象遭受损失,而且还可能波及操作人员,造成伤亡事故。装卸搬运人员操作不当,例如出现塌垛、包装损毁货物外泄也是这个环节出现安全事故的重要原因。叉车是装卸搬运的重要工具,不安全操作甚至会带来严重伤亡事故。有统计显示,在美国操作叉车每年导致大约8名员工死亡,大约35000人重伤,大约40%的死亡是由于操作员被翻倒的叉车压死。

(三)储存环节

"静止中的货物就是处于危险中的货物。"储存期限过长、储存环境不当、操作方法不对、防盗措施不力等,都可能造成被保管物品的损毁、丢失。损失不仅仅表现在物流对象价值的损失,还可能使相关人员受到伤害而扩大这种安全事故。尤其是危险品、爆炸品、易燃物品的储存保管,一旦出现事故,危害还会扩大到周围社区,所以这是可能造成安全事故的重点领域。

(四)流通加工环节

流通加工环节的安全事故,主要是生产安全事故。一般生产企业的安全事故,流通加工环节都可能发生。这一环节特别需要重视危险品、有毒物品进行分装加工时,如果流通加工条件达不到危险品、有毒物品的原有生产条件,有可能对操作人员带来伤害。

(五)配送环节

配送环节中的运输和装卸搬运两个环节有安全事故频发的特点,尤其是配送环节的运输环节更是事故频发。配送运输的距离短、规模小、频次高,城市中配送车辆穿梭来往,物流与人流混杂在一起,极易发生交通事故。

(六)包装环节

包装环节的安全事故,既有安全生产事故,也可能有因为包装材料不合格带来商品破损、损坏。包装机械具有结构复杂、动作多样、涉及面广的属性,其高温、高压、高速、剪切、冲压、电气等方面容易成为生产安全潜在危险。物品从货主手中到客户手中要经历取件、分拨、入库、出库、途中运输、卸载等环节,这些物流操作过程中物品都是要被搬进搬出的,好的适合的包装能最大程度地减少物品的损毁,而不规范不合理的包装导致物品损毁就在所难免。食品、药品包装不合格,有可能导致其质量下降,包装材料中的有害物质还有可能渗透到食品、药品中,对人体健康造成威胁。

(七)信息处理

物流与信息流相伴而生。信息时代,物流企业所处理的信息越来越多,信息泄露、丢失、篡改等安全问题也越来越常见。物流信息涉及客户、供应商、商户、员工等众多方面,一旦信息泄露,将产生严重影响。

延伸阅读

物流信息的安全保障

数据备份：对于物流信息的备份，可以采用本地备份和云备份相结合的方式，以确保数据安全。

物流信息加密：物流企业可以对特定数据进行加密保护，避免信息泄露和恶意篡改。

权限管理：对于物流企业的信息系统，必须进行严格的权限管理，制定详细的权限分配计划，确保每个操作都有相应的权限控制。

物流信息追踪：物流企业可以通过采用RFID等技术手段对货物信息进行实时追踪，避免信息丢失和误操作。

三、物流安全问题产生的原因

（一）设施设备方面

物流设施设备处于一种不安全状态。主要表现为：车辆、机械、电气等设备该检修不检修、该报废不报，带"病"作业；车辆、机械、电气等设备在设计上不科学，参数不合理，形成安全隐患；安全防护、保险、警示、消防等装置缺乏或有缺陷；物体的固有性质和建造设计使其存在不安全状态。例如，易爆易燃物品储存设施建设不符合安全防范要求；设备安装不规范，维修保养不到位，使用超期，老化等。

（二）人员操作方面

物流服务人员存在不安全操作行为。例如：车辆超限（包括超重、超宽、超高、超长、超员等）装载、非法装载、不合理装载、疲劳驾驶等；机器在运转时进行检修、调整、清理等作业；不正确佩戴或使用安全防护用品；在有可能发生坠落物、吊装物的地方冒险通过、停留；在作业和危险场所随意走、攀、坐、靠的不规范行为；操作和作业，违反安全规章制度和安全操作规程。

（三）管理机制方面

对物流安全管理不重视、不作为，甚至乱作为；未建立健全完善安全规章制度（包括设备检修）、操作规程、岗位责任制、安全注意事项和流程管理等；未按照国家规定的安全生产要求，结合企业物流服务作业环境，建立有效的安全防范体系，安全管理的执行力差；未制定相应的安全防护措施，如使用明火、进入有限空间、危险品使用等。

四、物流领域的安全管理

(一)常规的安全管理

物流领域涉及的安全问题,多数是经常性的一般安全事件,数量大又有一定的规律可循,带有常规的性质,这就是常规的物流安全管理要解决的。常规物流安全管理采用一般的、常规手段,考虑到安全问题的方方面面,并以此做预案和准备,乃至构筑成为系统,使常规的安全管理有很强的可行性和操作性。常规安全管理着重于几方面:

(1)"以人为本",物流的安全管理首先必须树立人对于物流安全的意识,强化和提高物流组织管理者和物流操作人员的安全风险识别和自控能力;

(2)做好预防性安全维护,包括物流设施、设备、工具以及安全防范设施的维护;

(3)制定常规的安全管理的条例、预案、规定,建立常规安全管理的管理组织;

(4)按常规的安全管理规章制度抓落实,包括不断提高相关人员的思想和技术水平,实施物流安全教育,严格安全纪律等;

(5)做好处理常规物流安全事件的物质准备。

(二)突发事件的安全管理

突发事件的安全管理的重点工作是预先安排应急的处置能力,需要在常规安全管理基础上做特殊的应急安全准备。这些突发事件安全准备包括负责动员和组织的体制,以保证信息的畅通、快速的调度、统一指挥和协调。当然,特殊的应急安全硬件物质准备,以及事前对应于各种突发事件制定的各种应对方案同样不可少。

(三)特殊或者重大事件的安全管理

物流领域比一般突发事件更严重的特殊或者重大事件发生的概率虽然小,但是一旦发生后果就相当严重,为此,在管理方面也必须有所准备。

 本章小结

物流企业是从事物流基本功能范围内的物流业务设计及系统运作,具有与自身业务相适应的信息管理系统,实行独立核算、独立承担民事责任的经济组织。按照不同的依据可把物流企业分为不同类型,每种物流企业都有自己的特点。基于物流业务和发展战略不同,物流企业有直线职能式、事业部制、矩阵式等不同的组织结构。物流战略是物流企业为寻求可持续发展,就发展目标以及达成目标的途径与手段作出的长远性、全局性的规划与部署。物流战略可划分为成本最低、服务最优、利润最高、竞争力最强和资产占用最少五种一般性物流战略,不同类型物流企业需要选择不同的物流战略。物流服务是物流组织为满足客户物流需求所实施的一系列物流活动过程及其产生的结果,具有从属性、不可存储性、移动性和分散性、需求波动性、差异性和可替代性等特点,物流服务水平可以从服务可得能力、作业完成能力以及服务可靠能力等方面进行衡量。物流成本是物流企业物流活动中所消耗的物化劳动和活劳动的货币表现,影响物流成本的因素有物流网络、运输方式、仓储管理、产品性质、服务水平和管理水平,降低物流成本是企业挖掘利润的一片新的绿地。物流安全问题是物流企业在提供物流服务过程中可能造成的人财物的伤害和损失问题。相对于生产领域,物流领域安全问题更为复杂多发,物流企业要时刻绷紧安全生产这根弦。

复习与讨论题

1. 物流企业的组织结构有哪些形式,它们各有哪些优点和缺陷?
2. 物流企业为什么要重视战略管理?
3. 物流服务有哪些特性?
4. 物流服务水平可从哪些方面进行度量?
5. 简要说明如何保证具有竞争优势的物流服务水平。
6. 什么是物流成本,怎样理解物流成本管理的意义?
7. 影响物流成本的因素有哪些?降低物流成本的措施有哪些?
8. 讨论物流企业提高客户服务水平的途径。
9. 讨论为什么说"相对于生产领域,物流领域安全问题更为复杂多发"。
10. 2023年中央经济工作会议提出,要"有效降低全社会物流成本"。讨论为什么"有效降低全社会物流成本"会引起中央高度重视。

 ⇨11-1

顺丰供应链为小米打造原料央仓

近日,顺丰供应链宣布与小米集团成功合作,为其打造原料央仓。这一合作不仅为小米链通了更广阔的终端产品市场机遇,也成为行业上下游共同瞩目的焦点。

过去数十年,顺丰供应链为满足3C电子客户应对不同的供应链挑战和需求,设计、整合并部署了敏捷、智慧的供应链解决方案,助力众多品牌获得市场竞争优势。此次,顺丰供应链融通顺丰集团资源,赋能高科技类大型服务项目。小米更成为顺丰供应链3C电子类制造业入厂物流原材料仓又一核心品牌客户。

顺丰供应链通过此次全方位的供应链解决方案，为小米提供终端产品原材料的收、存、发管理以及中港运输及配送到下游工厂的端到端物流服务，包括保税仓管理、故障品逆向物流、库内贴标等一系列增值操作业务。

供应链是小米在中国终端市场取得差异化优势的重要一环。小米此次与顺丰供应链的合作，能将双方在各自领域内的专业能力及核心优势有机结合，打造小米原料央仓——全面链通海外供应商、境内保税工厂、国内供应商及工厂、境内保税仓，以及工厂与生产线。为上下游行业伙伴以及终端客户市场共创产业繁荣，共享升级服务。

小米华南原料央仓仓库运营面积达2.3万平方米，顺丰供应链为其进行专业仓储设计，进行深度数据分析、定制化订单生产设计逻辑，以及保税与完税同场作业，实现其资源最大化共享。在采用小米自主研发WMS仓储管理系统基础上，顺丰供应链在短时间内成功适配对接流程要求，并就系统需求进行开发项补充。与此同时，顺丰供应链在这一项目中还提供定制化拣料、集货、工程质量控制环节策略及工具适配以及库位精细管理，为小米精细精益运营带来更有力的保障。

顺丰供应链融合顺丰集团在商务、运输、关务等业务范围内优质资源，联袂为小米终端产品生产与服务打通全面、可持续的仓网部署。

顺丰供应链将与更多高科技电子行业品牌及伙伴通力合作，共享供应链资源、创新供应链技术、精益供应链管理、降低风险并提升生产与服务质量，打磨出更具差异化的竞争优势。

资料来源：现代物流产业网 https://www.xd56b.com/home/gongyinglian/2023/0531/25679.html.

问题探讨

1. 顺丰供应链为小米集团提供了哪些服务？
2. 顺丰供应链是物流企业吗？为什么？
3. 你认为像顺丰供应链这样的企业有发展前景吗？为什么？

第十二章 特殊物流

 学习目标

通过本章学习,要求了解危险品的类型和危险品物流的特点,理解危险品物流的管理目标和措施,了解应急物流的特征、类型和应急物流系统的构成,了解冷链物流的特征、类型和管理要求,理解快递服务的内涵、性质、环节和基本要求。

 开篇导问

提高公共安全治理水平

坚持安全第一、预防为主,建立大安全大应急框架,完善公共安全体系,推动公共安全治理模式向事前预防转型。推进安全生产风险专项整治,加强重点行业、重点领域安全监管。提高防灾减灾救灾和重大突发公共事件处置保障能力,加强国家区域应急力量建设。强化食品药品安全监管,健全生物安全监管预警防控体系。加强个人信息保护。

——习近平总书记2022年10月16日在中国共产党第二十次全国代表大会上的报告

问题思考

提高公共安全治理水平,物流系统在哪些方面需要积极作为?

特殊物流是相对于普通物流而言的。特殊物流具有特殊的含义和价值,并遵循着特定的运行规律和管理要求。危险品物流、应急物流、冷链物流和快递服务是特殊物流的典型代表,其发展具有重要的经济和社会意义。

第一节 危险品物流

一、危险品的概念

国家标准《危险货物分类和品名编号》(GB6944—2012)将危险品(也称危险物品或

危险货物)界定为:具有爆炸、易燃、毒害、感染、腐蚀、放射性等危险特性,在运输、储存、生产、经营、使用和处置中,容易造成人身伤亡、财产损毁或环境污染而需要特别防护的物质和物品。

危险品按其具有的危险性或最主要的危险性分为9个类别。

第1类是爆炸品。包括的项别有:有整体爆炸危险的物质和物品;有迸射危险,但无整体爆炸危险的物质和物品;有燃烧危险并有局部爆炸危险或局部迸射危险或这两种危险都有,但无整体爆炸危险的物质和物品;不呈现重大危险的物质和物品;有整体爆炸危险的非常不敏感物质;无整体爆炸危险的极端不敏感物品。

第2类是气体。包括的项别有:易燃气体;非易燃无毒气体;毒性气体。

第3类是易燃液体。

第4类是易燃固体、易于自燃的物质、遇水放出易燃气体的物质。

第5类是氧化性物质和有机过氧化物。

第6类是毒性物质和感染性物质。

第7类是放射性物质。

第8类是腐蚀性物质。

第9类是杂项危险物质和物品,包括危害环境物质。

二、危险品物流的特点

危险品物流是一种特殊商品的物流,是物流行业中一个特殊的组成部分。相对于一般商品物流而言,危险品物流容易造成人身伤亡、财产损毁或环境污染,因而其技术性、专业性要求比较严格。

(一)危险性大

危险品作为一种特殊品类,在物流中具有很大的危险性,容易造成人员伤亡和财产损失。危险品运输事故造成的危害可能很大。例如,2020年6月13日,位于台州温岭市的沈海高速公路温岭段温州方向温岭西出口下匝道发生一起液化石油气运输槽罐车重大爆炸事故,造成20人死亡,175人入院治疗(其中24人重伤),直接经济损失达9477.815万元。

(二)运输规定严

危险品运输是特种运输的一种,是由专门组织或技术人员对非常规物品使用特殊车辆进行的运输。除要遵守道路货物运输共同的规章外,还要遵守许多特殊规定。一般只有经过国家相关职能部门严格审核,并且拥有能保证安全运输危险货物的相应设施设备,才能有资格进行危险品运输。

(三)仓储要求高

危险品仓储必须符合所储存货物的要求,如干燥通风、防火。仓库内照明必须使用防爆灯具并须与货物保持一定距离,开关等应该设置在安全地方。仓库周围按规定要求装置避雷针。铺设场地的水泥必须按规定配料以防止引起火星。仓库必须按货物专储,例如,仓库储存黄磷就不能随便堆放其他性质相抵触的货物;储存爆炸品的仓库要考虑周围居民区的安全,在仓库周围应按要求设置防爆堤坝。

(四)专业性强

危险品运输不仅要满足一般货物的运输条件,严防超载、超速等危及行车安全的情况发生,还要根据货物的物理和化学性质,满足特殊的运输条件。其专业性主要表现在车辆专用、人员专业等方面。

三、危险品物流的目标

危险品物流的首要目标是安全。安全警钟要做到时刻长鸣。在确保安全的前提下,提高物流效率为次要目标。

危险品是经济与社会发展的必备物品,同时又具有极大的损伤性。发展经济需要危险品的生产、运输、仓储和贸易,需要危险品运输中的装、运、卸、储更有效率,但发展经济的根本目的是要让广大人民群众身体更加安全、更加健康、生活更加幸福,要满足广大人民群众对美好生活的向往,必须把加强危险品物流的安全管理放在特别重要的地位。

四、管控危险品物流的原则

(一)源头治理,区域隔离

从危险品仓储选址的风险评估开始,应该依法依规全面开展安全风险评估等前置工作,对于不适合建设危险品仓储的选址,应予以制止。国际经验表明,严格划分城市的区域功能,特别是隔离危险品区和生活区,是防范危险品安全风险的根本性举措。

(二)常态监管,主动防御

要实施物流全流程的实时监测,防微杜渐,消除隐患。一旦发现隐患苗头,能迅速主动处置,有效干预,防止事故发生。危险品仓储已有在封口探测温度、在燃点之前自动释放惰性气体的主动干预技术,此类技术所应用的主动防御原则,是做好风险防控的有效措施。

(三)规范管理,专业操作

实施规范化管理和全程专业操作,是避免因人为失误或管理疏漏而导致事故的必然要求。危险品的储存、运输、装卸搬运等环节,若能全面遵守技术标准,将在很大程度上阻止灾害发生,或者最大程度减少灾害导致的伤亡和财产损失。

(四)生命第一,稳妥为上

生命是指所有人员的生命,包括消防队员的生命。根据国际共识,救人者必先自救;所有人员在危险品灾害发生时,都要坚守生命优先原则。在保障群众生命安全方面,宁可"反应过度",也不可抱侥幸心理。

(五)切断连锁,遏制升级

事故发生后的应急处置,须遵循尽快切断连锁反应和遏制灾害升级的原则。尤其是危险品燃爆类灾害,因为其化学反应的复杂性显著、应对要求的专业性强等特征,所以防止灾害升级、阻止毒气扩散等是应急处置的要点。

(六)信息透明,疏导恐慌

危险品灾害负面影响广泛且深远,包括现场的人员伤害、对周边生态环境的直接影响、对土壤和地下水等的长期影响等,易引发恐慌,故要求信息的及时公布、灾情的实时发布。以透明的环境和开放的姿态,一方面积极引导舆论,另一方面主动接受社会监督,将更有利于疏导恐慌,减轻社会负面影响。

五、管控危险品物流的措施

(一)建立完善的危险品物流管理制度和标准

建立健全的危险品物流管理法律法规,规范危险品物流的管理操作,做到有法可依。对不同危险品从物流操作的角度进行分类,给出不同分类的危险品适宜的操作环境、不同危险品的包装规范、运输设备、仓储条件要求等,以降低危险品在物流过程中的风险系数。对从事危险品操作人员根据其工作性质进行严格培训,要让其牢固树立安全意识,严格按操作规程做好危险品物流工作。

(二)建立完善的危险品物流检查和惩处体系

对从事危险品物流操作的组织要定期检查评审其是否具有从事危险品物流操作的资格,是否严格按照相关法律法规进行操作,对不具备从业资格的组织要严厉查处,对于在从事危险品物流操作过程中违规甚至违法的组织要予以严厉惩处。

(三)建立危险品物流管理关键控制点控制体系

危害分析和关键控制点系统是目前世界上最权威的食品安全质量保护体系,用来分析和防范食品(包括饲料)在整个生产过程中可能发生的生物性、化学性、物理性因素的危害。它的主旨是将这些可能发生的危害在产品生产过程中消除,而不是在产品出来后依靠质量检测来保证产品的可靠性。这一食品安全质量保护体系的预防思想和措施对建立危险品物流管理关键控制点控制体系有较强的借鉴意义。

(四)由专业化物流公司负责危险品物流

由专业化物流公司负责危险品物流的操作管理,一方面,可以改变目前危险品物流企业数量多、规模小、技术含量低的现状,提高危险品物流的集成度;另一方面,为政府监管危险品物流、保障危险品物流的安全提供了基础。同时,无线射频技术、卫星定位技术、地理信息系统等现代物流技术为危险品物流过程的跟踪、监控、管理等提供了技术支撑,为事故发生后的应急管理提供了一定的技术保障。

第二节 应急物流

应急物流是对发展和安全的一种守护。自然灾害、公共卫生、安全事故等突发事件可以预防和减少,但不可能完全消除。为减轻和消除突发事件引起的严重社会生产、生活问题,提高社会应急物资保障能力,需要建立健全应急物流体系。

一、应急物流的概念与特征

(一)应急物流的概念

国家标准《物流术语》(GB/T18354—2021)将应急物流定义为:应对突发事件提供应急生产物资、生活物资供应保障的物流活动。这里突发事件一般包括严重自然灾害、突发性公共卫生事件、公共安全事件及军事冲突等。应急物流是指在突发事件发生时,专门用于提供紧急物资保障的一种特殊物流活动。

(二)应急物流的特征

1. 突发性

突发事件的发生往往不可预知或不可完全预知,加之突发事件的持续时间、影响范围和影响强度也难以预测,因此,应急物流需求的内容和规模都难以事先确定,更多呈现随机、紧迫、峰值高等特点,这要求应急物流系统必须具备最快捷的反应机制和最可靠的保障能力。由于大多数普通物流系统并不具备这种反应机制和保障能力,针对各类突发事件的应急物流系统应运而生。

2. 弱经济性

应急物流需求最显著的特征就是"急",如果运用普通物流按部就班的组织方式,肯定无法满足应急物流需求。在重大险情或事故的处理过程中,普通物流必须遵循的成本效益原则很少被顾及,快速、可靠成为应急物流系统追求的终极目标。此时的应急物流将呈现出明显的弱经济性。

3. 非常规性

应急物流的时间要求十分严格,常规物流系统难以满足。应急物流应遵循特事特办的原则,尽量缩短中间环节,使整个物流运作流程更为紧凑;应急物流系统的机构设置也应尽可能简单精干,以压缩所有物流环节的时间消耗。因此,应急物流表现出极强的非常规性。

4. 事后选择性

应急物流需求的突发性和随机性决定了应急物流供给不可能像企业物流那样根据客户的订单提供服务。应急物流供给必须在物流需求产生后的极短时间内从全社会调集所需的各种应急物资,如救灾专用设备、医疗器材、通信装备以及各种生活必需品等。因此,应急物流供给具有明显的事后选择性。

5. 社会公益性

应急物流的社会效益高于经济效益,具有明显的社会公益性。为了保证应急救助工作的顺利展开,应急物流系统必须首先依靠政府的行政力量并充分利用全社会的资源,在统一协调的原则下开展物流运作。

二、应急物流的类型

(一)按突发事件的发生过程、性质和机理划分

应急物流可分为突发自然灾害应急物流、突发疫情应急物流和突发社会危害应急物流。火山、泥石流、地震等都属于突发性自然灾害,它们引发的应急物流就被称为"突发自然灾害应急物流";SARS、禽流感疫情等属于突发疫情,它是指能够对人类或动物造成严重危害的由病毒或细菌引起的灾害,由突发疫情引起的应急物流称为"突发疫情应急物流";重大交通事故、恐怖袭击事件等则属于突发社会危害,引起的应急物流自然被称为"突发社会危害应急物流"。

(二)按应急物资可预测程度划分

应急物流可分为可预测的应急物流和较难预测的应急物流。科学技术和信息技术都在飞速发展,人们可以借助科学技术对突发疫情和自然灾害进行一定程度的预测,对

应的称为可预测的应急物流;相比之下,突发的恐怖袭击事件和重大交通事故等人为突发事件则依旧很难预测,将这样的应急物流称为较难预测的应急物流。

(三)按物流活动的需求时间和约束条件划分

应急物流可分为一次性消耗救援物资应急物流和连续性消耗救援物资应急物流。应急物资的需求量在突发事件发生初期是不确定的,同时必须在最短时间内运送应急物资到灾区,这导致应急物资的时效性非常强,这个时间段一般运送的是医疗用品、食物等一次性消耗救援物资。而应急救援后期一般发生的是连续性消耗救援物资应急物流,这个时期救援的主要工作已经发生变化,由抢救人员改变为预防次生灾害以及进行灾后重建工作,此时对人员和物资的需求趋于稳定,可以适当考虑部分运输成本。

三、应急物流系统的构成

对应急物流系统的运作流程应做必要规划和设计,才能在灾难到来的时候既保证人民生命财产的安全,又能把物流成本控制在最低的范围之内。根据应急物流的特征,应急物流系统一般有以下几个环节:应急物流协调指挥中心、物资供给端、物流中心以及物资需求端(图 12-1 是应急物流系统运作示意图)。

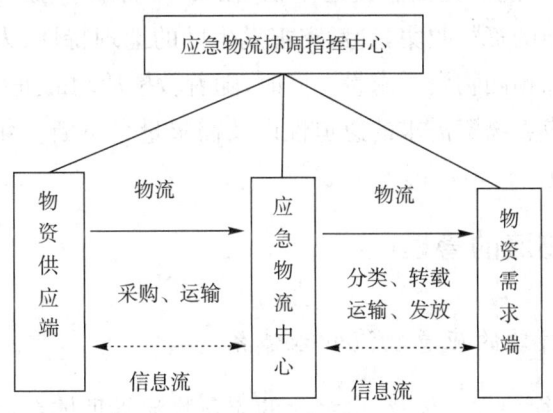

图 12-1　应急物流系统运作示意

(一)应急物流指挥中心

应急物流系统首先必须立即成立应急指挥中心,统筹指挥做好救援物资的筹集、运输、调度、配送等工作。中心本身并不进行物资采购、储存、运输等具体的业务,它主要负责根据收集来的信息,对各加盟物流中心的物资采购、储备、运输等方面进行指导工作,使整个应急体系高效有序地运作。

(二)物资供应端

企业物流的供应部门一般有固定的合作厂商、固定的上游原料供货商,应急物流则不同,除了备用的应急物资储备,物资的供应端是多元且杂乱的。如果物资未经整合分类就直接送往灾区,将可能导致物资浪费、配送效率低下与物资重复运送等问题,因此,如何对供应端进行统筹集结或直接指派是应急物资供应端管理中的一个重要工作。

(三)物流中心

应急物流中心的功能类似普通物流的配送中心,其主要功能为将供给端送来的物资在进行分拣、加工、包装等处理后,分别送到各个需求点,减少物资的再度转运、装卸的人力与时间成本,提高应急物资从物流中心到灾区灾民手中的输送效率。

应急物流中心应该是一个功能强大、适应性强、反应灵敏的信息网络中心,它由众多的普通商业物流中心、企业加盟而成。可以根据灾情,灵活抽调各加盟物流中心组成一个保障体系,保障体系可大可小,如果遇上全国性的灾害,还可以将多个地区性的应急物流中心联网,组成一个区域性、全国性的应急物流体系,实施应急保障,使整个应急物流系统有序、高效、实时、精确。

(四)物资需求端

灾害发生时造成的混乱让信息流通不畅,在第一时间内也许无法得到详细需求信息,因而需要依赖事前的资料收集,针对灾害发生区的地理特性、人口分布、人口结构等相关特性进行分析,以预测物资需求量。同时,随着救援活动的进行,物资需求端逐渐恢复本身应有机能,对应急物资需求的急迫性以及需求量会不断变化,应当及时进行信息反馈,关注需求的变化

四、国外应急物流的管理

(一)建立协调有效的应急物流管理体系

一些国家依据法律建立立体化、网络化的应急物流管理体系,从上到下的常设专职机构,及相关专业人员组成的抢险救援队伍,严格而高效的政府信息发布系统及明确的政府职能和部门合作,超前的灾害研究和事故预防机制,普遍的灾害意识培养和全社会的应急培训,充足的应急准备和可靠的信息网络保障。

(二)建立完善的自然灾害应急物流预案

由政府统一负责指挥自然灾害预防、救治的所有工作,包括制定防灾计划、定期开展防灾救灾演习、开展应急物流演练等。预案还根据不同类型的自然灾害事先规划陆、海、空运输替代路线,如地震灾害会伴随发生道路阻断、泥石流、滑坡等灾害,常规道路交通将难以发挥机动灵活、"门到门"的优势,这时需要选择空运或海运等适宜替代运输方案,以实现救灾物资的及时运送。此外,还将民间组织以及志愿组织等非政府部门纳

入防灾救灾体系中,配合政府工作,齐心协力顺利完成应急物流的全过程。

(三)建立科学合理的应急物资储备

一些国家根据可能发生的不同灾情,对各类救灾物资的需求进行预测,以此建立规模适中、布局合理的应急救援物资库,这些应急救援物资库平时储放应急物资,一旦发生自然灾害,则由专业的物流公司迅速从应急救援物资库提取救灾物资,送往灾区;灾害发生后,社会采购或捐赠的救灾物资需要汇集至应急救援物资库,在应急救援物资库分类拣选后统一配送至灾区。

(四)运用现代物流和供应链理论指导应急物流管理

将现代物流及供应链管理理论充分运用到自然灾害应急物流管理中。自然灾害发生前,通过预测救灾物资需求量和实施救灾物资库存的动态监测,可避免过高的库存水平和较高的储存成本;自然灾害发生后,根据灾害实际,适时地选用物资供应的供应推动方式或需求拉动方式。

第三节　冷链物流

冷链物流对健全生鲜农产品"从农田到餐桌、从枝头到舌尖"的质量安全体系,提高医药产品物流全过程的品质管控能力,支撑实施食品安全战略和建设健康中国具有重要保障作用。

一、冷链物流的概念

冷链物流是指某些食品原料、经过加工的食品或半成品、特殊的生物制品和某些药品在经过收购、加工、灭活后,在产品加工、贮藏、运输、分销和零售、使用过程中,其各个环节始终处于产品所必需的特定低温环境下,减少损耗,防止污染和变质,以保证食品安全、生物安全、药品安全的特殊物流系统。

冷链物流的核心不完全是"冷",而是"恒温"——不同的产品需要不同的保存温度。冷链物流需求较大的领域包括初级农产品(蔬菜、水果、水产品、肉制品、蛋奶等)、加工食品(速冻、冷饮、乳制品等)和医药(药品、疫苗)等特殊商品。

随着经济快速发展,近年来我国肉类、水果、蔬菜、水产品、乳品、速冻食品以及疫苗、生物制剂、药品等冷链产品市场需求快速增长(图12-2反映我国冷链2014年来年市场规模发展趋势)。冷链物流对满足人民日益增长的美好生活需要的意义突出,冷链物流发展正受到前所未有的重视,国家制订颁布了《"十四五"冷链物流发展规划》。

图 12-2 我国冷链年市场规模发展趋势

二、冷链物流的特征

（一）高协调性

冷链物流是一个庞大的供应链系统，涵盖了产品的冷链流通加工、冷链仓储、冷链运输、冷链配送等环节。由于冷链物流的产品不易储藏，因而需要冷链物流高效运转，冷链物流过程中的每个环节都必须具有协调性，这样才能保证整个链条的稳定、高效运作。

（二）高技术性

冷链物流各环节中对设备和人员的技术要求高。为了保证产品的质量，加工过程要全程控温；运输要配备冷藏车、冷藏船、冷藏集装箱等；加工操作人员必须经过专业培训；还要配备专业的冷藏设备操作人员、温度监控人员等。

（三）高成本性

一方面，设备成本高。冷链物流中心仓库和冷链车辆的成本一般是常温仓库和车辆的数倍。另一方面，运营成本高。冷库需要不间断地打冷才能保证温度处于恒定状态，造成冷库的电力成本居高不下；冷藏车需要不间断打冷才能保证产品的温度恒定，需要更多的油费。冷链物流成本较普通物流要高出 40%～60%。

（四）高复杂性

与常温物流相比，冷链物流涉及制冷技术、保温技术、温湿度检测、信息系统和产品变化机理研究等技术，有的产品甚至涉及法律法规的约束，且每种产品均有其对应的温湿度和储藏时间要求，一旦断链将会前功尽弃，加大了冷链物流的复杂性。

三、冷链的一般构成环节

一条完整的冷链一般由冷冻加工、冷冻贮藏、冷藏运输及配送、冷冻销售四个方面构成（图 12-3 是冷链构成及相关制冷设备）。

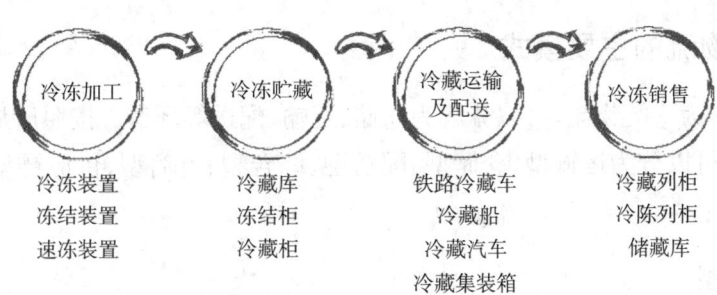

图 12-3　冷链构成及相关制冷设备示意

(一)低温和冷冻生产加工

低温和冷冻生产加工有的是初始的集中加工,有的是在冷链过程中的加工,形成了一个或几个流通加工环节,都带有生产性。包括肉、禽、鱼、蛋类的冷却与冻结加工,也包括果蔬的冷却加工,特殊水果与蔬菜的冻结加工,以及速冻食品的快速冻结和奶制品的低温冷却加工等。这个环节主要涉及冷链装备有冷却、冻结装置和速冻装置。

(二)低温和冷冻贮藏

低温和冷冻贮藏包括食品的冷却储藏和冻结储藏,速冻食品的冻结储藏以及水果蔬菜等食品的低温气调贮藏,保证食品在冷链系统若干环节的储存过程中保持冻结储藏及低温保鲜状态。这个环节主要涉及各类冷藏库、冷藏柜、冻结柜等。

(三)冷藏运输

冷藏运输包括食品的中、长途运输及短途配送等物流环节的低温保持和冻结状态的运输。它主要涉及铁路冷藏车、冷藏汽车、冷藏船、冷藏集装箱等低温运输工具。在冷藏运输过程中,温度波动是引起食品品质下降的主要原因之一,因此,运输工具应具备良好性能,在保持规定低温的同时,更要保持稳定的温度,这一点对于远途运输来说尤其重要。

(四)低温和冷冻购销

低温和冷冻购销包括各种低温和冷冻食品进入批发零售的冷冻储藏和购销,购销活动具有跨越性,由生产企业、批发商、零售商和用户共同完成,环节多而复杂,需要有效的协作才能构建有效的冷链。现代商业流通所采用的各类连锁超市能有效减少购销环节,有利于冷链的采用。

冷链的应用领域很广泛,不同的应用领域,对冷链的需求是有差别的,其构成环节也会有差别。因此,需要有不同类型的冷链来应对有差别的需求,特别需要重视减少环节,少环节是冷链优化的重要原则。

不同的对象物对冷链的要求是不同的,这必然导致各种不同复杂冷链类型的形成。

四、冷链物流的主要模式

冷链物流作为一类物流,可以分解为仓储、运输、配送等环节。按照所从事的不同环节,冷链服务商可以分为运输型、仓储型、配送型、综合型、电商型、供应链型和平台型等不同模式。

(一)运输型

运输型是指以从事货物低温运输业务为主,包括干线运输、区域配送以及城市配送。此模式对物流企业的资金投入较高,但能够确保物品在整个运输过程中的温度控制。

(二)仓储型

仓储型主要依赖于冷库资源的分布。冷库作为冷链物流的主要基础设施,其分布不均且行业集中度低。企业可以根据市场需求和冷库资源情况,合理规划与布局,实现冷链物流的仓储环节与运输环节的有效衔接。

(三)配送型

配送型指的是以从事城市低温仓储和配送一体业务为主,服务于超市供应商、超市配送中心、连锁餐饮配送中心、生鲜电商等四类客户。配送型在冷链物流行业中是最为常见的一种类型,其冷链物流车穿梭在城市的大街小巷。按此种模式经营的企业具有一定的区域局限性,很难实现跨区域服务。

(四)综合型

综合型是指集仓储、运输、配送等多种功能于一体,具备完善的冷链物流基础设施和先进的运营管理技术,可以通过整合各类资源为客户提供一站式冷链物流服务,满足客户多元化的需求。

(五)电商型

冷链物流发展迅速有一个重要因素就是生鲜电商的推动。电商型冷链物流是一种新兴模式,主要指的是那些生鲜电商企业自主建设的冷链平台,除自用之外,还可以为电商平台上的客户提供冷链物流服务。

(六)供应链型

供应链是围绕核心企业,通过对信息流,物流,资金流的控制,从采购开始一直到终端整个过程提供低温运输、加工、仓储、配送服务,然后由分销网络把产品送到消费者手中的将供应商、制造商、物流商、分销商,连成一个整体的功能网链结构。

(七)平台型

平台型模式是指以大数据、物联网技术、IT技术为依托,融合物流金融、保险等增值服务,构建"互联网+冷链物流"的冷链资源交易平台。

(八)社会化运作型

由于冷链物流的低温特点,单独建立冷链物流中心投资成本高。社会化运作模式通过多家物流企业联合共建冷链物流体系,实现资源整合、降低成本。此外,政府、行业协会等也可参与推动冷链物流的社会化运作,以提高行业的整体服务水平。

五、冷链物流管理的要求

(一)防止掉链和温度变化过大

一方面,要防止冷链"掉链"。冷链设备损坏、设备中断工作、设备不正常运行都可能造成"掉链"。对冷链物流实行有效的跟踪监测与监管,使用智能化的冷链技术装备,是防止"掉链"的重要手段。另一方面,要防止冷链温度变化过大。很多冷冻产品的表面出现大量的冰霜,其原因就是这些产品在物流过程中发生温度变化,从低温的环境进入冷链物流过程,期间如果温度达不到要求,产品水分析出,再进入冷冻,析出的水分便在表面结霜。

(二)防止冷链应用过度和冷环境过度

冷链物流和一般的物流相比较,因为需要维持冷的环境,当然要增加能源的消耗,这不仅会增加物流的成本,从环境角度看显然也增加了碳排放。应当明确的是,冷链不是解决问题的唯一办法。在选择冷链时,应当进行全面的技术经济分析和评价,不能过分夸大冷链的作用,要防止冷链的应用过度。一方面,可以不需要冷链的,就不采用这种办法;另一方面,有其他更好办法的,就不用冷链。同样,防止冷环境过度也一样重要。

(三)应当对冷链上下游进行整合

冷链最好是一条没有障碍的链,但因冷链上下游不同环节之间存在跨越(如市场主体不同、运输方式不同等),客观上不利于统一管理,如何使冷链协调地运作,整合是一个可选择的办法。整合可以依靠利益的结合,可以依靠市场的规则,当然,有的情况下行政权力也会发生作用。冷链整合的具体措施主要有:

(1)制定整体规划,使参与冷链的上、中、下游企业达成共识;

(2)执行严格的程序和规制,使参与冷链的上、中、下游企业形成共同的遵循;

(3)建立联合协作体制,形成有效的分工、协作的管理机制;

(4)采取并购等方式,形成一体化的体制,实行一体化的严格管理;

(5)由第三方物流企业做冷链上下游的整合。

(四)建立性能良好的冷链物流信息系统

确保有效的冷链运作和管理,信息是基础。有效的信息系统对于各种产品的物流运作都是非常重要的,而对于冷链更有特别重要的作用,尤其是在途的环节,必须依靠及时的信息来作出温度控制和时间控制的决策,从而保证对冷链实施精细化和准确的管理。构建全国性、区域性冷链物流公共信息服务,有助于提高冷链资源综合利用率,保证冷链的质量安全。

(五)适度实行个性化的管理

冷链物流对象个性化显著,对冷链的要求各有不同,不同的产品品种和不同的品质要求的产品都有相应的产品控制要求,还有不同环节的温度要求和储藏时间要求。以食品为例,需要依靠冷链的食品种类很多,所要求的低温技术指标都不同,所以冷链物流需要个性化。这会增加管理难度和运作成本,是不得已而为之的,在管理方面应尽量避免采用。

(六)积极推动第三方冷链物流发展

卖方、经营方、买方作为冷链的主导者或运作者,存在严重的体制弊病,那就是各有利益相关环节,这就难免出现对这些利益相关环节比较重视而忽视其他环节的问题。他们的业务重点也不在冷链物流,因此也很难形成强有力的冷链专业能力。第三方冷链物流能很好地克服这些问题,实现"从田间到餐桌"的一体化冷链物流管理。

第四节 快递服务

一、快递服务的概念

国家标准《物流术语》(GB/T18354—2021)将快递服务定义为:在承诺的时限内快速完成的寄递服务。国家邮政行业标准《快递服务》(YZ/T0128—2007)将快递服务定义为:快速收寄、运输、投递单独封装的、有名址的快件或其他不需储存的物品,按承诺时限递送到收件人或指定地点、并获得签收的寄递服务。

世界经济贸易组织将快递服务定义为:除国家邮政局提供的服务外,由非邮政快递公司利用一种或多种运输方式提供的服务,包括提取、运输和递送信函和大小包裹的服务,无论目的地在国内或国外。这些服务可利用自有或公共运输工具来提供。

从根本上说,快递服务是一种依赖快速运输的特殊物流服务。例如,按照国家邮政规定,除了与顾客有特殊约定(如偏远地区),快递服务时限还应满足以下要求:同城快递服务时限不超过24小时;国内异地快递服务时限不超过72小时。

二、快递服务与普通物流的区别

(一)服务对象不同

快递企业的服务对象主要是为需要快递各种单据和单证的公司、单位等组织以及需要快递私人物品的个人(包括网上购物)。物流企业服务的对象主要为工厂、商贸企业等单位。比如,某工厂有10吨货物需要从西安运到天津港海运出口,就需要找专业的物流企业,而不是一般的快递公司。

(二)运输对象不同

快递企业主要运送50kg以下的货物,如衣服、文件、水果、生活用品、少批量的电子产品等,主要是小物件,一般是按重量收费。物流企业主要运送大型物品、大批量货物,如大批量的家具、家电、电子产品、原材料、数量大的零配件、大中型机械、大件设备等。

(三)服务方式不同

快递企业可以上门取件,以及送货上门,能比较好地解决物流领域"最前一公里""最后一公里"问题。物流企业提供物流服务一般是客户自己送货上门、客户自己上门取货,"最前一公里""最后一公里"问题由客户自行解决。

(四)储运方式不同

快递服务一般都是尽量缩短储存时间,尽量通过快速分拨将快件发送出去,以尽可能快的速度将快件送达消费者。而物流企业会提供一定的仓储服务,甚至专门为一些货物定制专门的仓储系统,有时对货物进行有计划的储存对物流企业而言也是一种增值。

三、快递服务的性质

(一)具有基础产业性质

快递行业尽管起步晚,但发展快,具有带动产业领域广、吸纳就业人数多、经济附加值高、技术特征显著等特点。它将信息传递、物品递送、资金流通和文化传播等多种功能融合在一起,关联生产、流通、消费、投资和金融等多个领域,是现代社会不可替代的基础产业。图12-3是我国快递业务量发展趋势图。

图 12-3 我国年快递业务量发展趋势

（二）具有高端物流性质

快递行业属于高端物流行业。理论上物流产业构造模型是金字塔形构造，有基础、平台、运行三个层面，运行层又分成高端运行和一般运行两个领域。很明显，按照物流产业的理论构造，快递企业处于金字塔的顶部位置，属于高端物流企业，其本质是提供对时效性、准确性、安全性和方便性要求很高的系统性物流服务。快递行业的发展，需要现代快速物流信息平台支撑，是现代信息技术发展的结果。

四、快递服务基本环节

（一）收寄

收寄主要有两种方式：一种是快递企业揽收员按客服指派或客户约定上门取件（上门揽收）；另一种是客户自己把要快递物品送到快递企业营业网点。揽收员或营业员对交寄物品同时还要进行验视，看是否符合运输安全的要求。

（二）处理

这个环节是对收寄的快件，根据寄达地按路向进行分类（分拣封发），不同快递企业各有各的做法，有些在揽收网点对部分路向的快件进行处理（减缓处理中心压力或缩短快件的经转时间），有些是在地区的处理中心\分拨中心进行集中处理（大批量处理有利于处理效率提升，成本下降），方式不同但基本目的一样，就是如何在效益、时效之间取得一个平衡点。

（三）运输

对收寄\处理结束后的快件进行运输，主要分支线运输（揽收\投递点—处理\分拨中心）和干线运输（处理\分拨中心—处理\分拨中心），运输工具包括火车、汽车、飞机、轮船（主要是邮政等有国际收寄业务的公司运输国际包裹）。

(四)投递

快递行业的"最后一公里"就是投递服务,派送员完成最后的快件派送工作。投递也是最花成本,快递效率最低,最影响客户体验的环节。

(五)签收

顾客(收件人)验收快件并在快递运单等有效单据上签字的行为。签收完毕后,快递服务结束。

五、快递服务的基本要求

(一)快递服务要快速

快递服务的生命在于速度。快件投递时间不应超出快递服务组织承诺的服务时限。快递速度的快慢与快递环节的多少、每个环节运行效率的高低有很大关系。快递要实现速度快,就要尽可能减少中间环节,提高每一环节的流转速度,加强各环节协作,实现环节和环节之间高效、平滑对接。提高快递速度需要改善快递管理,向管理要效率。

(二)快递服务要优质

质量是现代企业立身之本,客户对快递服务质量要求越来越高。快递企业要努力做到寄递服务产品体系更加丰富,承诺时限产品比重进一步提升,国际快递服务通达范围更广,快递服务满意度、时限准时率稳步提高,用户有效申诉率逐年下降。

(三)快递服务要安全

快递安全既包括快递物品的安全送达,也包括快递过程中非物品的安全隐患。快递是一种小件物流,在整个物流过程中要经过很多集货、分拨环节,往往有反复的装卸搬运,容易造成物品损伤、损坏和遗失,所以快递有一个物品如何安全送到客户手中的问题。同时,快递的物品不应对国家、组织、公民的安全构成危害,快递服务组织不应违规泄漏和挪用寄件人、收件人和快件的相关信息。快递服务要实现寄递流程可跟踪、隐患可发现、责任可追溯等目标,以遏制重特大事故的发生。

(四)快递服务要省力

快递行业劳动力使用比较多,劳动时间比较长,劳动条件比较苦,在劳动力资源日益紧张、劳动力成本不断攀升和劳动者对生活质量的追求日益提高的情况下,快递行业存在一个既要满足人民日益增长的快递服务数量和质量的需要又要去努力减少劳动力的使用两难问题。快递企业要实现持续发展,需要努力破解两难问题,积极使用现代信息技术和人工智能技术,大力推广使用机器代人等现代技术手段,创新服务模式,以降低劳动强度,改善劳动条件,减少劳动力的使用。

(五)快递服务要绿色

一方面,要推广使用可降解环保包装材料,提升可循环快递包装应用比例,防止快递包装超出商品正常的保护、展示、储存、运输等功能要求,出现过度包装问题;另一方面,运输环节的碳排放是快递业的碳减排重任所在,为减少快递运输碳排放,要积极推广节能低碳运输方式和设备,以及新能源机动车的使用。

本章小结

特殊物流是相对普通物流而言的,特殊物流的存在具有特殊含义和价值,也有其特殊的运行规律和管理要求。危险品物流是运输、储存、装卸搬运危险品的物流,相对一般商品物流来说,危险品物流容易造成人身伤亡、财产损毁或环境污染,技术性、专业性要求比较苛刻。应急物流是应对突发事件提供应急生产物资、生活物资供应保障的物流活动,具有突发性、弱经济性、非常规性、事后选择性和社会公益性等特征。冷链物流是指某些食品原料、经过加工的食品或半成品、特殊的生物制品和某些药品在经过收购、加工、灭活后,在物品加工、贮藏、运输、分销和零售、使用过程中,其各个环节始终处于物品所必需的特定低温环境下,减少损耗,防止污染和变质,以保证食品安全、生物安全、药品安全的特殊物流链系统。快递服务是在承诺的时限内快速完成的寄递服务,与普通物流的区别表现在服务对象、运输对象、服务方式、储运方式等方面不同,具有基础产业性质和高端物流性质。

复习与讨论题

1. 什么是危险品物流?危险品物流有哪些特征?
2. 危险品物流管理要遵循哪些原则?
3. 什么是应急物流?应急物流有哪些特征?
4. 国外应急物流管理有哪些经验可以借鉴?
5. 什么是冷链物流?冷链物流有哪些特征?
6. 怎样推动冷链物流发展?
7. 什么是快递服务?快递服务有哪些特征?
8. 快递服务有哪些基本要求?

9.讨论为什么说快递服务具有高端物流性质。

案例分析 ➡12-1

提高冷链运输服务质量

一、强化冷链运输一体化运作

推动干线运输规模化发展。充分发挥国家骨干冷链物流基地等大型冷链物流设施资源集聚优势,开展规模化冷链物流干线运输,提高冷链物流去程回程均衡发展水平。大力发展公路冷链专线、铁路冷链班列等干线运输模式,进一步提高铁路、水运、航空在中长距离冷链物流干线运输中的比重。规范平台型企业发展,提高冷链物流信息共享水平,集聚整合货源、运力、仓储等冷链资源,提高冷链物流干线运输组织化、规模化水平。

促进干线支线有机衔接。完善国家骨干冷链物流基地等的集疏运体系,发展中转换装、区域分拨,推动冷链物流干线运输与区域分拨配送业务高效协同。以产销冷链集配中心为支撑,高效衔接国家骨干冷链物流基地和两端冷链物流设施,构建干支线运输和两端集配一体化运作的区域冷链物流服务网络。鼓励物流企业延伸业务链条,强化综合服务能力,提供"干线运输+区域分拨+城市配送"冷链物流服务。

二、推动冷链运输设施设备升级

提高冷藏车发展水平。严格冷藏车市场准入条件,加大标准化车型推广力度,统一车辆等级标识、配置要求,推动在车辆出厂前安装符合标准要求的温度监测设备等,加快形成适应干线运输、支线转运、城市配送等不同需求的冷藏车车型和规格体系。研究制定标准化冷藏车配置方案,引导和规范不同容积车辆选型。有计划、分步骤淘汰非标准化冷藏车。加强冷藏车生产、改装监管,严厉打击非法改装。加快推进轻型、微型新能源冷藏车和冷藏箱研发制造,积极推广新型冷藏车、铁路冷藏车、冷藏集装箱。

促进运输载器具单元化。鼓励批发、零售、电商等企业将标准化托盘、周转箱(筐)作为采购订货、收验货的计量单元,引导冷链运输企业使用标准化托盘、周转箱(筐)、笼车等运载单元以及蓄冷箱、保温箱等单元化冷链载器具,提高带板运输比例。加强标准化冷链载器具循环共用体系建设,完善载器具租赁、维修、保养、调度等公共运营服务。鼓励企业研发应用适合果蔬等农产品的单元化包装,推动冷链运输全程"不倒托"、"不倒箱",减少流通环节损耗。

三、发展冷链多式联运

完善冷链多式联运设施。鼓励国家骨干冷链物流基地等完善吊装、平移等换装转运专用设施设备,加强自动化、专业化、智慧化冷链多式联运设施建设。因地制宜增强国家物流枢纽、综合货运枢纽冷链物流服务功能,推进港口、铁路场站冷藏集装箱堆场建设和升级改造,配套完善充电桩等设施设备。

优化冷链多式联运组织。培育冷链多式联运经营人,统筹公路、铁路、水运、航空等多种运输方式和邮政快递,开展全程冷链运输组织,积极发展全程冷链集装箱运输。依托具备条件的国家骨干冷链物流基地等开展中长距离铁路冷链运输,串接主要冷链产品产地和销地,发展集装箱公铁水联运。依托主要航空枢纽、港口,加强冷链卡车航班、专线网络建设,提高多式联运一体化组织能力。大力发展冷链甩挂运输,鼓励企业建立"冷藏挂车池",有机融入公路甩挂运输体系,完善冷藏车和冷链设施设备共享共用机制,提高冷链甩挂运输网络化发展水平。鼓励现有多式联运公共信息平台集聚整合运输企业、中介等的冷链物流相关信息,拓展完善冷链物流服务功能,提高货源、运力、仓储等冷链资源供需匹配效率。

增强冷链国际联运能力。提升中欧班列冷链物流服务水平,强化多式联运组织能力,畅通亚欧陆路冷链物流通道。依托中国—东盟多式联运联盟基地,拓展西部陆海新通道海铁联运、国际铁路联运、跨境公路班车国际冷链物流业务。鼓励具备实力的企业布局建设冷链海外仓,提升跨境冷链物流全程组织能力。大力发展面向高端生鲜食品、医药产品的航空冷链物流,提高公空、空空联运效率。鼓励主要农产品进出口口岸城市积极发展国际冷链物流多式联运,打造一批国际冷链物流门户枢纽。

资料来源:《国务院办公厅关于印发"十四五"冷链物流发展规划的通知》(国办发〔2021〕46号).

问题讨论

1. 我国为什么对冷链物流发展高度重视?
2. 目前我国冷链运输主要存在哪些问题?
3. 你认为冷链物流如何才能做到提质降本增效?

第十三章　物流的新发展

学习目标

通过本章学习,要掌握供应链物流管理的内涵、特点与方法,理解精益物流的特征、目标原则和方法,了解智慧物流的内涵、功能、价值和实现基础,了解共享物流的内涵、价值、类型、实现基础和发展举措,掌握绿色物流的内涵、价值、发展方向和发展举措,理解物流金融的内涵、作用、运作模式及可能的风险。

开篇导问

低碳物流提质增效

位于西安国际港务区的京东智能产业园,日均处理订单量超过 50 万件。这家物流产业园规模大、订单多,但碳排放量却不高。"所有屋顶都配备了光伏发电设备,10 万平方米的光伏屋顶占园区总面积 1/3 以上。"京东物流西北区副总经理李大爽说,电力白天供园区办公使用,夜间则为新能源作业车充电。据测算,园区光伏设备发电量能够满足自身用电需求,分布式锂电池储能系统则帮助调节电力,在用电高峰时缓解电网系统压力。

此外,园区还采用磁悬浮打包机、气泡膜打包机、枕式打包机、对折膜打包机等 18 种智能设备组成的全链路智能包装系统,降低包装材料的消耗。在 100 公里外的咸阳市武功县,京东陕西智能供应链中心则充分发挥集果品采购、加工、分选、包装、物流于一体的供应链优势,减少中转环节和果品损耗,提升物流效率,服务农业高质量发展。

问题思考

物流企业为实现低碳发展可以在哪些方面想办法?

当今世界,经济全球化推进加速,市场竞争不断加剧,数字革命如火如荼,绿色转型全面深化,这一切对现代物流运作和物流服务提出了新的更高要求。面对新的发展环境,物流领域出现宽领域适应性变革,物流新模式、新技术、新引擎、新生态、新服务不断涌现。

第一节 供应链物流

现代市场的竞争本质上是供应链与供应链的竞争，而非企业与企业的竞争。供应链管理的出现对物流管理方式和管理模式带来了深刻影响。对供应链中物流的管理是供应链管理的核心问题。

一、供应链与供应链管理的内涵

（一）供应链的内涵

1. 供应链的概念

供应链是在生产及流通过程中，涉及将产品或服务提供给最终用户使用的上游与下游企业所形成的网链结构。具体说，供应链是围绕核心企业，通过控制信息流、物流、资金流，从采购原材料开始，制成中间产品以及最终产品，最后由销售网络把产品送到消费者手中，将供应商、制造商、分销商、零售商直到最终用户连成一个整体的功能网链结构（图13-1是一种供应链构成示意图）。

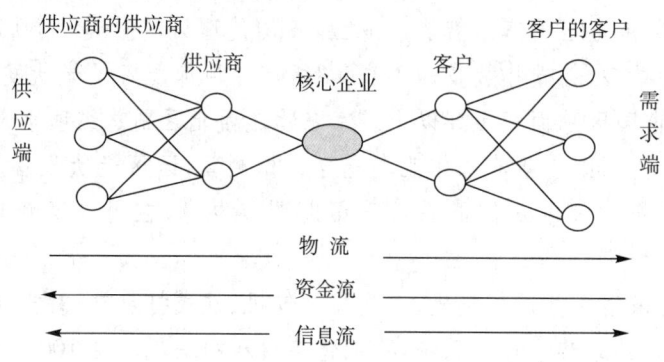

图 13-1 供应链的构成示意图

2. 供应链的特征

从供应链的结构模型可以看出，供应链是一个网链结构，节点企业和节点企业之间是一种供应与需求关系。供应链主要具有以下特征：

（1）复杂性。因为供应链节点企业组成的跨度（层次）不同，供应链往往由多个、多类型甚至多国企业构成，所以供应链结构模式比一般单个企业的结构模式更为复杂。

（2）动态性。供应链中的企业是在众多企业中筛选出来的合作伙伴，合作关系是非固定性的，需要随目标的转变而转变，随服务方式的变化而变化。无论是供应链结构，还是其中的节点企业，都需要动态地更新，这就使供应链具有明显的动态性。

（3）面向用户需求。供应链的形成、存在及重构都是基于一定的市场需求而发生的，并且在供应链的运作过程中,用户的需求拉动是供应链中信息流、产品/服务流、资金流的驱动源。

(4)交叉性。节点企业可以是这个供应链的节点企业,同时可以是另一个供应链的节点企业,众多的供应链相互交叉,增加了协调管理的难度。

(二)供应链管理的内涵

供应链管理是用于有效集成供应商、制造商、配送中心、零售商的一系列方法,通过这些方法,使生产出来的商品能以恰当的数量,在恰当的时间,被送往恰当的地点,从而实现在满足服务水平要求的同时使系统的成本最小化。

从供应链管理定义可以得到几点结论:

第一,凡是对成本有影响并在满足顾客需求过程中起作用的环节,都在供应链管理考虑之列。在有些供应链分析中,还必须考虑供应商的供应商和顾客的顾客,因为他们也对供应链绩效产生影响。

第二,供应链管理的目标是整个系统的效率和成本效益。系统的所有成本,包括运输和配送,以及原材料、在制品和成品的库存都要最小化。因此,重点不是简单地最小化运输成本或降低库存,而应该在供应链管理中使用系统方法。

二、供应链物流管理的内涵

物流是供应链中的实体流,供应链中信息流、资金流具有观念流性质,供应链管理的核心是供应链中的物流管理。

供应链物流管理指以供应链中核心产品或者核心业务为中心的物流管理。前者主要是指以核心产品的制造、分销和原材料供应为体系而组织起来的供应链的物流管理,比如,汽车制造、分销和原材料的供应链的物流管理,就是以汽车产品为中心的物流管理体系;后者主要是指以核心物流业务为体系而组织起来的供应链的物流管理,如第三方物流、配送、仓储、运输供应链的物流管理。

供应链物流管理由三部分组成:

一是前向物流与反向物流。包括运输、仓储、包装、装卸搬运、配送等。

二是前馈与反馈的信息流。涉及订单、交付、运输等活动的信息交换,既包括供应信息、需求信息,也包括共享信息,这与传统物流管理不同。在传统物流系统中,需求和供应信息都是逐级传递的,非直接合作的企业之间信息阻隔,导致的直接后果就是客户需求反应慢、丧失市场机会、库存增加或缺货等。

三是管理和控制。包括采购、营销、预测、库存管理、计划、销售和售后服务。

供应链物流管理注重总的物流成本与客户服务水平之间的关系,利用系统理论和集成思想,把供应链节点企业内各职能部门以及节点企业间相关职能部门有机地结合在一起,从而最大限度发挥供应链的整体优势,增强供应链整体的竞争力,最终达到供应链节点企业整体获益的目的。

供应链物流管理，实际上就是对供应链中的物流活动进行管理，或者说是在供应链环境下对物流进行管理，其根本目标要服从整个供应链管理的目标。

 延伸阅读

供应链环境对物流的影响

第一，由于供应链实现了高度一体化，物流可以从供应链的全局角度和战略的高度来规划、设计、运行和管理，如果没有供应链环境，要做到这么高水平的物流是很困难的，如果一定要去追求，就必须付出非常大的代价。

第二，供应链环境解决了供应链内部环节的融合问题，不但优化了物流路线，而且有效衔接了各环节，从而更好地实现了"物畅其流"的理念。

第三，供应链的优化，虽然不能完全以物流的优化为前提条件，但是，这是供应链这种一体化的经济链条必须具备的要素，这就使供应链环境下的物流可以保持相对低的投入和取得更好的效益，实现"第三个利润源"。

三、供应链物流管理的特点

1. 供应链物流是一种系统物流，而且是一种大系统物流。这个系统涉及供应链各个节点企业，这些企业类型不同、层次不同，异质性大。供应链物流不仅包括企业间的物流，还包括企业内的物流。

2. 供应链物流是以核心企业为中心的物流，是站在核心企业的立场上、以为核心企业服务的观点来统一组织整个供应链的物流活动。

3. 供应链物流管理在更广泛的范围内进行资源配置，不仅包括企业内部各种资源的配置，也包括充分利用供应链的各个节点企业各种资源，使供应链物流可以更为优化。

4. 供应链中企业之间是一种相互信任、相互支持、共生共荣、利益相关的紧密伙伴关系，企业之间还可以实现信息共享。在组织物流活动时，可以充分利用这一条件，使物流活动更为有效。

四、供应链物流管理的方法

（一）联合库存管理

联合库存管理（JMI）是供应链成员企业共同制定库存计划，并实施库存控制的供应链库存管理方式。目的是解决供应链系统中由于各企业相互独立运作库存模式所导致的需求放大现象，提高供应链的效率。按照联合库存分布特征，实际工作中把联合库存分为两种模式：

1. 集中库存模式

各个供应商的零部件都直接运送至核心企业的原材料库中，从而将各个供应商的分散库存转变为核心企业的集中库存。供应商按核心企业的订单或订货看板组织生产，产品完成时，立即实行小批量多频次的配送方式，直接送到核心企业的仓库中补充库存。

2. 无库存模式

核心企业不设原材料库存，实行无库存生产的模式。这种模式供应商的成品库和核心企业的原材料库都取消，供应商与核心企业实行同步生产、同步供货，从而实现"在需要的时候把所需要品种和数量的原材料送到需要的地点"的操作模式，直接将供应商的产成品送上核心企业的生产线。

（二）供应商管理库存

供应商管理库存（VMI）是按照双方达成的协议，由供应链的上游企业根据下游企业的需求计划、销售信息和库存量，主动对下游企业的库存进行管理和控制的库存管理方式。其核心思想是供应商通过共享用户企业的当前库存和实际耗用数据，按照实际的消耗模型、消耗趋势和补货策略，进行有实际根据的补货操作。

延伸阅读

传统库存模式弊端

传统库存模式中，库存是由库存拥有者管理的。因为无法确切知道用户需求与供应的匹配状态，所以需要库存，库存设置与管理是由同一组织完成的。这种库存管理模式并不总是最优的。例如，一个供应商用库存来应付不可预测的或某一用户不稳定的（这里的用户不是指最终用户，而是分销商或批发商）需求，用户也要设立库存来应付不稳定的内部需求或供应链的不确定性。虽然供应链中每一个组织独立地寻求保护其各自在供应链的利益不受意外干扰是可以理解的，但整体上看不可取，这样做的结果影响了供应链的优化运行。供应链的各个不同组织根据各自的需要独立运作，会导致重复建立库存，因而无法达到供应链全局的最低成本，整个供应链系统的库存会随着供应链长度的增加而发生需求扭曲。

（三）供应链运输管理

除库存管理之外，供应链物流管理的另一个重要方面就是运输管理。运输管理首先要规划运输任务。即应站在供应链的整体高度,统一规划有关运输任务,确定运输方式、运输路线,设计运输蓝图,达到既能够满足各点的运输需要,又使总运输费用最经济的目的。其次,要寻找运输承包商。现在运输资源丰富且容易获取,但是一般应当选择正规的运输企业或者物流企业,建立稳定的合作关系,甚至可以把它们纳入供应链系统。最后,要对运输进行组织和控制。也就是按照给定的运输方案和蓝图,对运输承包商的运输活动过程和运输的效果进行组织、管理和控制。

(四)连续补充货物

连续补充货物(CRP)是利用及时准确的销售信息、生产时点信息确定已销售的商品或已消耗的库存数量,根据下游客户的库存信息和预先规定的库存补充程序确定发货补充数量和配送时间的计划方法。CRP将传统的零售商制作订单的补货程序改变为供应商与零售商建立伙伴关系,由供应商根据客户库存量和销售数据决定补充货物的数量。为了适应客户快速反应、经营者降低库存的要求,供应商与零售商缔结伙伴关系,双方进行库存报告、销售预测报告和订单报告等有关商业信息的最新数据交换,使得供应商从过去单纯地执行零售商的订购任务转向主动为零售商分担补充存货的责任,主动向零售商频繁补充销售点或仓库的商品,并缩短从订货到交货之间的时间间隔。

(五)分销资源计划

分销资源计划(DRP)是 MRP 原理与方法在物品配送中的运用,是管理企业的分销网络的系统。该系统针对企业供应链后端的分销零售环节,强化企业对产品销售与库存的管理,在系统功能模块上提供了采购管理、渠道管理、销售管理、库存管理、物流管理、价格管理,财务管理及智能分析等具体功能。DRP 系统的应用目标是:提高对订单的响应速度,缩短产品供应周期,减少商品库存,降低企业分销成本与企业经营风险,通过对分销系统的优化,为企业获取最大的经济效益。

(六)快速反应方法

快速反应(QR)是供应链成员企业之间建立战略合作伙伴关系,利用 EDI 等信息技术进行信息交换与信息共享,用高频率小批量配送方式补货,以实现缩短交货周期、减少库存,提高客户服务水平和企业竞争力为目的的一种供应链管理策略。在快速反应模式下,物流企业面对多品种、小批量的买方市场,不是储备了"产品",而是准备了各种"要素",以便在用户提出要求时,能以最快速度抽取"要素",及时"组装",提供所需服务或产品。

(七)有效客户反应方法

有效客户反应方法(ECR,Efficient Consumer Response),是以满足客户要求和最大限度降低物流费用为原则,能及时作出准确反应,使提供的物品供应或服务流程最佳化的一种供应链管理策略。主要思想是组织由生产厂家、批发商和零售商等构成的供应链系统,在店铺空间安排、商品补充、促销活动和新商品开发与市场投入四个方面相互协调和合作,从而能更好、更快并以更低的成本满足消费者的需要。

第二节　精益物流

精益(Lean)就是要做到冗余少、精准、精确和少而精。精益物流是精益思想在物流中的应用。精益物流为社会生产从传统的以预测和批量为基础的"推动系统"转变为"拉动系统"提供了坚实保证。

一、精益物流的概念

精益物流从精益生产理论演变而来,而精益生产理论产生于日本丰田公司在20世纪50年代所独创的"丰田生产方式"。精益思想的核心是"消除一切浪费,在适当的时间、适当的地点,提供适量的产品",这种与供应链管理的思想密切融合起来的物流配送活动就是精益物流的雏形。

延伸阅读

准时制

准时制(Just In Time,简称 JIT)源于日本丰田汽车公司的"看板"(kanban)系统。看板是指放在货运车或手推车上的卡片,这些卡片详细记载了有关生产和供货的一些信息。卡片分两种:一种是"生产看板",用来发布生产指令;另一种是"取货看板",目的是发出取货指令。在生产流程中,如果没有收到"生产看板",某个工序就不进行生产,倘若收到后续工序的"取货看板",就要即刻向后续工序发货。这种方式对丰田公司渡过第一次能源危机起到了突出作用,后引起其他国家生产企业的重视,并逐渐推行于欧洲和美国的日资企业及当地企业中。现在这一方式与源自日本的其他生产、流通方式一起被西方企业称为"日本化模式"。

国家标准《物流术语》(GB/T18354—2021)将精益物流(Lean logistics)定义为:消除物流过程中的无效和非增值作业,用尽量少的投入满足客户需求,并获得高效率、高效益的物流活动。

从这一定义来看,精益物流具有以下诉求:

(1) 客户导向化。精益物流以客户需求为中心,在客户有物流服务需求时才提供物流服务。从供应链来看,上游的生产是因为下游提出了需求。

(2) 作业精益化。物流过程中的作业活动尽可能精炼,消除无效和非增值作业,确保所有作业都是提供物流服务所必需的作业。

(3) 浪费最小化。精益物流在为顾客提供满意物流服务的同时,追求把提供物流服务过程中的浪费降至最低程度,用尽量少的投入满足客户需求。

(4) 效率最大化。精益物流强调物流服务响应速度和服务效率,客户有物流服务需求,企业要能敏捷地响应,要能快速提供客户所需物流服务。

二、精益物流的特征

(一) 顾客需求拉动

在精益物流系统中,客户需求是企业价值流的源头,是驱动企业生产的原动力。企业接到客户的订单后才开始启动物流系统,由客户的需求驱动企业的生产,价值流的流动要靠下游客户的需求来拉动,当客户没有发出需求指令时,上游的任何部分都不提供服务,而当客户发出需求指令后,则快速提供服务。

(二) 准时且准确

准时是指物品在流动中的交货、运输、中转、分拣、配送等各个环节按计划按时完成;准确是保证物流精益化的重要条件,包括准确的库存、准确的客户需求预测、准确的送货数量、准确的信息传递等。这一点对供应商的合理布局提出了较高要求。日本丰田汽车公司的供应商一般都位于公司所在的爱知县内,距离一般小于25km,这种方式是可行的。

(三) 高质量与低成本兼备

在精益物流系统中,企业通过合理配置基本资源,进行快速反应、准时化生产,大大降低了采购费用,并消除了诸如设备空耗、人员冗余、操作延迟等资源浪费现象,从而把精力集中在质量控制上,保证了物流服务的高质量。通常情况下,制造业采购成本占企业生产成本的比例都较大,如家用电器约为48%、服装约为59%等,因此,降低采购成本就能够显著降低企业的生产成本。

(四) 强调协调

物流系统是一个由各种职能或各个生产流程组成的有机整体,倘若整体的各个部分不能保持协调一致,物流系统的顺畅运行将面临极大的困难。精益物流体系中的协调包含了两层含义:一是生产流程内部的协调,它强调各工作班组间能相互交流信息,能较好地发挥员工在基层车间发现、解决和防止各种问题的意愿和能力;二是外部协调,它强调制造商与供应商和客户之间要建立紧密联系,相互信任,以实现最大程度的信息共享和计划协调。

(五)信息互联互通

高质量的物流服务有赖于信息的电子化、网络化。物流服务是一个复杂的系统项目,涉及大量的信息,而精益物流能否实现,在很大程度上取决于信息能否联网共享,互联互通。

(六)系统集成

精益物流系统是由提供物流服务的基本资源、电子化信息和使物流系统实现"精益"效益的决策所组成的集成化系统。因此,企业能够有效运用资源,迅速提供满足客户要求的高效服务。

三、精益物流的目标

精益物流的目标可以概括为:在提供令客户满意的产品和服务的同时,把企业的各种浪费减少到尽可能低的程度。精益物流致力于物流活动中运输、仓储、装卸、搬运、包装、流通加工、配送、信息处理等各个环节的改善,在令客户满意的前提下消除其中的浪费。这里的"浪费"一般包括以下几种:

(1)无需求造成的积压和多余的库存;
(2)因供应链上游不能按时交货或提供服务而等候;
(3)提供不满意的客户服务;
(4)提供不需要的客户服务;
(5)无利润或低利润的业务;
(6)不必要的材料移动;
(7)操作者的移动;
(8)不必要的流通加工程序;
(9)产品的缺陷。

此外,还包括人力资源的浪费,能源和设备的浪费等,其中主要浪费是(1)(2)两种。

四、精益物流的原则

(一)全面正确认识价值流

价值流是企业产生价值的所有活动过程,这些活动主要体现在三项关键的流向上:从概念设想、产品设计、工艺设计到投产的产品流;从客户订单到制定详细进度到送货的全过程信息流;从原材料制成最终产品、送到客户手中的物流。因此,认识价值流,不能仅仅局限于企业或企业内部部门的既有物理边界,应去查看创造和生产一个特定产品所必需的全部活动,搞清每一步骤和环节,并对它们进行描述和分析,以找出浪费。

(二)让价值流流动顺畅

消除浪费的关键是让完成某一项工作所需步骤以最优的方式连接起来,形成无中断、无绕流和排除等候的连续流动,使创造价值的步骤和活动流动起来。具体实施时,首先,要明确流动过程的目标,使价值流动朝向明确;其次,把沿价值流的所有参与企业集成起来,摒弃传统的各自追求利润最大化而导致相互对立的观点,以最终客户的需求为共同目标,共同探讨最优物流路径,消除一切不产生价值的行为。

(三)以客户需求牵引价值流

在精益物流模式中,客户需求是价值流的出发点,价值流的流动要靠下游客户的拉动而不是靠上游来推动。当客户没有发出需求指令时,上游的任何部分都不要去生产产品;当客户的需求指令发出后,则快速生产产品,提供服务。当然,这不是绝对的现象,在实际操作中,要区分是哪一种类型的产品,如果是需求稳定、可预测性较强的功能型产品,可以根据准确预测进行生产,而对于需求波动较大、可预测性不强的创新型产品,则要采用精确反应、延迟技术,缩短反应时间,提高客户服务水平。

(四)追求价值流持续改善

精益物流是一种动态管理,对物流活动的改进和完善是一个不断循环的过程:改进——消除浪费——形成新的价值流——持续改进——消除新的浪费。这种良性循环使物流的总成本不断降低,提前期不断缩短,浪费不断减少,从而保证整个系统持续改进,不断完善。改善是精益物流的基础与条件,所以实施精益物流就必须从改善入手。当然,实现这种持续改善,需要价值流上的行为主体在消除浪费上既要各司其职,又要深度合作。

五、精益物流的方法

精益物流的根本目的就是要消除物流活动中的各种浪费现象,在正确界定浪费的概念之后,如何有效地识别浪费就成了精益物流的重点工作。精益物流的方法常见的有7种:过程活动图、供应链反应矩阵、产品漏斗图、质量过滤图、需求放大(扭曲)图、决策点分析图和实体结构图,而其中最常用的方法是过程活动图和实体结构图。

(一)过程活动图

过程活动图用于识别、分析过程的具体步骤,找出不增值的环节,是进一步分析和

改进的基础。这是一种传统的工业工程方法,它由以下五个阶段构成:

(1) 过程流研究;
(2) 浪费识别;
(3) 过程再思考,能否重新安排使其更有效;
(4) 流向设计或运输路线的再优化;
(5) 价值流中每项活动存在必要性的进一步确认。

在运用过程活动图进行分析时,主要把握三个关键点:过程的总体考察;每次过程活动的详细记录,包括所花时间、所需人员、产品所移动距离、所用设备及场地面积;最后运用 5W1H 法进行分析(Why, Who, What, Where, When, How),即活动为什么存在,由谁来执行,用什么设备,在哪、何时和怎样实施。这种方法旨在通过简化或消除不必要的活动,寻求相应的变化以减少浪费。

(二) 实体结构图

实体结构图一般由容量结构图和附加成本结构图两部分构成,图能够帮助分析最终产品主要成本产生环节,配合过程图发现成本增加和价值增加之间不协调的地方,通过简化、调整活动顺序达到减少浪费的目的。

下文以某汽车制造供应链为例进行分析。

图 13-2a 是容量结构图,表示供应链所涉及的公司数。在图中,有三级供应商、三级分销商和处于中间环节的装配厂,在供应商层还有原材料、其他辅助支持设施(如机器、办公用品)的供应商,这两类供应商群体之所以没有划分层次,是因为它们与装配厂、其他供应商层交织在一起。同样,除了三级分销商之外,还有由提供服务的零配件分销商及其他提供各种辅助服务的分销商组合,图中每一部分所占面积是按每类公司数目比率来确定的。

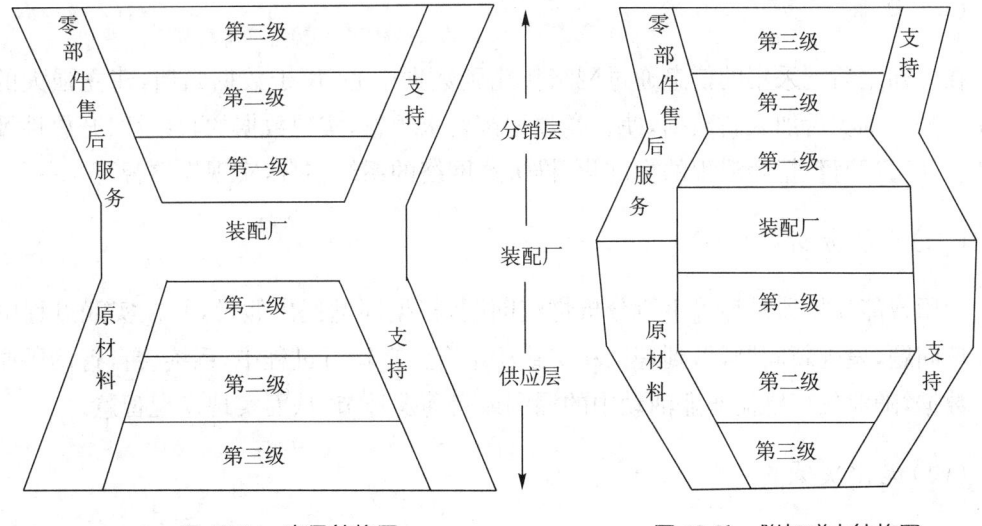

图 13-2a　容量结构图　　图 13-2b　附加成本结构图

图 13-2b 是附加成本结构图,用来分析销售给消费者的最终产品的附加价值过程,或更严格地说是附加成本的生成过程。从图可见,主要的附加成本发生在原材料公司、第一层供应商和装配厂中,而分销成本并不是主要的。

第三节 智慧物流

人工智能、物联网、区块链、大数据等技术在物流行业正得到越来越多的应用,物流业在多个环节逐步实现智能化、智慧化。智慧物流的发展正深刻改变传统物流发展方式,对社会生产生活方式产生深刻影响。

一、智慧物流的概念

国家标准《物流术语》(GB/T18354—2021)将智慧物流定义为:以物联网技术为基础,综合运用大数据、云计算、区块链及相关信息技术,通过全面感知、识别、跟踪物流作业状态,实现实时应对、智能优化决策的物流服务系统。

二、智慧物流的基本功能

(一)感知

运用红外、激光、传感器、卫星定位等各种先进技术,能够获取运输、仓储、包装、装卸搬运、流通加工、配送、信息服务等各个环节的大量信息,实现实时的数据收集,使各方能准确掌握货物、车辆和仓库等信息,初步实现感知智慧。

(二)规整

在感知之后把采集的信息通过网络传输到数据中心,用于数据归档,建立强大的数据库。分门别类后加入新数据,使各类数据按要求规整,实现数据的联系性、开放性及动态性。并通过对数据和流程的标准化,推进跨网络的系统整合,实现规整智慧。

(三)智能分析

运用智能模拟器模型等手段分析物流问题,根据问题提出假设,并在实践过程中不断验证问题,发现新问题,做到理论和实践相结合。在运行过程中,系统会自行调用原有经验数据,随时发现物流作业活动中的漏洞或者薄弱环节,从而实现发现智慧。

(四)优化决策

结合特定需要,根据不同的情况评估成本、时间、质量、服务、碳排放和其他标准,评估基于概率的风险,进行预测分析,协同制订决策,提出最合理有效的解决方案,使作出的决策更加的准确、科学,从而实现创新智慧。

（五）系统支持

系统智慧集中表现于智慧物流并不是各个环节各自独立、毫不相关的物流系统,而是每个环节都能相互联系、互通有无、共享数据、优化资源配置的系统,从而为物流各个环节提供最强大的系统支持,使得各环节协作、协调、协同。

（六）自动修正

在前面各个功能的基础上,按照最有效的解决方案,系统自动遵循最快捷有效的路线运行。在发现问题后,系统会自动修正,并且记录在案,方便日后查询。

（七）及时反馈

物流系统是一个实时更新的系统。反馈是实现系统修正和完善必不可少的环节。反馈贯穿于智慧物流系统的每一个环节,为物流相关作业者了解物流运行情况,及时解决系统问题提供强大的保障。

三、智慧物流的价值

（一）社会资源的整合者

智慧物流贯彻协同共享理念,可以打破企业边界和信息不对称问题,从而实现对闲置资源的充分利用。例如,近年来涌现出的一批车货匹配、仓货匹配互联网平台,实现了供需信息在线对接与闲置资源实时共享,有效降低了社会物流成本,从根本上改变了传统物流交付方式。

（二）分散市场的集中者

智慧物流通过数据赋能,实现分散资源的互联共享,促进物流的组织化和集约化,同时激发个体创业积极性。例如,卡行天下加盟网点和线路1.5万多家,整合运输车辆120多万辆,使分散的公路货运市场加快向社会化平台集中。

（三）紧缺劳动力的替代者

劳动力紧缺局面直接表现为劳动力工资持续上涨和招工的日益困难,这给物流企业的用工带来很大的压力。越来越多的企业加大技术与装备升级力度,提升物流信息化、自动化、机械化水平,以实现机器替代人的战略。目前,自动货运驾驶、无人配送、无人货机、无人码头和仓储机器人等智能化物流设备正得到有效推广应用。

(四)个性需求的满足者

智慧物流借助分布式物流资源网络,能够以快速、便捷、低成本、个性化的方式满足消费者的需求,极大地提升消费者体验。例如,我国快递时效已经接近 3 天,高于美国等发达国家,继续缩短时效将面临巨大的边际资本投入。智慧物流能够通过大数据分析提前将所需货物布局到距离消费者最近的仓库,来实现对物流需求的即时满足。

(五)绿色生态的创造者

智慧物流通过智能规划与资源共享减少无效物流能耗排放,为绿色环保与可持续发展创造有利条件。例如,通过使用菜鸟电子面单,每年可节约纸张消耗费用约 12 亿元。

四、智慧物流的实施基础

(一)发达的信息网络

智慧物流系统的信息收集、交换共享、指令的下达都要依靠一个发达的信息网络。没有准确的、实时的需求信息、供应信息、控制信息做基础,智慧物流系统就无法对信息进行筛选、规整和分析,也就无法发现物流作业中有待优化的问题,更无法创造性地作出优化决策,整个智慧系统也就无法实现。

(二)先进的数据挖掘和商业智能技术

对海量信息进行筛选规整,分析处理,提取其中的有价值信息,实现规整智慧、发现智慧,从而为系统的智慧决策提供支持,必须依靠网络数据挖掘和商业智能技术。并在此基础上,自动生成解决方案,供决策者参考,以实现技术智慧与人的智慧的结合。

(三)良好的物流运作和管理水平

实践证明,如果没有良好的物流运作和管理水平,盲目发展智慧物流信息系统,不仅不能改善业绩,反而会适得其反。只有将良好的物流运作和管理水平结合起来,才能实现智慧物流的系统智慧,发挥协同、协作、协调效应。

(四)传统物流向现代物流的转变

智慧物流所要实现的产品的智能可追溯网络系统、物流过程的可视化、智能管理网络体系、智能化的企业物流配送中心和企业的智慧供应链,必须建立在"综合物流"之上,如果传统物流不向现代物流转变,智慧物流只是局部智能而不是系统的智慧。

（五）立体化的技术支持

智慧物流系统只有在物流技术、智慧技术与相关技术的有机结合的支持下才能实现。只有应用这些技术，才能实现智慧物流的感知智慧、规整智慧、发现智慧、创新智慧和系统智慧。这些技术主要包括新的传感技术、EDI、GPS、RFID、条码技术、视频监控技术、移动计算技术、无线网络传输技术、基础通信网络技术和互联网技术。

延伸阅读

强化物流数字化科技赋能

加快物流数字化转型。利用现代信息技术推动物流要素在线化数据化，开发多样化应用场景，实现物流资源线上线下联动。结合实施"东数西算"工程，引导企业信息系统向云端跃迁，推动"一站式"物流数据中台应用，鼓励平台企业和数字化服务商开发面向中小微企业的云平台、云服务，加强物流大数据采集、分析和应用，提升物流数据价值。培育物流数据要素市场，统筹数据交互和安全需要，完善市场交易规则，促进物流数据安全高效流通。积极参与全球物流领域数字治理，支撑全球贸易和跨境电商发展。研究电子签名和电子合同应用，促进国际物流企业间互认互验，试点铁路国际联运无纸化。

推进物流智慧化改造。深度应用第五代移动通信（5G）、北斗、移动互联网、大数据、人工智能等技术，分类推动物流基础设施改造升级，加快物联网相关设施建设，发展智慧物流枢纽、智慧物流园区、智慧仓储物流基地、智慧港口、数字仓库等新型物流基础设施。鼓励智慧物流技术与模式创新，促进创新成果转化，拓展智慧物流商业化应用场景，促进自动化、无人化、智慧化物流技术装备以及自动感知、自动控制、智慧决策等智慧管理技术应用。加快高端标准仓库、智慧立体仓储设施建设，研发推广面向中小微企业的低成本、模块化、易使用、易维护智慧装备。

促进物流网络化升级。依托重大物流基础设施打造物流信息组织中枢，推动物流设施设备全面联网，实现作业流程透明化、智慧设备全连接，促进物流信息交互联通。推动大型物流企业面向中小微企业提供多样化、数字化服务，稳步发展网络货运、共享物流、无人配送、智慧航运等新业态。鼓励在有条件的城市搭建智慧物流"大脑"，全面链接并促进城市物流资源共享，优化城市物流运行，建设智慧物流网络。推动物流领域基础公共信息数据有序开放，加强物流公共信息服务平台建设，推动企业数据对接，面向物流企业特别是中小微物流企业提供普惠性服务。

资料来源：《国务院办公厅关于印发"十四五"现代物流发展规划的通知》（国办发〔2022〕17号）.

第四节 共享物流

物流行业具有共享经济特点，伴随移动互联网、大数据、云计算、物联网等技术的普及应用，越来越多的物流资源将被深度开发共享，一个智慧共享、全面创新、效率提升的物流业发展新时代正在来临。

一、共享物流的概念与价值

（一）共享物流的概念

共享物流是共享经济下的物流模式创新。共享物流是指物流服务提供者在提供物流服务时，共享物流资源。共享的物流资源可以是物流基础设施、物流信息资源、技术与产品资源、搬运设备资源、仓储设施资源、货物运输资源、终端配送资源、物流人力资源、物流无形资产以及跨界的相关资源等。这些资源既包括个人物流资源，也包括企业物流资源和机构物流资源。物流服务提供者共享的物流资源理论上可以是与提供物流服务有关的任何资源。

（二）共享物流的价值

物流服务提供者共享资源的价值在于：有利于实现社会物流资源的优化配置；有利于充分发挥存量物流资源的作用；有利于提高物流系统的运行效率；有利于弥补自身物流资源的不足；有利于降低物流服务提供者乃至全社会的物流成本。

二、共享物流的实现基础

（一）统一的物流标准

如果没有统一标准，则物流服务提供者很难使用他人提供的设备、设施、工具等有形物流资源，以及其他人提供的包装、装卸、运输等无形服务资源，也很难让一个有多个物流环节的物流流程顺畅进行。以托盘为例，目前国内托盘品种繁多，材质、型号不一，很难实现循环共用。

（二）互联互通的信息

物流资源共享的目的是要高效、系统、节约地完成包装、运输、仓储、配送等物流活动，其中每个环节都伴随着信息流动，共享物流资源者必须清楚了解各环节的执行情况，才能有效地使用共享资源，完成物流活动，因此共享物流需要实现物流信息互联互通。

（三）良好的社会诚信

信用是共享的保障。如果没有良好的社会诚信,合作中发生机会主义行为和败德行为的概率就比较大,合作就很难持续进行。共享物流涉及多方共同协同,没有规范的市场和诚信体系,资源拥有者开放共享自己拥有资源就会缺乏意愿。

三、共享物流的主要类型

（一）基础设施共享

物流基础设施的共享是物流业共享模式最早的表现形式,典型的模式是物流企业集聚发展。比如通过建设物流园区,将卡车司机、货主企业、物流企业、政府办事机构、配套企业等集聚在一起,形成新的物流生态圈,产生协同效应。

（二）运输设备共享

目前,物流运输设备的共享是物流业共享模式最显著的表现方式,国内的运输设备共享模式主要集中在车货匹配方面。运输设备的共享主要是指,将闲置的车辆及车厢空间、司机的空闲时间等碎片化的资源,通过一定互联网平台整合起来,来为有需求的客户服务。

（三）云仓资源共享

云仓资源共享是指通过建立云仓系统实现仓库设施网络的互联互通,在此基础上面向用户开放云仓资源,实现仓储的用户数据资源、仓储设备及空间资源的共享。云仓资源共享是建立在云计算和大数据分析的基础上的。

（四）工具装备共享

使用标准单元器具（托盘、周转箱等）包装产品,在物流公司、批发商、商贸流通企业之间的物流作业中,保持货物与单元器具不分离,上下游企业循环共用单元器具。企业通过借用、租赁、共用、交换等方式共享物流装备,如企业在物流作业低谷时把闲置叉车资源调配给正处物流作业高峰的需求企业。

（五）末端设施共享

末端设施共享是指末端物流网点的各类设施资源共享。目前各快递物流企业以互联网＋智能共享为共识,正携手建设新的最后一公里末端网点共享设施网络。典型模式有:共享收货站点（如菜鸟驿站）;智能快递柜共享（如丰巢科技）。

(六)物流众包共享

物流众包是一种基于互联网平台的开放式配送模式,它利用成熟的移动网络技术,将原来由专职配送员所做的任务,以自愿、有偿的方式,通过网络外包给非特定的群体。目前,以新达达、人人快递、京东众包等为代表的众包模式受到快递人员与消费者的欢迎。

(七)共同配送共享

共同配送的本质是共享物流配送资源,通过采取多种方式横向联合、集约协调、求同存异以及效益共享,实现物流配送作业的规模化,提高物流资源的利用效率。共同配送有十多种创新模式,如统仓统配模式、循环取货直配模式、循环取货共配模式、集货＋集仓统一配送模式、分阶段JIT集货共配模式、社区集货＋分区域循环共配模式、多工厂集货共配模式、智慧集货共配模式等。

(八)设施设备跨界共享

互联网＋行动计划,推动互联网成为基础设施,不仅把各类物流资源连接到了一起,也把过去的客运资源、门店资源等非物流资源连接起来,直接推动了物流设施设备跨界共享模式。例如,快递公司与高铁客运线路合作,利用闲置的客运资源为快递公司提供快运服务,可以让包裹坐上高铁。

四、推动共享物流发展的思路

(一)推动标准化建设

物流标准化是共享物流存在的前提。要推动物流设施、仓储设备、配送车辆的标准化发展,为物流设施设备开放共享打下坚实基础;要推动物流服务标准化体系建设,为共享物流服务提供一个公平、统一、透明的市场环境。

(二)推动诚信体系建设

在共享物流中,很多企业都会顾虑关于信息安全以及诚信的问题。政府要推动信息安全体系建设,要推动社会诚信体系建设,要为相关行业以及企业人员提供一定的安全教育培训以及职业道德培训。

(三)推动物流资源共享

要推动企业闲置的物流设施设备资源向社会开放,通过租赁、交换、共用等方式共享资源;要推动物流设施设备闲置资源的共享平台创新,实现社会闲置资源的信息共享;要推动大型电商平台物流基础设施系统开放共享;要推动物流大数据、物流知识技能等虚拟资源的开放共享。

(四)推动智慧物流发展

物流共享化发展离不开智慧化技术赋能,需要以大数据、人工智能、云计算等智慧化技术为基础进行大规模数据计算;同时,智慧化技术是共享物流实现信息互联互通、数据流动、信息技术标准化、数字化共享、网络共享平台交易的支撑和基本条件,也是推动物流共享平台整合海量资源、供需数据流量化、实现供需精准匹配和资源高效利用的根本保证。

(五)推动共享模式创新

鼓励物流业转型发展,在充分利用社会存量物流资源方面大胆探索、大胆创新;完善共享物流服务市场创新机制,让市场对创新发挥重要推动作用;及时总结和规范实践中成功的共享创新模式,积极进行复制与推广。

第五节 绿色物流

绿色是人类社会永续发展的必要条件和人民对美好生活追求的重要体现。相对于生产制造,物品在物流中滞留时间更长,货损更大,动力消耗更多,污染更严重,因此,发展绿色低碳物流意义更为突出。

一、绿色物流的内涵

国家标准《物流术语》(GB/T18354—2021)将绿色物流定义为:通过充分利用物流资源、采用先进的物流技术,合理规划和实施运输、储存、装卸、搬运、包装、流通加工、配送、信息处理等物流活动,降低物流活动对环境影响的过程。

与传统的物流相比,绿色物流在理论基础、行为主体、活动范围及追求目标等方面都有自身的一些显著特点:

一是绿色物流的理论基础更宽。包括可持续发展理论、生态经济学理论、生态伦理学理论、商业伦理学理论和公共产品理论等。这是因为绿色物流与可持续发展、与生态环境保护、与资源合理使用、与人们身心健康紧密相连,这些理论为绿色物流的发展提供了理论依据、方法选择和路径思考。

二是绿色物流的行为主体更多。不仅包括专业的物流企业,还包括产品供应链上的制造企业和分销企业,同时还包括不同层级的政府、物流行政主管部门和物流行业协会等。在发展绿色物流的进程中,市场经济中微观企业扮演着至关重要的角色,绿色物流的实现在很大程度上依赖他们的具体物流活动,但政府的支持、倡导、投入也很重要,因为绿色物流具有较高的公共产品性质。

三是绿色物流的活动范围更宽。既包括运输、仓储、包装、流通加工、装卸搬运、信息处理等物流基本作业环节的绿色化,也包括正向物流和逆向物流过程的绿色化、商品生产的绿色化和物流管理全过程的绿色化。

四是绿色物流的最终目标是可持续性发展。传统物流活动的主要目的就是实现物流主体的经济效益,而绿色物流在实现经济利益的同时还要追求节约资源、保护环境、产品安全这些既具有经济属性、又具有社会属性的目标。

二、物流对环境的影响

(一)运输对环境的影响

运输对环境的影响表现:运输工具本身产生的噪声污染、大气污染;不合理的运输,增加了车辆燃油消耗,加剧了废气和噪声污染;集中库存产生了较多的一次运输,增加了燃料消耗和对道路面积的需求;超载运输造成道路、桥梁、隧道的损坏及使用寿命缩短;运输过程中发生事故可能对环境带来影响,如海轮运输原油出现泄漏;等等。

(二)储存对环境的影响

储存对环境的影响表现:商品储存过程中进行商品养护,采取的一些化学方法对周边生态环境会造成污染;一些易燃、易爆、化学危险品,由于保管不当,爆炸或泄漏也对周边环境造成污染和破坏;商品储存过多,带来的库存管理高昂费用,商品实体损失和价值贬值损失;储存设施设备运转中用能过多带来的能耗损失和污染;等等。

(三)流通加工对环境的影响

流通加工对环境的影响表现:由消费者分散进行的流通加工,资源利用率低下,如餐饮服务企业对食品的分散加工,既浪费资源,又污染空气;分散流通加工产生的边角废料,难以集中和有效再利用,造成废弃物污染;加工产生的废气、废水和废物都对环境和人体构成危害;等等。

(四)包装对环境的影响

包装对环境的影响表现:不少包装材料是不可降解的,如市场上常见的塑料袋、玻璃瓶、易拉罐等,它们长期留在自然界中,会给自然环境留下长久的污染物;商品的过度包装或重复包装,会造成资源的浪费,商品运输成本的提高;废弃的包装材料是城市垃圾的重要组成部分,处理这些废弃物要花费大量人力、财力;等等。

(五)装卸搬运对环境的影响

装卸搬运对环境的影响表现:装卸搬运过程中噪声污染、扬尘污染和尾气污染;装卸搬运不当,商品体的损坏,造成资源浪费和废弃,废弃物还可能对环境造成污染,如化学液体商品的破漏,造成水体污染、土壤污染等;等等。

(六)信息处理对环境的影响

信息处理对环境的影响表现:机房里计算机设备的密集布设产生的辐射可能危及员工的健康;物流信息系统需要消耗比较多的电能。计算机、数据中心、网络三大领域的耗电量已占全球用电量的10%左右;延误的信息和错误的信息,会使物品损坏、工作无效,造成资源和人力的浪费;老化信息、冗余信息会影响信息处理和传输速度,可能造成重大损失和危害;等等。

 延伸阅读

绿色物流的领域

第一,环境领域。抑制和减少对环境污染的物流活动。例如,减少废气、废液、废渣排放,减少和降低噪声、震动等。

第二,资源领域。充分、有效、节约地利用资源的物流活动。例如,降低能耗,降低包装材料消耗,对包装材料等资源进行梯级利用和回收再生利用,延长物流设施、设备的生命周期,提高物流设施、设备效率以及其他资源节约。

第三,物流过程领域。减少环节,使物流过程短程化、合理化的物流活动。例如,合理规划物流路线,物流环节的有效衔接,缩短物流距离。

第四,物流对象领域。防止和降低物流对象损失的物流活动。例如,物流对象机械损伤、变质、发霉、受潮、锈蚀、公差变化、破坏、浓度变化、纯度变化、鼠咬虫食损伤、包装损失、外观及色泽变化等损失。

第五,安全领域。不出现安全事故的物流活动。

第六,农业领域。农产品和绿色产品的物流活动。例如,瓜果、蔬菜、水产品以及获得绿色称号的食品及其他产品。

第七,物流环境领域。整个物流过程保持生、鲜、活产品所需要的生存及保鲜环境条件的物流活动。

第八,文明、卫生领域。整个物流过程保持文明、卫生的物流活动。

三、实施绿色物流的方向

(一)环境友善

环境友善(又称环境友好、自然友善或绿色友好)一词用来指一个商品、服务、建筑、法律或政策对环境所造成的损害较少。绿色物流注重从环境保护与可持续发展的角度出发,求得环境与经济发展共存。绿色物流改变原来经济发展与物流之间的单向作用关系,抑制物流对环境造成的危害,实现经济活动对环境的负荷最小化,形成促进经济和消费生活健康发展的现代物流系统。

(二)资源节约

绿色物流不仅注重物流过程对环境的影响,还强调对资源的节约。据《哈佛商业评论》报道,全部物流中,大约只有1%的物料真正地用在最终产品上,并在出售后6个月仍被使用。资源浪费现象不仅存在于生产、消费领域,也存在于流通领域。例如,过量储存造成物品陈旧、老化、变质,运输过程的商品破损,流通加工过程边角余料的浪费等。这就需要依靠行政、法律和经济等手段来进行调节。

(三)闭环物流

闭环物流是通过产品的正向交付与逆向回收再利用,使"资源—生产—消费—废弃"的开环过程变成了"资源—生产—消费—再生资源"的闭环反馈式循环过程。目前,不少企业重视提升正向物流的运作效率,而忽视废旧物品、再生资源如包装的回收利用所形成的逆向物流。逆向物流是从消费点返回到物流起点的过程,以实现回收和适当处理为目的的物流活动,旨在通过物料循环利用提升资源效率并降低环境负担。

(四)低熵物流

低熵物流主要强调低能耗、低污染。工业文明是建立在化石能源(石油、煤炭)基础上的,而化石能源是不可再生的。人类目前对太阳能、风能等的开发利用尚处于初级阶段,远不足以支撑庞大的经济体系。低熵物流首先是低能耗物流,但其含义要丰富得多。如物品存放状态的有序度越低,熵越大,故低熵物流要求物品存放有序、搬运活性高。

四、发展绿色物流的措施

发展绿色物流,要将绿色环保理念贯穿物流发展全链条,提升物流的可持续发展能力。

(一)推行绿色运输

绿色运输是指以减少污染、节约能源、降低运费、减轻货损等为特征的运输,是绿色物流的一项重要内容。绿色运输是一个系统工程,实现绿色运输的方式包括:优化运输线路布局;推动"公转铁、公转水";实施共同运输;实施多式联运;发展甩挂运输;推广使用节能和新能源物流车;科学合理进行车辆装载;推动运输社会化;建立绿色物流通道等。

(二)推行绿色仓储

绿色仓储是指以环境污染小、货物损失少、运输成本低等为特征的仓储。实施绿色仓储方式包括：推动仓储设施绿色发展；降低仓储对环境的污染；防止储存货物质与量的损失；科学设计仓库空间布局；应用绿色仓储技术对仓储货品进行电子化、信息化、智能化管理；推动社会仓储资源共享；积极采用现代"零库存"储存方式等。

（三）推行绿色配送

绿色配送是指在配送过程中环境污染小，配送成本低，商品损失少。实施绿色配送方式包括：合理规划配送中心空间位置；科学确定配送运输路线；重视配送车辆节能减排；推广共同配送模式等。

（四）推行绿色装卸搬运

绿色装卸搬运是指为尽可能降低装卸搬运环节产生污染、减少商品毁损而采取的现代化的装卸搬运手段及措施。实施绿色装卸搬运方式包括：做到装卸搬运省力化；推广托盘一贯化运输；尽量减少泄漏和损坏，杜绝粉尘、烟雾污染；做到装卸搬运文明化等。

（五）推行绿色包装

绿色包装是指能够循环复用、再生利用或降解腐化，且在产品的整个生命周期中对人体及环境不造成公害的适度包装。国外有人形象地把绿色包装归纳为 4R。即：Reduce，减少包装材料消耗量；Refill，大型容器可再次填充使用；Recycle，可循环使用；Recovery，可回收使用。实现绿色包装方式包括：包装单位大型化和集装化；包装模数标准化；运输包装节约化，如水泥散装物流的实施可以大大节约水泥包装成本；包装材料绿色化；包装重复使用或回收再生；妥善处理包装废弃物；开发新型包装材料和器具等。

（六）推行绿色流通加工

绿色流通加工是指出于环保考虑的无污染的流通加工方式及相关政策措施的总和。实施绿色流通加工方式包括：合理选择流通加工中心地址；变消费者分散加工为专业集中加工；集中处理消费品加工中产生的边角废料等。

（七）推行绿色信息处理

绿色信息处理就是要做到信息处理辐射小、能耗低、传输快、效果好。实施绿色信息处理方式包括：有效防止计算机辐射对人民健康的影响；加强网络和信息技术的能耗管理；防止信息污染和信息泛滥；提高信息的及时性准确性等。

第六节 物流金融

随着现代物流的发展,物流与金融融合发展速度越来越快,物流金融逐渐成为物流企业的重要业务模式和竞争优势。一些国际物流企业巨头甚至把物流金融当作第一利润来源。

一、物流金融的概念

物流金融是指在面向物流业的运营过程中,通过应用和开发各种金融产品,有效地组织和调剂物流领域中货币资金的运动。这些资金运动包括发生在物流过程中的各种存款、贷款、投资、信托、租赁、抵押、贴现、保险、有价证券发行与交易,以及金融机构所办理的各类涉及物流业的中间业务等。

与一般金融相比,物流金融具有以下特点:

第一,物流金融是物流业向金融业延伸和金融业深度服务物流业发展的产物,是物流业和金融业融合发展的结果。

第二,物流金融是物流企业为客户企业提供的一种增值服务,是物流企业在物流服务过程中为客户企业提供的一种金融服务。

第三,物流金融起源于"以物融资"的业务活动,是物流企业与金融企业联合起来为资金需求方客户企业提供的融资服务。

二、物流金融的作用

在物流金融中涉及三方主体:物流企业、客户(融资企业)和金融企业,开展物流金融业务能实现三方利益共赢,对三方发展都有良好的积极作用。

1. 对物流企业的积极作用

物流企业为融资企业和金融企业提供仓储等专业物流服务以及负责监管质押物,保证了物流金融中的物流、资金流与信息流的统一。开展物流金融业务有利于提高物流企业服务能力,拓宽物流企业利润渠道,提升物流企业的竞争优势。

2. 对客户企业的积极作用

客户企业是物流金融中物流服务和金融服务的需求者。物流金融拓宽了客户企业融资渠道,为客户企业提供了便捷的融资途径,提高了客户企业资本的使用效率,能有效缓解和解决客户企业融资"燃眉"之急。物流金融还有利于客户企业盘活暂时闲置的原材料和产成品的资金占用。

3. 对金融企业的积极作用

金融企业是物流金融中金融服务的提供方,主要以商业银行为主。另一种参与物流金融业务的金融机构则是担保公司,其主要业务是为物流金融中的产品提供担保。

开展物流金融业务是金融企业扩大贷款规模,创新金融产品的有效措施,能帮助金融企业降低贷款风险,拓宽收益路径。

三、物流金融的形式

随着现代金融和现代物流的不断发展,物流金融的形式不断创新。按照金融在现代物流中的业务内容,物流金融分为物流结算金融、物流仓单金融、物流授信金融、开证监管等形式。

(一)物流结算金融

物流结算金融指利用各种结算方式为物流企业及其客户融资的金融活动,目前主要有代收货款、垫付货款、承兑汇票等业务形式。

1. 代收货款业务

代收货款业务是物流企业为货主企业(大多为各类邮购公司、电子商务公司、商贸企业等)传递实物的同时,帮助货主企业向买方企业收取现款,然后将货款转交货主企业并从中收取一定比例的费用。代收货款模式是物流金融的初级阶段,从盈利看,它直接带来的利益属于物流企业,同时货主企业和买方企业获得的是方便快捷的服务。

2. 垫付货款业务

垫付货款业务指当物流企业为发货人承运一批货物时,物流企业首先代提货人预付一半货款,提货人取货时则交付给物流企业全部货款。为消除垫付货款对物流企业的资金占用,垫付货款还有另一种模式:发货人将货权转移给银行,银行根据市场情况按一定比例提供融资,当提货人向银行偿还货款后,银行向第三方物流企业发出放货指示,将货权还给提货人。在此种模式下,物流企业角色发生了转变,由原来商业信用主体变成了为银行提供货物信息、承担货物运送、协助控制风险的配角。从盈利角度来看,发货人获得融资、银行获得利息收入,而物流企业也因为提供物流信息、物流监管等服务而获得利润。

3. 承兑汇票业务

承兑汇票业务也称为"保兑仓业务",其业务模式为:开始实施前,买方企业、卖方企业、物流企业(保兑仓)、银行要先签订保兑仓协议书,物流企业提供承兑担保,买方企业以货物对物流企业进行反担保,并且承诺回购货物;买方企业向银行申请开出承兑汇票并缴纳一定比率的保证金;银行签发以卖方企业为收款人的银行承兑汇票;买方企业凭银行承兑汇票向卖方企业采购货品,并交由物流企业评估入库作为质押物;银行在承兑汇票到期时兑现,将款项划拨到卖方企业账户;物流企业根据银行要求,在买方企业履行了还款义务后释放质押物。如果买方企业违约,则质押物可由卖方企业或物流企业回购。图13-3是保兑仓融资模式运行的一个简略示意图。

从盈利角度来看,买方企业通过向银行申请承兑汇票,实际上获得了间接融资,缓解了企业流动资金的紧张状况。卖方企业在承兑汇票到期兑现即可获得银行支付,不必等买方是否向银行付款。银行通过为买方企业开出承兑汇票而获取业务收入。物流企业收益主要是：存放与管理货物向买方企业收取费用；为银行提供价值评估与质押监管中介服务收取一定比例费用。

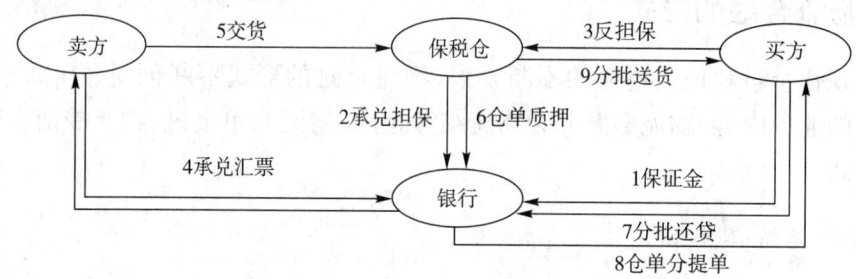

图 13-3　保兑仓融资模式

（二）物流仓单金融

物流仓单金融主要指融通仓融资。其基本原理是：生产经营企业先以其采购的原材料或产成品作为质押物或反担保品存入融通仓，并据此获得协作银行的贷款，然后在其后续生产经营过程中或质押产品销售过程中分阶段还款。物流企业提供质押物品的保管、价值评估、去向监管、信用担保等服务，架起银企间资金融通的桥梁。其实质就是将银行不太愿意接受的动产（主要是原材料、产成品）转变成其乐意接受的动产质押产品，以此作为质押担保品或反担保品进行信贷融资。

从盈利看，生产经营企业可以通过原材料、产成品等流动资产实现融资。银行可以拓展流动资产贷款业务，既减少了存贷差产生的费用，也增加了贷款的利息收入。物流企业的收益来自两个方面：一是存放与管理货物向供方企业收取费用；二是为供方企业和银行提供价值评估与质押监管中介服务收取一定比例的费用。

随着现代物流和金融的发展，物流仓单金融也在不断创新，出现了多物流中心仓模式和反向担保模式等新仓单金融模式。多物流中心仓模式是在仓单模式的基础上，对地理位置的一种拓展：物流企业根据客户不同，整合社会仓库资源甚至是客户自身的仓库，就近进行质押监管，极大地降低了客户质押成本。反向担保模式对质押主体进行了拓展：不是直接以流动资产交付银行作抵押物而是由物流企业控制质押物，这样极大地简化了程序，提高了灵活性，降低了交易成本。

（三）物流授信金融

物流授信金融指金融机构根据物流企业的规模、经营业绩、运营现状、资产负债比例以及信用程度，授予物流企业一定的信贷额度，物流企业直接利用这些信贷额度向客户企业提供灵活的质押贷款业务，由物流企业直接监控质押贷款业务的全过程，金融机构则基本上不参与该质押贷款项目的具体运作。

该模式不仅有利于客户企业更加便捷地获得融资，减少原先质押贷款中一些烦琐环节,也有利于银行提高对质押贷款的全过程监控能力,更加灵活地开展质押贷款服务,优化其质押贷款的业务流程和工作环节,降低贷款风险。从盈利角度来看,授信金融模式和仓单金融模式的各方收益基本相似,但由于银行不参与质押贷款项目的具体运作,质押贷款由物流企业发放,程序更加简单,形式更加灵活。同时,大大节省了银行与客户企业的相关交易费用。

(四)开证监管

开证监管是指银行为进口商开具立信,进口商利用信用证向国外的生产商或出口商购买货物,进口商会向银行缴纳一定比例的保证金,其余部分则以进口货物的货权提供质押担保,货物的承运、监管及保管作业由物流企业完成。

四、物流金融的风险

物流金融既有金融的一般风险,也有金融与物流结合的特殊风险。开展物流金融业务,在给物流企业带来新的经济增长点和竞争优势的同时,也会带来一系列金融风险,物流企业应积极防范化解这些金融风险。

物流企业开展物流金融业务主要有以下风险:

1. 技术方面风险。物流企业因缺乏足够的技术支持而引起的风险。比如,价值评估系统不完善或评估技术不高,网络信息技术的落后造成信息不完整、业务不畅等。

2. 市场方面风险。主要针对库存质物的保值能力。包括质物市场价格的波动,金融汇率造成的变现能力改变等。

3. 安全方面风险。质物在库期间物流企业必须对其发生的各种损失负责,因此仓库的安全、员工的诚信以及提单的可信度都要加以考虑。还包括对质物保存的设施能否有效防止损坏、变质等问题。

4. 环境方面风险。主要是政策、制度和经济环境的改变。包括相关政策的适用性,新政策的出台,国内外经济的稳定性等。国际环境的变化,会通过贸易、汇率等方面产生作用。

5. 法律方面风险。主要是合同的条款规定和对质物的所有权问题。因为业务涉及多方主体,质物的所有权在各主体间进行流动,很可能产生所有权纠纷。

本章小结

供应链物流管理是以供应链中核心产品或者核心业务为中心的物流管理,主要有联合库存管理、供应商管理库存、供应链运输管理、连续补充货物、分销资源计划、快速反应和有效客户等方法。精益物流是消除物流过程中的无效和非增值作业,用尽量少的投入满足客户需求,并获得高效率、高效益的物流活动,主要原则包括全面正确认识价值流、让价值流流动顺畅、以客户需求牵引价值流和追求价值流持续改善。智慧物流是以物联网技术为基础，综合运用大数据、云计算、区块链及相关信息技术，通过全面感知、识别、跟踪物流作业状态，实现实时应对、智能优化决策的物流服务系统。共享物流是指物流服务提供者提供物流服务时共享物流资源，共享的物流资源可以是物流基础设施、物流信息资源、技术与产品资源、搬运设备资源、仓储设施资源、货物运输资源、终端配送资源等。绿色物流是通过充分利用物流资源、采用先进的物流技术，合理规划和实施运输、储存、装卸、搬运、包装、流通加工、配送、信息处理等物流活动，降低物流活动对环境影响的过程。物流金融是指在面向物流业的运营过程，通过应用和开发各种金融产品，有效地组织和调剂物流领域中货币资金的运动，物流金融形式分为物流结算金融、物流仓单金融、物流授信金融、开证监管等。

复习与讨论题

1. 谈谈供应链与供应链物流的关系？
2. 供应链物流管理有哪些方法？
3. 简述精益物流的特征。
4. 谈谈你对于智慧物流的理解。
5. 简述智慧物流发展的价值。
6. 谈谈你对共享物流的理解。
7. 简述共享物流实施基础。
8. 谈谈你对绿色物流的理解。
9. 你认为怎样发展绿色物流？
10. 谈谈你对物流金融的理解。
11. 讨论绿色物流和低碳物流是否一回事。
12. 讨论在一个不断变化的世界精益物流能否实现。

案例分析 ⇨13-1

近日，浙江诸暨农商银行工作人员来到位于诸暨市店口镇的坚果炒货产业园区炒货生料冷库，了解炒货企业的经营情况。"松子、碧根果等炒货生料得放入冷库冷藏，否则会影响质量。一个冷库少说也有500吨生料，占用企业不少流动资金。"诸暨市百信仓储服务有限公司负责人金小明说。

如何解决企业缺乏流动资金的问题？诸暨农商银行创新金融服务，结合炒货季节性特点和供应链特征，创设了炒货供应链仓单质押贷款，以冷库仓储公司为核心企业，向将炒货生料存放在冷库的企业提供仓单质押贷款，企业在授信期限内可根据货物进出情况循环使用贷款。

诸暨农商银行阮市支行行长周鹏万介绍，日前，该行已分别向诸暨市百信仓储服务有限公司、诸暨市顺通冷库服务有限公司授信了3亿元供应链贷款。只要有货物存放在这两家企业的冷库，炒货企业即可凭仓单申请贷款，目前已有6家企业成功融资2140万元。

炒货企业获得金融机构信贷支持，正是受益于近年来供应链金融的快速发展。业内人士介绍，供应链金融是指运用金融科技手段，整合资金流、产销信息流等信息，构建核心企业与上下游企业一体化的金融供给体系。"通过与核心企业合作，金融机构可以获取供应链上下游企业真实交易数据等信息，更准确判断企业经营状况和风险。供应链金融服务于企业从生产到销售的全流程，主要模式包括仓单融资、订单融资、应收账款融资等。"招联首席研究员董希淼介绍，例如，通过仓单融资的方式，有货物存储在仓库的企业可将仓储方开具的仓单向金融机构质押，获得流动资金支持。

供应链金融助力产业链供应链稳定。近期，广东顺德不少家电企业进入了生产旺季，万家乐总裁钟少海既高兴又有点担心，"一台燃气热水器的背后，是上百家供应商。上游企业及时供货才能保障万家乐的产品供应，如何保障供应商稳定供货是我的心头之急。"

农业银行广东分行的工作人员及时登门拜访。"万家乐供应商较多，企业主要以银行承兑汇票等形式与供应商进行资金结算，供应商拿到货款需要较长的财务周期，这会给中小企业造成一定的流动资金压力。"农业银行广东分行普惠金融事业部副总经理王雪莹说，针对中小企业轻资产、轻报表等特点，该行创新推出了"链捷贷"产品，助力解决小微企业融资难题。

"链捷贷"让钟少海很满意："这契合了企业与产业链的实际需求。银行给予万家乐一定数额的免担保、无抵押的综合信用额度，万家乐'专款专用'支付给供应商。万家乐降低了融资成本，减少了开立银行承兑汇票缴纳保证金的资金压力，供应商及时获得了资金支持。"

资料来源：葛孟超，等.供应链金融激发产业链活力[N].人民日报，2023—05—11.

问题讨论

(1)物流金融和供应链金融是一回事吗？

(2)你认为物流金融还有哪些可以拓展的领域？

(3)请谈一谈如何管控物流金融风险？

(4)物流金融是物流企业一项增值服务。你认为物流企业开辟增值服务领域可以从哪些方面去思考？

主要参考文献

1. (德)波弗尔. 物流前沿:实践·创新·前景(第2版)[M]. 北京:机械工业出版社,2006.
2. (法)朴炯. 供应链管理实践[M]. 北京:中国财富出版社,2011.
3. (美)大卫·辛奇-利维,等. 供应链设计与管理[M]. 北京:中国人民大学出版社,2010.
4. (美)索海尔·乔德利,等. 物流理论演化的历史考证与最新发展[J]. 北京交通大学学报(社会科学版),2010(1).
5. (美)唐纳德·J·鲍尔索克斯,等. 供应链物流管理[M]. 北京:机械工业出版社,2021.
6. (美)小保罗·墨菲,等. 物流学(第12版)[M]. 北京:中国人民大学出版社,2021.
7. (日)汤浅和夫. 物流管理[M]. 上海:文汇出版社,2003.
8. (日)中田信哉. 物流·配送[M]. 深圳:海天出版社,2001.
9. 丁俊发. 改革开放40年中国物流业发展与展望[J]. 中国流通经济,2018(4).
10. 顾晓东,等. 物流学[M]. 北京:清华大学出版社,2021.
11. 郭咏梅. 应急物流系统可靠性研究[D]. 西安:长安大学,2018.
12. 何黎明. 党的十八大以来我国现代物流发展成就[J]. 物流研究,2022(2).
13. 何黎明. 推进物流业高质量发展面临的若干问题[J]. 中国流通经济,2018(10).
14. 何燕. 马克思物流思想与西方物流思想的比较[J]. 生产力研究,2004(10).
15. 李谦锋. 从经典案例品味物流发展[J]. 中国金属通报,2015(3).
16. 李庆松. 现代物流学[M]. 北京:清华大学出版社,2018.
17. 李亦亮. 宏观物流管理[M]. 合肥:中国科学技术大学出版社,2016.
18. 李亦亮. 现代物流管理基础[M]. 合肥:安徽大学出版社,2021.
19. 廖伟. 物流系统分析与设计[M]. 成都:西南交通大学出版社,2020.
20. 刘利军. 应急物流[M]. 北京:中国财富出版社,2015.
21. 马士华,林勇. 供应链管理[M]. 北京:机械工业出版社,2018.
22. 沈小平,等. 物流学导论(第二版)[M]. 武汉:华中科技大学出版社,2021.
23. 汪晓东,等. 关系我国发展全局的一场深刻变革——习近平总书记关于完整准确全面贯彻新发展理念重要论述综述[N]. 人民日报,2021-12-08.
24. 王道平,霍玮. 现代物流信息技术(第3版)[M]. 北京:北京大学出版社,2020.

25. 王继祥.智慧物流发展路径:从数字化到智能化[J].中国远洋运输,2018(6).

26. 王继祥.中国共享物流创新模式与发展趋势[J].物流技术与应用,2017(2).

27. 王宇.危险化学品物流[M].北京:化学工业出版社,2010.

28. 王之泰.关于物流科学的若干思考[J].中国流通经济,2003(9).

29. 王之泰.新编现代物流学(第四版)[M].北京:首都经济贸易大学出版社,2018.

30. 王之泰.中国古代物流思想与实践[J].中国流通经济,2015(6).

31. 魏际刚.打造连接世界的全球物流体系[J].人民周刊,2018(3).

32. 吴清一.物流学[M].北京:清华大学出版社,2005.

33. 吴清一.现代物流概论[M].北京:中国物资出版社,2005.

34. 夏春玉.物流与供应链管理[M].大连:东北财经大学,2016.

35. 谢如鹤,刘广海.冷链物流[M].武汉:华中科技大学出版社,2017.

36. 尹军琪.中国仓储物流自动化技术发展路径与未来趋势[J].物流技术与应用,2020(6).

37. 张余华,等.现代物流管理(第2版)[M].北京:清华大学出版社,2010.

38. 中国物流与采购联合会网 http://www.chinawuliu.com.cn

39. 周启蕾,许笑平.物流学概论(第5版)[M].北京:清华大学出版社,2023.

40. 朱传波.物流与供应链管理[M].北京:机械工业出版社,2018.

附录:物流术语 GB/T18354—2021

《物流术语》标准号:GB/T18354—2021,于2021年8月20日由国家市场监督管理总局、国家标准化管理委员会发布,自2021年12月1日起施行。

1. 范围

本文件界定了物流活动中的物流基础术语、物流作业服务术语、物流技术与设施设备术语、物流信息术语、物流管理术语、国际物流术语及其定义。本文件适用于物流及其与物流相关领域的术语应用。

2. 规范性引用文件

本文件没有规范性引用文件。

3. 物流基础术语

3.1 物品 goods

货物

经济与社会活动中实体流动的物质资料。

3.2 物流 logistics

根据实际需要,将运输、储存、装卸、搬运、包装、流通加工、配送、信息处理等基本功能实施有机结合,使物品从供应地向接收地进行实体流动的过程。

3.3 配送 distribution

根据客户要求,对物品进行分类、拣选、集货、包装、组配等作业,并按时送达指定地点的物流活动。

3.4 物流管理 logistics management

为达到既定的目标,从物流全过程出发,对相关物流活动进行的计划、组织、协调与控制。

3.5 物流服务 logistics service

为满足客户物流需求所实施的一系列物流活动过程及其产生的结果。

3.6 一体化物流服务 integrated logistics service

根据客户物流需求所提供的全过程、多功能的物流服务。

3.7 第三方物流 third party logistics

由独立于物流服务供需双方之外且以物流服务为主营业务的组织提供物流服务的模式。

3.8 供应链 supply chain

生产及流通过程中，围绕核心企业的核心产品或服务，由所涉及的原材料供应商、制造商、分销商、零售商直到最终用户等形成的网链结构。

3.9 供应链管理 supply chain management

从供应链整体目标出发，对供应链中采购、生产、销售各环节的商流、物流、信息流及资金流进行统一计划、组织、协调、控制的活动和过程。

3.10 供应链服务 supply chain service

面向客户上下游业务，应用现代管理和技术手段，对其商流、物流、信息流和资金流进行整合和优化，形成以共享、开放、协同等为特征，为客户创造价值的经济活动。

3.11 物流节点 logistics node

具有与所承担物流功能相配套的基础设施和所要求的物流运营能力相适应的运营体系的物流场所和组织。

3.12 物流网络 logistics net work

通过交通运输线路连接分布在一定区域的不同物流节点所形成的系统。

3.13 物流中心 logistics center

具有完善的物流设施及信息网络，可便捷地连接外部交通运输网络，物流功能健全，集聚辐射范围大，存储、吞吐能力强，为客户提供专业化公共物流服务的场所。

3.14 配送中心 distribution center;DC

具有完善的配送基础设施和信息网络，可便捷地连接对外交通运输网络，并向末端客户提供短距离、小批量、多批次配送服务的专业化配送场所。

3.15 区域配送中心 regional distribution center;RDC

具有完善的配送基础设施和信息网络，可便捷地连接对外交通运输网络，配送及中转功能齐全，集聚辐射范围大，存储、吞吐能力强，向下游配送中心提供专业化统一配送服务的场所。

3.16 物流园区 logistics park

由政府规划并由统一主体管理，为众多企业在此设立配送中心或区域配送中心等，提供专业化物流基础设施和公共服务的物流产业集聚区。

3.17 物流枢纽 logistics hub

具备较大规模配套的专业物流基础设施和完善的信息网络，通过多种运输方式便捷地连接外部交通运输网络，物流功能和服务体系完善并集中实现货物集散、存储、分拨、转运等多种功能，辐射较大范围物流网络的公共物流节点。

3.18 物流企业 logistics service provider

从事物流基本功能范围内的物流业务设计及系统运作，具有与自身业务相适应的信息管理系统，实行独立核算、独立承担民事责任的经济组织。

3.19 物流合同 logistics contract

物流企业与客户之间达成的物流相关服务协议。

3.20 包装模数 package module
包装容器长和宽的尺寸基数。

3.22 物流技术 logistics technology
物流活动中所采用的自然科学与社会科学方面的理论、方法，以及设施、设备、装置与工艺的总称。

3.23 物流成本 logistics cost
物流活动中所消耗的物化劳动和活劳动的货币表现。

3.24 物流信息 logistics information
反映物流各种活动内容的知识、资料、图像、数据的总称。

3.25 物流联盟 logistics alliance
两个或两个以上的经济组织为实现特定的物流目标而形成的长期联合与合作的组织形式。

3.26 企业物流 enterprise logistics
生产和流通企业围绕其经营活动所发生的物流活动。

3.27 供应物流 supply logistics
为生产企业提供原材料、零部件或其他物料时所发生的物流活动。

3.28 生产物流 production logistics
生产企业内部进行的涉及原材料、在制品、半成品、产成品等的物流活动。

3.29 销售物流 distribution logistics
企业在销售商品过程中所发生的物流活动。

3.30 军事物流 military logistics
用于满足平时、战时及应急状态下军事行动物资需求的物流活动。

3.31 国际物流 international logistics
跨越不同国家（地区）之间的物流活动。

3.32 精益物流 lean logistics
消除物流过程中的无效和非增值作业，用尽量少的投入满足客户需求，并获得高效率、高效益的物流活动。

3.33 绿色物流 green logistics
通过充分利用物流资源、采用先进的物流技术，合理规划和实施运输、储存、装卸、搬运、包装、流通加工、配送、信息处理等物流活动，降低物流活动对环境影响的过程。

3.34 智慧物流 smart logistics
以物联网技术为基础，综合运用大数据、云计算、区块链及相关信息技术，通过全面感知、识别、跟踪物流作业状态，实现实时应对、智能优化决策的物流服务系统。

3.35 逆向物流 reverse logistics
反向物流

为恢复物品价值、循环利用或合理处置,对原材料、零部件、在制品及产成品从供应链下游节点向上游节点反向流动,或按特定的渠道或方式归集到指定地点所进行的物流活动。

3.36　废弃物物流　waste logistics

将经济活动或人民生活中失去原有使用价值的物品,根据实际需要进行收集、分类、加工、包装、搬运、储存等,并分送到专门处理场所的物流活动。

3.37　军地物流一体化　integration of military logistics and civil logistics

对军队物流与地方物流进行有效的动员和整合,实现军地物流的统一、融合和协调发展。

3.38　应急物流　emergency logistics

为应对突发事件提供应急生产物资、生活物资供应保障的物流活动。

4. 物流作业服务术语

4.1　运输　transport

利用载运工具、设施设备及人力等运力资源,使货物在较大空间上产生位置移动的活动。

4.2　发货人　consignor

按运输合同将货物交付承运人运送的单位、个人或其受托人、代理人。

4.3　收货人　consignee

由托运人或发货人指定,依据有关凭证与承运人交接并收取货物的当事人或其代理人。

4.4　托运人　shipper

本人或者委托他人以本人名义与承运人订立货物运输合同,并向承运人支付相应费用的一方当事人。

4.5　承运人　carrier

本人或者委托他人以本人名义与托运人订立货物运输合同并承担运输责任的当事人。

4.6　无车承运人　non-truck operating carrier;NTOC

不拥有货运车辆,以承运人身份与托运人签订运输合同、承担承运人责任和义务,并委托实际承运人完成运输服务的道路货物运输经营者。

4.7　无船承运人　non-vessel operating carrier;NVOC

不拥有、不经营船舶,但以承运人的身份接受托运人委托,签发自己的提单或其他运输单证,向托运人收取运费并承担承运人责任,通过与有船承运人签订运输合同,完成海上货物运输经营活动的经营者。

4.8　门到门运输　door to door transport

承运人在托运人指定的地点收取货物,负责将货物运抵收货人指定地点的一种运输服务方式。

4.9　直达运输　through transport

货物由发运地到接收地,采用同一种运输方式、中途不需要中转的运输组织方式

4.10　中转运输　transfer transport

货物由发运地到接收地,中途经过至少一次落地、换装、铁路解编或公路甩挂的运输组织方式。

4.11　甩挂运输　tractor-and-trailer swap transport

用牵引车拖带挂车至物流节点,将挂车甩下后,牵引另一挂车继续作业的运输组织方式。

4.12　驮背运输　piggyback transport

将装有货物的道路运输车辆固定在铁路车辆上,并由铁路实现的运输活动。

4.13　整车运输　full-truck-load transport

一批属于同一发(收)货人的货物且其重量、体积、形状或性质需要以一辆(或多辆)货车单独装运,并据此办理承托手续、组织运送和计费的运输活动。

4.14　零担运输　less-than-truck-load transport

一批货物的重量、体积、形状和性质不需要单独使用一辆货车装运,并据此办理承托手续、组织运送和计费的运输活动。

4.15　带板运输　palletized transport

将货物按照一定规则,合理码放到标准托盘上并整合为标准化物流单元,进而开展装卸、搬运、运输、配送等作业的一种运输活动。

4.16　滚装运输　rolling transport

货物通过自身车轮或其他滚动行驶系统驶上、驶下/离滚装船舶而实现的运输活动。

4.17　多式联运　multimodal transportation;intermodal transportation

货物由一种运载单元装载,通过两种或两种以上运输方式连续运输,并进行相关运输物流辅助作业的运输活动。

4.18　班列　scheduled railway express

按照固定车次、线路、班期、全程运输时刻开行的铁路快运货物列车。

4.19　快递服务　express service

在承诺的时限内快速完成的寄递服务。

4.20　集疏运　collection and distribution

以大型物流节点为中心,运用各种运输方式将货物集中或疏散的运输活动。

4.21　集拼　consolidation

将不同货主且流向相同的小批量货物集中起来、分类整理,并拼装至同一集装单元器具或同一载运工具的业务活动。

4.22　仓储　warehousing

利用仓库及相关设施设备进行物品的入库、储存、出库的活动。

4.23 储存 storing

贮藏、保护、管理物品。

4.24 保管 stock keeping

对物品进行储存,并对其进行保护和管理的活动。

4.25 物资储备 goods reserving

为应对突发公共事件和国家宏观调控的需要,对备用物资进行较长时间的储存和保管的活动。

4.26 堆码 stacking

将物品整齐、规则地摆放成货垛的作业。

4.27 码盘作业 palletizing

以托盘为承载物,将物品向托盘上堆放的作业。

4.28 货垛 goods stack

按一定要求将货物堆码所形成的货物单元。

4.29 盘点 stock checking

对储存物品进行清点和账物核对的活动。

4.30 分拣 sorting and picking

将物品按一定目的进行分类、拣选的相关作业。

4.31 换装 transshipment

将货物由一运输工具上卸下,再装到另一运输工具上的物流衔接作业。

4.32 越库作业 cross docking

直拨 direct distribution

物品在物流节点内不经过出入库等储存活动,直接从一个运输工具换载至其他运输工具的作业方式。

4.33 库存 inventory

库存作为今后按预定的目的使用而处于备用或非生产状态的物品。

注:广义的库存还包括处于制造加工状态和运输状态的物品。

4.34 库存周期 inventory cycle time

库存物品从入库到出库的平均时间。

4.35 存储单元 stock keeping unit;SKU

依据物品特点确定,便于对物品进行存放、保护、管理的相对独立的规格化单位。

4.36 仓单 warehouse receipt

仓储保管人在与存货人签订仓储保管合同的基础上,按照行业惯例,以表面审查、外观查验为一般原则,对存货人所交付的仓储物品进行验收之后出具的权利凭证。

4.37 存货质押融资监管 inventory financing supervision

需要融资的企业(即借方),将其拥有的存货作为质物,向资金提供企业(即贷方)出质,同时将质物委托给具有合法保管存货资格的物流企业(中介方)保管和占有,以获得贷方资金的业务活动。

4.38　共同配送 joint distribution

由多个企业或其他组织整合多个客户的货物需求后联合组织实施的配送方式。

4.39　多温共配 multi-temperature joint distribution

按照客户需求,在同一个车辆上对两种及以上不同温控需求的货物进行的共同配送方式。

4.40　即时配送 on-demand delivery

立即响应用户提出的即刻服务要求并且短时间内送达的配送方式。

4.41　准时制配送 just-in-time distribution

将所需的货物在客户所指定的时间以指定的数量送达指定地点的配送方式。

4.42　补货 replenishment

为保证物品存货数量而进行的补充相应库存的活动。

4.43　理货 tally

在货物储存、装卸过程中,对货物进行整理等相关作业的活动。

4.44　集货 goods collection

将分散的或小批量的货物集中起来,以便进行运输、配送的活动。

4.45　组配货 grouping allocation

根据客户、流向及品类,对货物进行组合、配货,以便合理安排装载的活动。

4.46　装卸 loading and unloading

在运输工具间或运输工具与存放场地(仓库)间,以人力或机械方式对物品进行载上载入或卸下卸出的作业过程。

4.47　搬运 handling

在同一场所内,以人力或机械方式对物品进行空间移动的作业过程。

4.48　加固 securing

为保证稳定性、完好性和安全性而将货物合理固定的作业。

4.49　配载 load matching planning

根据载运工具和待运物品的实际情况,确定应装运货物的品种、数量、体积及其在载运工具上的位置的活动。

4.50　包装 package;packaging

为在流通过程中保护产品、方便储运、促进销售,按一定技术方法而采用的容器、材料及辅助物等的总体名称。

注:也指为了达到上述目的而采用容器、材料和辅助物的过程中施加一定技术方法等的操作活动。

4.51 运输包装 transport packaging
以满足运输、仓储要求为主要目的的包装。

4.52 绿色包装 green packaging
满足包装功能要求的对人体健康和生态环境危害小、资源能源消耗少的包装。

4.53 物流包装回收 logistics package recycling
将物流活动过程中已使用的包装进行收集,以便处理并再次利用的过程。

4.54 流通加工 distribution processing
根据顾客的需要,在流通过程中对产品实施的简单加工作业活动的总称。
注:简单加工业活动包括包装、分割、计量、分拣、刷标志、拴标签、组装、组配等。

4.55 物流增值服务 logistics value-added service
在完成物流基本功能的基础上,根据客户需求提供的各种延伸业务活动。

4.56 定制物流 customized logistics
根据用户的特定要求而为其专门设计的物流服务模式。

4.57 物流服务质量 logistics service quality
用精度、时间、费用、顾客满意度等来表示的物流服务的品质。

4.58 供应链金融 supply chain finance
以核心企业为依托,以企业信用或交易标的为担保,锁定资金用途及还款来源,对供应链各环节参与企业提供融资、结算、资金管理等服务的业务和业态。

4.59 运价 transport price
承、托运双方按运输服务的价值确定的交易价格。

4.60 订货提前期 order lead-time
客户从发出订货单到收到货物的时间间隔。

4.61 合同物流 contract logistics
物流经营者通过整合、管控资源,按照合同约定的时间、地点、价格等内容为物流需求方提供的物流服务模式。

5. 物流技术与设施设备术语

5.1 物流设施 logistics facilities
用于物流活动所需的、不可移动的建筑物、构筑物及场所。

5.2 物流设备 logistics equipment
物流活动所需的装备及器具的总称。

5.3 集装运输 unitized transport
使用集装器具或利用捆扎方法,把裸状物品、散状物品、体积较小的成件物品,组合成为一定规格的集装单元进行运输的一种组织形式。

5.4 分拣输送系统 sorting and picking system
采用分拣设备、输送机等机械设备实现物品分类、输送和存取的系统。

5.5 单元装卸 unit loading and unloading

用托盘、容器或包装物将小件或散状物品集成一定质量或体积的组合件,利用机械对组合件进行装卸的作业方式。

5.6 托盘循环共用系统 pallet pooling system

在多个用户间实现托盘共享、交换、重复使用的综合性物流服务系统。

5.7 周转容器循环使用 returnable container circulating

周转容器在众多用户之间共享互换,完成预期的有限次数的重复使用。

5.8 集装化 unitization

用集装器具或采用捆扎方法,把物品组成标准规格的货物单元,以便进行装卸、搬运、储存、运输等物流活动的作业方式。

5.9 散改集 containerized transportation of bulk

将未包装的粉末、颗粒或块状的物质转为使用集装箱运输、暂存的物流作业方式。

5.10 循环取货 milk-run

同一货运车辆按照预先设定的路线和时间依次到两个及以上取货点处取货,然后直接送达到指定地点的一种物流运作模式。

5.11 冷链 cold-chain

根据物品特性,从生产到消费的过程中使物品始终处于保持其品质所需温度环境的物流技术与组织系统。

5.12 仓库 warehouse

用于储存、保管物品的建筑物和场所的总称。

5.13 库房 storehouse

在仓库中,用于储存、保管物品的封闭式建筑物。

5.14 自营仓库 private warehouse

由企业或各类组织自主经营和自行管理,为自身的物品提供储存和保管的仓库。

5.15 公共仓库 public warehouse

面向社会提供物品储存服务,并收取费用的仓库。

5.16 立体仓库 stereoscopic warehouse

采用高层货架,可借助机械化或自动化等手段立体储存物品的仓库。

5.17 交割仓库 delivery warehouse

经期货交易机构核准,并按照其规定的规则和流程,为交易双方提供期货商品储存和交付服务的场所。

5.18 货场 freight yard

用于储存和保管货物、办理货物运输,并具有货物进出通道和装卸条件的场所。

5.19 航空港 airport

位于航空运输线上,依托机场的建筑物和设施,开展货物装卸暂存、中转分拨等物流业务的基础设施(区域)。

5.20 码头 wharf
供船舶停靠,装卸货物等相关作业的水工建筑物及场所。

5.21 铁路专用线 private railway siding
与铁路运营网相衔接,为特定企业、单位或物流节点服务的铁路装卸线及其联结线。

5.22 交通枢纽 transportation hub
在一种或多种运输方式的干线交叉与衔接处,共同为办理物品中转、发送、到达所建设的多种运输设施的综合体。

5.23 内陆港 in land port
在内陆地区建设的,具有货物存储、中转与分拨集散等与港口相似的物流功能,可以提供通关、报检等港口服务的物流节点。

5.24 集装箱场站 yard-station
进行集装箱装卸、掏装箱、堆存保管、维护清洗等作业,办理集装箱运输、中转换装、货物交接及相关业务的场所。

5.25 港口 water port
位于江、河、湖、海或水库等沿岸,由一定范围的水域和陆域组成的且具有相应的设施设备和条件开展船舶进出、停靠,货物运输、物流等相关业务的区域。

5.26 集装箱船 container ship
用于载运集装箱的船舶。

5.27 厢式货车 cargo van
载货部位的结构为封闭厢体且与驾驶室各自独立的道路货运车辆。

5.28 牵引车 tractor
具有牵引装置,用于牵引挂车的商用车辆。

5.29 挂车 trailer
设计和制造上需由汽车或拖拉机牵引,才能在道路上正常使用的无动力道路车辆,包括牵引杆挂车、中置轴挂车和半挂车,用于:
——载运货物;
——特殊用途。

5.30 货架 rack
由立柱、隔板或横梁等结构件组成的储物设施。

5.31 分拣设备 sorting and picking equipment
用于完成物品分类、拣选等相关作业的设备。

5.32 叉车 fork lift truck
具有各种叉具及属具,能够对物品进行升降和移动以及装卸作业的搬运车辆。

5.33 物流机器人 robot for logistics

具有一定程度的自主能力,能代替人执行物流作业预期任务,可重复编程的自动控制操作机。

5.34　自动导引车 automatic guided vehicle；AGV

在车体上装备有电磁学或光学等导引装置、计算机装置、安全保护装置,能够沿设定的路径自动行驶,具有物品移载功能的搬运车辆。

5.35　起重机械 hoisting machinery

一种以间歇作业方式对物品进行起升、下降和水平移动的搬运机械。

5.36　升降台 lift table；L.T

能垂直升降和水平移动物品或集装单元器具的专用设备。

5.37　输送机 conveyor

按照规定路线连续地或间歇地运送散状物品或成件物品的搬运机械。

5.38　调节板 dock leveler

用于调整站台与货车底板间的高度差,以便于装卸作业的一种设备。

5.39　集装器具 unitized implement

用于承载由物品组成的标准规格、便于储运的单元器具。

5.40　集装单元 unitized unit

用专门器具盛放或捆扎处理的,便于装卸、搬运、储存、运输的标准规格的单元货件物品。

5.41　集装箱 container

具有足够的强度,可长期反复使用的适于多种运输工具而且容积在 $1m^3$ 以上(含 $1m^3$)的集装单元器具。

5.42　集装箱标准箱 twenty-foot equivalent unit for container；TEU

以一个 20 英尺集装箱为标准的集装箱。

注:也为集装箱的统计换算单位。

5.43　集装袋 flexible freight bag

用柔性材料制成的袋式集装器具。

5.44　周转箱 returnable container

用于存放物品,可重复、循环使用的小型集装器具。

5.45　自备箱 shipper's own container

由托运人提供并负责运营管理、印有相应产权人标记的集装箱。

5.46　托盘 pallet

在运输、搬运和存储过程中,将物品规整为货物单元时,作为承载面并包括承载面上辅助结构件的装置。

5.47　称量装置 load weighing device

针对起重、运输、装卸、包装、配送以及生产过程中的物品实施重量检测的设备。

6. 物流信息术语

6.1 条码 bar code

由一组规则排列的条、空组成的符号,可供机器识读,用以表示一定的信息,包括一维条码和二维条码。

6.2 一维条码 linear bar code;one-dimensional bar code

仅在一个维度方向上表示信息的条码符号。

6.3 二维条码 two-dimensional bar code;2Dcode

二维码 two-dimensional code

在二个维度方向上都表示信息的条码符号。

6.4 物品编码 article numbering;article number

按一定规则赋予物品易于机器和人识别、处理的代码,是给物品赋予编码的过程。

注1:通常,物品编码包括物品标识编码、物品分类编码和物品属性编码三种类型。

注2:作名词时,指给物品赋予的代码本身。

6.5 物品标识编码 article identification number

赋予物品的身份标识的编码,用以唯一标识某类、某种或某个物品。

6.6 物流标签 logistics label

记录包装单元相关信息的载体。

6.7 射频标签 radio frequency tag;RF tag

电子标签 electronic label

用于物体或物品标识、具有信息存储功能、能接收读写器的电磁场调制信号,并返回响应信号的数据载体。

6.8 电子运单 electronic waybill

物流过程中,将物品原始收发等信息按一定格式存储在计算机信息系统中的单据。

6.9 物流信息技术 logistics information technology

以计算机和现代通信技术为主要手段实现对物流各环节中信息的获取、处理、传递和利用等功能的技术总称。

6.10 自动识别技术 automatic identification technology

对字符、影像、条码、声音等记录数据的载体进行机器自动辨识并转化为数据的技术。

6.11 射频识别 radio frequency identification;RFID

在频谱的射频部分,利用电磁耦合或感应耦合,通过各种调式和编码方案,与射频标签交互通信唯一读取射频标签身份的技术。

6.12 电子数据交换 electronic data interchange;EDI

采用标准化的格式,利用计算机网络进行业务数据的传输和处理。

6.13 物流系统仿真 logistics system simulation

借助计算机仿真技术,对物流系统建模并进行实验,得到各种动态活动过程的模拟记录,进而研究物流系统性能的方法。

6.14 电子通关 electronic customs clearance

对符合特定条件的报关单证,海关采用处理电子单证数据的方法,利用计算机完成单证审核、征收税费、放行等海关作业的通关方式。

6.15 物流管理信息系统 logistics management information system

通过对物流相关信息的收集、存储、加工、处理以便实现物流的有效控制和管理,并提供决策支持的人机系统。

6.16 射频识别系统 radio frequency identification system

由射频标签、识读器、计算机网络和应用程序及数据库组成的自动识别和数据采集系统。

6.17 地理信息系统 geographical information system;GIS

在计算机技术支持下,对整个或部分地球表层(包括大气层)空间中的有关地理分布数据进行采集、储存、管理、运算、分析、显示和描述的系统。

6.18 全球定位系统 global positioning system

以人造卫星为基础、24h提供高精度的全球范围的定位和导航信息的系统。

6.19 运输管理系统 transportation management system;TMS

在运输作业过程中,进行配载作业、调度分配、线路规划、行车管理等多项任务管理的系统。

6.20 智能运输系统 intelligent transport system;ITS

在较完善的交通基础设施上,将先进的科学技术(信息技术、计算机技术、数据通信技术、传感器技术、电子控制技术、自动控制理论、运筹学、人工智能等)有效地综合运用于交通运输、服务控制和车辆制造,加强车辆、道路、使用者三者之间的联系,从而形成的一种保障安全、提高效率、改善环境、节约能源的综合运输系统。

6.21 货物跟踪系统 goods tracking system

利用自动识别、全球定位系统、地理信息系统、通信等技术,获取货物动态信息的应用系统。

6.22 仓库管理系统 warehouse management system;WMS

对物品入库、出库、盘点及其他相关仓库作业,仓储设施与设备,库区库位等实施全面管理的计算机信息系统。

6.23 销售时点系统 point of sale;POS

利用自动识别设备,按照商品最小销售单位读取实时销售信息,以及采购、配送等环节发生的信息,并对这些信息进行加工、处理和共享的系统。

6.24 电子订货系统 electronic ordering system;EOS

不同组织间利用通信网络和终端设备进行订货作业与订货信息交换的系统。

6.25 自动存取系统 automatic storage and retrieval system；AS/RS
借助机械设施与计算机管理控制系统实现物料存入或取出的系统。

6.26 物流公共信息平台 public logistics information platform
应用信息技术，统筹和整合物流行业相关信息资源，并向社会主体提供物流信息、技术、设备等资源共享服务的系统。

7. 物流管理术语

7.1 ABC 分类法 ABC classification
将库存物品按照设定的分类标准和要求分为特别重要的库存(A类)、一般重要的库存(B类)和不重要的库存(C类)三个等级，然后针对不同等级分别进行控制的管理方法。

7.2 安全库存 safety stock
用于应对不确定性因素而准备的缓冲库存。

7.3 定量订货制 fixed-quantity system；FQS
当库存量下降到预定的库存数量(订货点)时，立即按一定的订货批量进行订货的一种方式。

7.4 定期订货制 fixed-interval system；FIS
按预先确定的订货间隔期进行订货的一种方式。

7.5 经济订货批量 economic ordering quantity；EOQ
通过平衡采购进货成本和保管仓储成本核算，以实现总库存成本最低的最佳订货量。

7.6 连续补货计划 continuous replenishment program；CRP
利用及时准确的销售信息、生产时点信息确定已销售的商品或已消耗的库存数量，根据下游客户的库存信息和预先规定的库存补充程序确定发货补充数量和配送时间的计划方法。

7.7 物料需求计划 material requirements planning；MRP
利用一系列产品物料清单数据、库存数据和主生产计划计算物料需求的一套技术方法。

7.8 制造资源计划 manufacturing resource planning；MRPⅡ
在物料需求计划(MRP)的基础上，增加营销、财务和采购功能，对企业制造资源和生产经营各环节实行合理有效的计划、组织、协调与控制，达到既能连续均衡生产，又能最大限度地降低各种物品的库存量，进而提高企业经济效益的管理方法。

7.9 配送需求计划 distribution requirements planning；DRP
依据市场需求、库存、生产计划信息来配置物流配送资源的一套技术方法。

7.10 配送资源计划 distribution resource planning；DRPⅡ
在配送需求计划(DRP)的基础上提高配送各环节的物流能力，达到系统优化运行目的的企业内物品配送计划管理方法。

7.11 企业资源计划 enterprise resource planning;ERP

在制造资源计划（MRPIⅡ）的基础上，通过前馈的物流和反馈的信息流、资金流，把客户需求和企业内部的生产经营活动以及供应商的资源整合在一起，体现按用户需求进行经营管理的一种管理方法。

7.12 物流资源计划 logistics resource planning;LRP

以物流为手段，打破生产与流通界限，集成制造资源计划、能力资源计划、配送资源计划以及功能计划而形成的资源优化配置方法。

7.13 物流外包 logistics outsourcing

企业将其部分或全部物流的业务交由合作企业完成的物流运作模式。

7.14 延迟策略 postponement strategy

为了降低供应链的整体风险，有效地满足客户个性化的需求，将最后的生产环节或物流环节推迟到客户提供订单以后进行的一种经营策略。

7.15 物流流程重组 logistics process reengineering

从顾客需求出发，通过物流活动各要素的有机组合，对物流管理和作业流程进行优化设计。

7.16 物流资源整合 logistics resources integration

将分散的物流资源进行有机集成，实现系统协调与优化的动态过程。

7.17 共享库存 shared inventory

多方共用库存资源并统一调度的库存管理模式。

7.18 供应链集成 supply chain integration

将供应链中的商流、物流、信息流、资金流等要素通过信息共享、计划协同和流程集成，实现系统协调与优化的动态过程。

7.19 前置仓 preposition warehouse

在最终消费者比较集中的最近区域设置的配送仓库。

7.20 仓配一体 integration of warehousing and distribution

为客户提供一站式仓储与配送服务的运作模式。

7.21 有效客户反应 efficient customer response;ECR

以满足顾客要求和最大限度降低物流过程费用为原则，能及时做出准确反应，使提供的物品供应或服务流程最佳化的一种供应链管理策略。

7.22 快速反应 quick response;QR

供应链成员企业之间建立战略合作伙伴关系，利用电子数据交换（EDID等信息技术进行信息交换与信息共享，用高频率小批量配送方式补货，以实现缩短交货周期，减少库存，提高顾客服务水平和企业竞争力为目的的一种供应链管理策略。

7.23 仓储管理 warehousing management

对仓储及相关作业进行的计划、组织、协调与控制。

7.24 存货控制 inventory control
使库存物品的种类、数量、时间、地点等合理化所进行的管理活动。

7.25 供应商管理库存 vendor managed inventory;VMI
按照双方达成的协议,由供应链的上游企业根据下游企业的需求计划、销售信息和库存量,主动对下游企业的库存进行管理和控制的库存管理方式。

7.26 联合库存管理 joint managed inventory;JMI
供应链成员企业共同制定库存计划,并实施库存控制的供应链库存管理方式。

7.27 物流成本管理 logistics cost control
对物流活动发生的相关成本进行计划、组织、协调与控制。

7.28 物流战略管理 logistics strategy management
通过物流战略设计、战略实施、战略评价与控制等环节,调节物流资源、组织结构等最终实现物流系统宗旨和战略目标的一系列动态过程的总和。

7.29 物流质量管理 logistics quality management
对物流全过程的物品质量及服务质量进行的计划、组织、协调与控制。

7.30 物流总成本分析 total cost analysis
判别物流各环节中系统变量之间的关系,在特定的客户服务水平下使物流总成本最小化的物流管理方法。

7.31 物流作业成本法 logistics activity-based costing
以特定物流活动成本为核算对象,通过成本动因来确认和计算作业量,进而以作业量为基础分配间接费用的物流成本管理方法。

7.32 物流效益背反 logistics trade off
一种物流活动的高成本,会因另一种物流活动成本的降低或效益的提高而抵消的相互作用关系。

7.33 牛鞭效应 bullwhip effect
由供应链下游需求的小变动引发的供应链上游需求变动逐级放大的现象。

8. 国际物流术语

8.1 跨境运输 cross-border transportation
一种跨越国境或边境的运输。

8.2 国际多式联运 international multimodal transportation;international intermodal transportation
按照多式联运合同,以至少两种不同的运输方式,由多式联运经营人将货物从一国境内的接管地点运至另一国境内指定交付地点的货物运输方式。

8.3 国际航空货物运输 international air cargo transport
货物的出发地、约定的经停地和目的地之一不在同一国境内的航空运输。

8.4 国际铁路联运 international through railway transport

使用一份统一的国际铁路联运票据,由跨国铁路承运人办理两国或两国以上铁路的全程运输,并承担运输责任的一种连贯运输方式。

8.5 中欧班列 China-Europe freight express

按照固定车次、线路、班期和全程运行时刻开行,运行于中国与欧洲以及"一带一路"沿线国家间的集装箱等铁路国际联运列车。

8.6 班轮运输 liner transport

在固定的航线上,以既定的港口顺序,按照事先公布的船期表航行的水上运输经营方式。

8.7 租船运输 shipping by chartering

船舶出租人把船舶租给承租人,根据租船合同的规定或承租人的安排来运输货物的运输方式。

8.8 大陆桥运输 land bridge transport

用横贯大陆的铁路或公路作为中间桥梁,将大陆两端的海洋运输连接起来的连贯运输方式。

8.9 转关运输 trans-customs transport

进出口货物在海关监管下,从一个海关运至另一个海关办理海关手续的行为。

8.10 国际中转集拼 international transit consolidation

境外货物经过国际航线运至本港,与国内转关至本港的出口货物,以及本地货源在海关特殊监管区域内根据不同目的港或不同客户,进行拆箱、分拣和包装,并重新装箱后再运送出境的物流服务。

8.11 报关 customs declaration

进出境运输工具的负责人、进出境货物的所有人、进出口货物的收发货人或其代理人向海关办理运输工具、货物、物品进出境手续的全过程。

8.12 保税货物 bonded goods

经海关批准未办理纳税手续进境,在境内储存、加工、装配后复运出境的货物。

8.13 海关监管货物 cargo under customs supervision

在海关监管区域内接受海关监管的货物。

注:包括已进境但未办结海关手续的进口货物,已向海关申报但还未出境出口货物,已进境但还未出境的过境、转运和通运货物,以及其他尚未办结海关手续的进出境货物。

8.14 通运货物 through goods

由境外启运,经船舶或航空器载运入境后,仍由原载运工具继续运往境外的货物。

8.15 转运货物 transshipment goods

由境外启运,到我国境内设关地点换装运输工具后,不通过我国境内陆路运输,再继续运往境外的货物。

8.16 过境货物 transit goods
由境外启运、通过境内的陆路运输继续运往境外的货物。

8.17 出口退税 drawback
国家实行的由国内税务机关退还出口商品国内税的措施。

8.18 启运港退税 tax refund at port of shipment
将企业由原先的离境向海关报关后由税务机关办理出口退税,提前为从启运港出发即可申请出口退税的政策。

8.19 海关估价 customs valuation
一国海关为征收关税,根据统一的价格准则,确定某一进口(出口)货物价格的过程。

8.20 等级费率 class rate
将全部货物划分为若干个等级,按照不同的航线分别为每一个等级制定一个基本运价的费率。

8.21 船务代理 shipping agency
接受船舶所有人(船公司)、船舶经营人、承租人的委托,在授权范围内代表委托人办理与在港船舶有关的业务、提供有关的服务或进行与在港船舶有关的其他法律行为的经济组织。

8.22 国际货运代理 international forwarder
接受进出口货物收货人或发货人的委托,以委托人或自己的名义,为委托人办理国际货物运输及相关业务的服务方式或经济组织。

8.23 航空货运代理 airfreight forwarder
以货主的委托代理人身份办理有关货物的航空运输手续的服务方式或经济组织。

8.24 提单 bill of lading;B/L
用以证明海上货物运输合同和货物已经由承运人接收或者装船,以及承运人保证据以交付货物的单证。

8.25 原产地证明 certificate of origin
出口国(地区)根据原产地规则和有关要求签发的,明确指出该证中所列货物原产于某一特定国家(地区)的书面文件。

8.26 进出口商品检验 import and export commodity inspection
商检机构和经国家商检部门许可的检验机构,对列入目录的进出口商品的质量、规格、卫生、安全、数量等进行检验、鉴定和监督管理的工作。

8.27 清关 customs clearance
报关单位在海关办理完毕进出口货物通关所必须的所有手续,完全履行法律规定的与进出口有关的义务,包括海关申报、查验、征税、放行等手续,货物结束海关监管的过程。

8.28 滞报金 fee for delayed declaration
进口货物的收货人或其他代理人超过海关规定的申报期限,未向海关申报,由海关依法征收的一定数额的款项。

8.29 装运港船上交货 free on board;FOB
卖方在合同规定的装运期内,在指定装运港将货物交至买方指定的船上,并负担在装船前货物灭失或损坏造成的所有风险的交货方式和价格模式。

8.30 成本加运费 cost and freight;CFR
卖方负责租船订舱,在合同规定的装运期内将货物交至运往指定目的港的船上,货物灭失或损坏的风险在货物交到船上时转移的交货方式和价格模式。

8.31 成本加保险费加运费 cost,insurance and freight;CIF
卖方负责租船订舱,办理货运保险,在合同规定的装运期内在装运港将货物交至运往指定目的港的船上,货物灭失或损坏的风险在货物交到船上时转移的交货方式和价格模式。

8.32 进料加工 processing with imported materials
境内企业进口物料加工后再销往国外的一种贸易方式。

8.33 来料加工 processing with supplied materials
由境外单位提供原料,委托境内加工单位在保税状态下进行加工装配,成品由境外单位销往国外的一种贸易方式。

8.34 口岸 port
经政府批准设置的供人员、货物和交通工具直接出入国(关、边)境的港口、机场、车站、跨境通道等。

8.35 保税物流 bonded logistics
在海关特殊监管区域或者场所,企业从事仓储、配送、运输、流通加工、装卸搬运、物流信息、方案设计等业务时享受海关实行的"境内关外"管理制度的一种物流服务模式。

8.36 保税维修 bonded reparation
企业以保税方式将存在部件损坏、功能失效、质量缺陷等问题的货物或运输工具从境外运入境内进行检测、维修后复运出境。

8.37 保税仓库 bonded warehouse
经海关批准设立的专门存放保税货物及其他未办结海关手续货物的仓库。

8.38 海外仓 overseas warehouse
国内企业在境外设立,面向所在国家或地区市场客户,就近提供进出口货物集并、仓储、分拣、包装和配送等服务的仓储设施。

8.39 保税工厂 bonded factory
经海关批准专门生产出口产品的保税加工装配企业。

8.40 A型保税物流中心 bonded logistics center(A)

经海关批准,由中国境内企业法人经营、专门从事保税仓储物流业务的海关监管场所。

8.41 B型保税物流中心 bonded logistics center(B)

经海关批准,由中国境内企业法人经营,多家企业进入并从事保税仓储物流业务的海关集中监管场所。

8.42 保税物流园区 bonded logistics park

经政府批准,在保税区规划面积或者毗邻保税区的特定港区内设立的、专门发展现代国际物流业的海关特殊监管区域。

8.43 保税港区 bonded port zone

经政府批准,设立在国家对外开放的口岸港区和与之相连的特定区域内,具有口岸、物流、加工等功能的海关特殊监管区域。

注:具备仓储物流、对外贸易、国际采购、分销和配送、国际中转、检测和售后服务维修、商品展示、研发、加工、制造、港口作业等功能。享受保税区、出口加工区、保税物流园区相关的税收和外汇管理政策。

8.44 综合保税区 comprehensive free trade zone

经海关批准设立的具有保税港区功能的海关特殊监管区域。

注:该区域由海关参照有关规定进行管理,执行保税港区的税收和外汇政策,可以发展国际中转、配送、采购、转口贸易和出口加工等业务。

8.45 自由贸易试验区 pilot free trade zone

在主权国家或地区的关境内,设立的以贸易投资便利化和货物自由进出为主要目的特定区域。